청교도 신학

한국교회를 위한 목회적 적용

청교도프로젝트 저작물시리즈 **05**

청교도 신학
한국교회를 위한 목회적 적용

초판 1쇄   2020년 6월 30일

발 행 인   정창균
편 저 자   안상혁, 헤르만 J. 셀더하위스, 아드리안 C. 닐
펴 낸 곳   합동신학대학원출판부
주   소   16517 수원시 영통구 광교중앙로 50 (원천동)
전   화   (031)217-0629
팩   스   (031)212-6204
홈페이지   www.hapdong.ac.kr
출판등록번호   제22-1-2호
인 쇄 처   예원프린팅 (031)902-6550
총   판   (주)기독교출판유통 (031)906-9191

ISBN   978-89-97244-82-9   93230
값은 뒷표지에 있습니다.

「이 도서의 국립중앙도서관 출판예정도서목록(CIP)은 서지정보유통지원시스템
홈페이지(http://seoji.nl.go.kr)와 국가자료종합목록 구축시스템(http://kolis-net.
nl.go.kr)에서 이용하실 수 있습니다. (CIP제어번호 : CIP2020019724)」

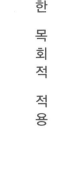

05 청교도프로젝트
저작물시리즈

청교도
신학

한국교회를 위한 목회적 적용

편집 **안상혁** | 셸더하위스 외 저

본서는 2018년 11월 합신 청교도 대강좌에서 발표되었던 다섯 편의 논문들 가운데 네 개의 영문 논문을 번역하고 하나의 한글 논문을 편집하여 한 권으로 엮은 것입니다. 네덜란드 아펠도른 (Apeldorn) 신학교의 총장이며 국제칼빈학회 회장인 헤르만 셀더르하위스(Herman J. Selderhuis) 교수와 미국 퓨리탄리폼드 신학교 (PRTS)의 역사신학 교수이면서 예일대 조나단 에드워즈 센터의 연구원인 아드리안 닐(Adriaan C. Neele) 교수가 각각 두 편씩 모두 네 편의 논문을 발표했습니다. 합동신학대학원대학교에서는 합신 청교도리서치센터 소장을 맡고 있는 안상혁 교수가 발제를 맡았습니다.

청교도 대강좌의 주제는 "청교도 신학의 한국 교회를 위한 목회적 적용"이었습니다. 먼저 국내에서의 청교도 연구 상황을 개략적으로 소개하는 논문이 발표되었습니다. 이것이 본서의 제 1장 "한국인의 청교도 연구: 회고와 전망"에 해당합니다. 안상혁 교수는 1950년에서 오늘날까지 국내에서 이루어진 청교도 관련 연구물들을 검토하고 국내 청교도 연구사의 대략적인 흐름과 특징을 요약적으로 제시합니다. 또한 논문의 부록으로 한국인에 의해 지금까지 수행된 청교도 연구 자료의 목록을 제공합니다. 작년에 합신대학원출판부는 제1장을 따로 분리하여 『한국인의 청교도 연구』라는 제목으로 출간하였습니다. 본서의 제1장과 부록은 기존의 발표된 글을 교정하고, 2018년 말 이후 지금까지 출간된 연구물을 새롭게 추가하거나 반영했음을 밝힙니다.

제2장과 제3장은 셀더르하위스 교수의 논문들입니다. 제2장 "교회와 신학과 관련한 청교도 연구의 적실성"에서 셀더르하위스는 청교도 연구가 교회와 관련해 갖는 적실성을 설교, 목양, 교육 그리고 경건의 측면에서 조명합니다. 또한 목회와 신학을 연결시키는 데 있어 청교도 연구가 기여할 수 있는 장점을 잘 드러내 줍니다. 제3장에서 셀더르하위스는 죽음이라는 흥미로운 주제를 다룹니다. 존 오웬과 리처드 백스터의 저작을 면밀하게 검토하여 죽음이 청교도 전통에서 어떻게 인식되었는지를 연구합니다. 이로써 청교도가 죽음의 공포로 사로잡혀 있었다는 스탠나르드의 평가를 논박합니다. 오웬과 백스터에게 있어 오히려 죽음은 영원한 영광으로 나아가는 "행복한 전이"였다고 셀더르하위스는 결론을 내립니다. 제3장의 내용은 합신포켓북시리즈의 일곱 번째 소책자인 『우리는 항상 죽음을 향해 가고 있다』에 편집되어 출간되었음을 밝힙니다.

닐 교수는 제4장과 제5장에서 대표적인 청교도 설교자이자

주해가인 윌리엄 퍼킨스와 매튜 풀을 소개합니다. 잘 알려진대로 퍼킨스의 『설교의 기술』은 청교도 설교의 교과서일 뿐만 아니라 설교학 역사에서 핵심적인 저작으로 인정받고 있습니다. 닐은 이 저작을 초대교회에서 중세와 종교개혁을 거쳐 개혁파 정통주의 시대에 이르는 긴 역사적 계보 속에 자리매김합니다. 닐의 연구를 통해 독자들은 청교도 설교를 이해하는 역사적 통찰력을 얻게 될 것입니다. 계속하여 제5장에서 닐은 유사한 관점에서 매튜 풀의 생애와 『성경주석집요』를 고찰합니다. 이를 통해 풀의 『성경주석집요』를 성경해석학의 오랜 역사적 궤적 안에서 새롭게 조명합니다. 풀의 『성경주석집요』는 고전적이며 계몽주의 이전의 성경해석이 가지고 있는 특징과 장점을 대변합니다. 특히 풀의 저작이 조나단 에드워즈에 의해 어떻게 사용되었는지를 소개하는 부분이 흥미롭습니다.

본서가 출간될 수 있도록 합신 청교도리서치센터(Puritan Research Center at Hapdong Theological Seminary)를 개원하고 청교도 대강좌를 개최해 주신 정창균 총장님께 감사드립니다. 또한 합신 청교도리서치센터의 프로젝트를 해마다 재정적으로 후원해 주시는 유성씨앤에프 주식회사의 황호진 이사님께 감사드립니다. 통역과 번역의 수고를 기쁨으로 감당해 주신 김병훈 교수님과 이승구 교수님, 그리고 박덕준 교수님께 깊은 감사의 마음을 표현합니다. 원고를 꼼꼼히 읽고 교열해 주신 이동희 선생님의 수고에 감사드립니다. 마지막으로 언제나 좋은 내용을 좋은 그릇에 담아 출판해 주시는 합신대학원출판부와 북디자이너 김민정 선생님의 노력에 감사드립니다.

2020년 5월
안상혁

Contents

1 :

안상혁 교수 (역사신학, 청교도리서치센터 소장)

한국인의 청교도 연구: 회고와 전망

I. 들어가는 말

본고는 1950년대부터 현재에 이르기까지 국내에서 이루어진 청교도 관련 주요 연구물들을 검토하고 분석한다. 그리고 한국에서의 청교도 혹은 청교도주의 연구사의 대략적인 흐름과 특징을 요약적으로 제시한다. 또한 현재 한국교회의 정황 속에서 청교도 연구를 수행하는 의의를 고려하며 향후의 연구 방향을 제안하고자 한다. 본고에서 다룬 청교도 관련 연구물들은 크게 두 종류로서 한글로 번역된 청교도 저작물(일차 자료)과 청교도 관련 주제를 연구한 이차 문헌으로 구분된다. 이차 문헌으로는 국내 학술지에 게재된 학술논문과 국내 대학의 박사논문, 그리고 단행본으로는 학술적인 저작물로 범위를 제한하였다.[1] 시기는 크게 세 기간으로 구분하였다. 1950년대에서 70년대까지의 초기, 1980년대와 90년대의 성장기, 그리고 국내 청교도 연구의 전성기라고 할 수 있는 2000년대 이후부터 현재까지의 시기이다.

국내에 소개된 최초의 청교도 저작물은 존 번연(John Bunyan)의 『천로역정』(天路歷程 The Pilgrim's Progress, 1678)이라고 말할 수 있다. 1894년(고종 31년), 캐나다 장로교회의 선교사 제임스 스카스 게일(James Scarth Gale, 1863-1937)은 『천로역정』의 제1부를 한글로 번역하여 출판하였다. 당시의 한글 제목은 『텬로력뎡』이다.[2] 『천로역정』은 이후에도 지속적으로 번역되어 폭넓은 독자층을 확보하였다.[3] 아쉽게도 20세기 중엽에 이르기까지 『천로역정』을 뒤이은 다른 청교도 저작이나 인물에 대한 주목할 만한 학문적인 연구가 이루어지지 못했다.

다만 외국인 선교사들이 청교도와 관련된 몇몇 인물들의 짧은 글을 국내 기독교계에 소개하였다. 일례로, 왕길지(G. Engel)는 1925년에 "안드레, 멜벨(Andrew Meville)의 전긔"를, 1937년에는 이눌서(W. D. Reynolds)가 "대학자이며 순교자인 윌늬암 틴데일씨의 약사"라는 제목의 짧은 글들을 「신학지남」에 게재하였다.[4] 외국에서 출판된 서적의 일부가 한글로 번역되어 소개되기도 했다. 일례로, 1930년 영국에서 출간된 존 시어러(John Shearer)의 『과거의 부흥운동들』(Old Time Revivals)에서 조나단 에드워즈의 부흥운동을 다룬 장이 1934년 「신학지남」에 번역되어 게재되었다.[5] 이 외에 일제 강점기와 한국전쟁 기간에 선교사들이 수행한 연구물이나 번역물 가운데 청교도와 관련하여 주목할 만한 저작들은 발견되지 않았다. 국내 학자들의 연구물이 등장하기 시작한 것은

1950년대 후반부터였다.

II. 시기별 고찰

1. 초기 연구: 1950 - 1979

1950년대부터 1970년대까지는 일반 역사학계가 청교도에 대한 학문적 연구를 이끌었다. 연구자들은 주로 "청교도 혁명"을 연구주제로 삼았다. 1958년 이병길의 "청교도 혁명의 정치이론"이 발표된 이래, 홍정철과 문영상은 각각 청교도 혁명의 역사적 배경(1959)과 사회경제적 배경(1970)을, 임호수는 청교도 혁명의 성격(1971), 의회의 역할(1977), 그리고 성과(1979)를, 나종일은 수평파의 존 릴번과 독립파를 이끈 올리버 크롬웰에 관한 연구물(1977) 등을 발표하였다.₆

청교도 신학과 직접적으로 관련된 주제를 연구한 학자로는 이장식이 "청교도의 자연법 사상"을 1959년 「신학연구」에 발표하였고, 명신홍이 청교도 신학자요 목회자인 리처드 백스터(Richard Baxter)를 연구하여 1960년에는 "백스터와 그의 설교", 이듬해에는 "백스터의 목회"라는 제목의 짧은 글을 「신학지남」에 게재하였다.₇ 일반 학계의 연구물에 비해 신학교에서 이루어진 연구는 아직 미미한 수준이었다.

한편 이 시기에 한국어로 새롭게 번역되어 소개된 청교도 저
작들은 다음과 같다.

〈1950~ 1979년에 번역된 청교도 저작들〉

Alleine, Joseph(조셉 얼라인, 1634-1668)

- *An Alarm to the Unconverted.*

『회개에의 경종』. 이태웅 역 (서울: 생명의말씀사, 1967).

Baxter, Richard(리처드 백스터, 1615-1691)

- *The Reformed Pastor.*

『참 목자상』. 박형용 역 (서울: 생명의말씀사, 1970).

Bunyan, John(존 번연, 1628-1688)

- *The Holy War.*

『성전』. 김영국 역 (서울: 세종문화사, 1977).[8]

- *Grace Abounding to the Chief of Sinners.*

『죄인 중의 괴수에게 은총이 넘치다』. 김영국 역 (서울: 세종문화사, 1977).
『죄인에게 주시는 은총』. 박화목 역 (서울: 대한기독교출판사, 1979).

Henry, Matthew(매튜 헨리, 1662-1714)

- *Commentary on the Whole Bible.*

『매튜헨리 성서주석』 45 vols. (서울: 기독교문사, 1975).

Ness, Christopher(크리스토퍼 네스, 1621-1705)

- *An Antidote to Arminianism.*

『칼빈주의자가 본 알미니안주의』. 강귀봉 역 (서울: 생명의말씀사, 1974).

번연의 『천로역정』은 이 시기에도 여전히 가장 인기 있는 저술이었다. 이를 배경으로 번연의 다른 작품들도 널리 소개되었다. 한편 명신홍에 의해 소개된 백스터의 대표작 『참 목자상』과 매튜 헨리의 주석 시리즈가 번역되어 출간된 것은 일반 신자들은 물론 특히 국내 목회자들에게 좋은 소식이었다. 아울러 일반 신자들을 위한 경건 서적으로서 얼라인의 『회개에의 경종』과 네스의 신학적인 저서 『칼빈주의자가 본 알미니안주의』가 이른 시기부터 한국교회에 소개된 점도 주목할 만하다.

2. 중기: 1980-1999

국내 신학자들이 청교도를 연구하여 한국 교계에 본격적으로 소개하기 시작한 것은 1980년대부터이다. 80년대에 이르러 신학계에서 이룬 연구물의 수효가 -일차 자료 번역물을 포함하여- 역사학계의 "청교도혁명" 연구물과 대등한 위치를 점하게 되었다. 1986년 김명혁은 조나단 에드워즈의 생애와 설교를 소개하는 논문을 발표하였다. 1987년에 김선기는 번연의 『천로역정』을 연구하여 박사학위를 받았고, 유성덕은 번연의 작품 속에 나타난 흠정역 성경의 영향에 관한 연구 논문을 발표하였다.[10] 오덕교는 17세기 뉴 잉글랜드의 청교도 신학자 존 코튼(John Cotton)을 연구하여 미국 웨스트민스터 신학대학원에서 박사학위를 취득하고 귀국한 후 코튼과 청교도에 관한 연구물을 1988년 이래 지속적으로 발표하였다.[11]

한편 청교도 연구서들 가운데 중요한 입문서들을 번역하거나 국내 학자들이 직접 저술하였다. 외서로는 제임스 헤론(James Heron), 아서 루너(Arthur A. Rouner), 마틴 로이드 존스(Martin Lloyd-Jones), J. I. 패커(Packer), 릴랜드 라이큰(Ryland Ryken) 등이 기술한 인물 중심의 입문서들과, 17세기 뉴 잉글랜드 청교도에 관한 알렌 카덴(Allen Carden)의 저서 그리고 청교도 설교와 예배에 관한 루이스 피터(Peter Lewis)와 홀튼 데이비스(Horton Davis)의 저서들이 번역되었다.[12] 국내 학자가 저술한 청교도 연구의 입문서로는 원종천의 『칼빈과 청교도 영성』(1994)과 정준기의 『청교도 인물사: 현대인을 위한 청교도 연구』(1996)가 있다.

1990년대에 들어서면서부터 청교도 연구는 몇 가지 중요한 신학적인 주제들을 국내 학계에 소개했다. 일례로, 임희완(1990)과 원종천(1998), 그리고 김중락(1999) 등은 청교도의 계약사상 혹은 언약신학을, 이한상(1997)은 신론과 하나님의 주권신학을, 배본철(1997)은 청교도의 성령론과 성화론을, 이은선(1992)은 청교도의 소명론을 소개하는 저서나 논문을 발표하였다.[13]

한편 일차 자료에 해당하는 청교도 저작물에 있어서, 기존에 소개되었던 주요 인물들-번연, 에드워즈, 백스터, 얼라인, 코튼, 헨리, 네스 등- 이외에도 번역서나 연구 논문 등을 통해 새로운 청교도 신학자들의 저작들이 국내에 소개되었다. 1980-90년 대에 일차 자료를 통해 국내의 독자들에게 새롭게 소개된 청교도 신학자들은 다음과 같다. 윌리엄 에임스, 사무엘 볼턴, 토마스 브룩스, 제레마이어 버로스, 존 플라벨, 윌리엄 거널, 윌리엄 거스리, 벤자민 키치, 토머스 맨턴, 존 오웬, 토머스 빈센트, 토머스 왓슨 등이다. 이들의 주요 저작들 가운데 한 가지 이상이 한글로 번역되었다. 1980-90년대에 국내에서 새롭게 번역된 주요 청교도 저작물은 다음과 같다.

〈1980~ 1999년에 번역된 청교도 저작들〉

Ames, William(윌리엄 에임스, 1576-1633)

- *The Marrow of Theology*.

　『신학의 정수』. 서원모 역 (서울: 크리스챤다이제스트, 1992).

Baxter, Richard(리처드 백스터, 1615-1691)

- *The Saint's Everlasting Rest*.

　『성도의 영원한 안식』. 김기찬 역 (서울: 크리스챤다이제스트, 1996).

　『성도의 영원한 안식』. 이기승 역 (서울: 도서출판 세복, 1997).

Bolton, Samuel(사무엘 볼턴, 1606-1654)

- *The True Bounds of Christian Freedom*.

『크리스찬의 자유의 한계』. 박우석 역 (서울: 생명의말씀사, 1984).

『자유 자유 자유』. 박영옥 역 (서울: 목회자료사 1992).

Brooks, Thomas(토마스 브룩스, 1608-1680)

- *Precious Remedies Against Satan's Devices.*

『사단의 공격을 이기는 대적 방법』. 정중은 역 (서울: 나침반사, 1989).

Bunyan, John(존 번연, 1628-1688)

- *Saved by Grace.*

『은혜로 구원하라』. 이경옥 역 (서울: 생명의말씀사, 1982).

- *How to Pray in Spirit.*

『존 번연의 기도』. 정진환 역 (서울: 생명의말씀사, 1992).

- *The Heavenly Footman.*

『하늘가는 마부』. 문정일 역 (서울: 도서출판 세복, 1997).

- *An Acceptable Sacrifice or the Excellency of a Broken Heart.*

『상한 심령으로 서라』. 이태복 역 (서울: 지평서원, 1999).

Burroughs, Jeremiah(제레마이어 버로스, c.1600-1646)

- *Learning To Be Content.*

『쉽게 이해될 수 없는 그리스도인의 자족, 그 진정한 의미는 무엇인가?』. 정중은 역 (서울: 나침반, 1990).

Edwards, Jonathan(조나단 에드워즈, 1703-1758)

- *Freedom of the Will.*

『의지의 자유』. 채재희 역 (서울: 예일문화사, 1987).

- *The Religious Affection.*

『신앙과 정서』. 서문강 역 (서울: 지평서원, 1994).

- *Resolutions.*

『성도다운 학자의 결단』. 홍순우 역 (서울: 도서출판 세복, 1997).

- *A Faithful Narrative of the Surprising Work of God.*

『놀라운 회심이야기』. 정부홍 역 (서울: 기독교문서선교회, 1997).

- *The Distinguishing Marks of a Work of the Spirit of God.*

『부흥을 원하면 고정관념을 버려라』. 배용준 역 (서울: 나침반, 1998).

- *Jonathan Edwards on Knowing Christ.*

『그리스도를 아는 지식』. 서문강 역 (서울: 지평서원, 1998).

- *Sinners in the Hands of an Angry God.*

『진노한 하나님의 손에 붙들린 죄인들』. 안보헌 역 (서울: 생명의말씀사, 1998).

- *Charity and Its Fruits.*

『사랑과 그 열매: 고린도전서 13장 강해』. 서문강 역 (서울: 청교도신앙사, 1999).

Flavel, John(존 플라벨, 1628-1691)

- *The Mystery of Providence.*

『섭리의 신비』. 구본규 역 (대구: 양문출판사, 1987).

- *Saint Indeed.*

『마음: 참된 성도의 마음』. 이태복 역 (서울: 지평서원, 1999).

Gurnal, William(윌리엄 거널, 1616-1679)

- *The Christian in Complete Amour.*

『그리스도인의 전신갑주』. 임금선 역, 4 vols. (서울: 예찬사, 1991).

Guthrie, William(윌리엄 거스리, 1620-1665)

- *The Roots of True Faith.*

『당신은 참된 신자입니까 아니면 거짓 신자입니까』. 류익태 역 (서울: 나침반사, 1998).

Keach, Benjamin(벤자민 키치, 1640-1704)

- *Preaching from the Types and Metaphors of the Bible.*

『성경 은유 영해』. 김경선, 5 vols. (서울: 여운사, 1987).

Manton, Thomas(토머스 맨턴, 1620-1677)

- *A Practical Commentary: James.*

『야고보서』. 이길상 역 (서울: 아가페출판사, 1988).

- *Temptation of Christ.*

『시험 당하신 그리스도』. 김태곤 역 (서울: 생명의말씀사, 1998).

Owen, John(존 오웬, 1616-1683)

- *An Exposition of the Epistle to the Hebrews (Abridged).*

『히브리서 주석』. 축약본, 지상우 역 (서울: 생명의말씀사, 1986).

- *The Glory of Christ.*

『주님 영광에 대한 묵상이 신자에게 주는 유익』. 조주석 역 요약본 (서울: 나침반, 1988).

『그리스도의 영광』. 서문강 역 (서울: 지평서원, 1996).

- *Sin and Temptation.*

『죄와 유혹』. 엄성옥 역 (서울: 은성, 1991).

- *Communion with God.*

　『성도와 하나님과의 교제』. 황을호 역 (서울: 생명의말씀사, 1994).

- *Spiritual Mindedness.*

　『영적 사고 방식』. 서문강 역 (서울: 청교도신앙사, 1997).

- *Apostasy from the Gospel.*

　『왜 그들은 복음을 배반하는가』. 안보헌 역 (서울: 생명의말씀사, 1997).

Vincent, Thomas(토머스 빈센트, 1634-1678)

- *The Shorter Catechism Explained from Scripture.*

　『성경 소요리문답 해설』. 홍병창 (서울: 여수룬, 1998).

Watson, Thomas(토머스 왓슨, c.1620-1686)

- *A Body of Divinity.*

　『설교로 엮은 소요리문답 강해』. 서춘웅 역 (서울: 세종문화사, 1982).

　『신학의 체계』. 이훈영 역 (서울: 크리스챤다이제스트, 1996).

- *The Ten Commandments.*

　『십계명』. 김기홍 역 (서울: 양문출판사, 1982).

　『십계명 해설』. 이기양 역 (서울: 기독교문서선교회, 1984).

- *The Lord's Prayer.*

　『주기도문 해설』. 이기양 역 (서울: 기독교문서선교회, 1989).

- *The Beatitudes: An Exposition of Matthew 5:1-12.*

　『팔복해설: 마태복음 5:1-12해설』. 라형택 역 (서울: 기독교문서선교회, 1990).

- *Doctrine of Repentance.*

『회개』. 이기양 역 (서울: 기독교문서선교회, 1991).

- *All Things for Good.*

『고난의 현실과 하나님의 섭리』. 목회자료사 역 (서울: 목회자료사, 1991).

- *The Godly Man's Picture.*

『경건을 열망하라』. 생명의말씀사 편집부 역 (서울: 생명의말씀사, 1999).

1980-90년대에 국내에 소개된 상기한 청교도 저작물과 관련하여 몇 가지 주목할 만한 특징들이 나타났다. 첫째, 청교도 저작자들 가운데 몇몇 인기 있는 작가들이 뚜렷하게 부각되었다. 이른 시기부터 국내에 소개된 존 번연과 리처드 백스터와 더불어 조나단 에드워즈, 존 오웬, 그리고 토마스 왓슨의 저서들이 전체 번역서의 약 60% 이상을 차지했다. 이들의 저작들은 이후 시기에도 국내 독자들이 가장 즐겨 읽게 되었다.

둘째, 청교도 저작자 한 사람에 대한 연구가 다각도에서 이루어졌다. 번연의 경우, 초기에는 『천로역정』이 그의 신학과 사상을 이해하는 거의 유일한 창구로 역할 했다.14 이에 비해 1980-90년대에는 한 인물의 여러 작품도 번역되면서 독자에게 저작자에 대한 이해의 폭을 더욱 넓혀 주었다. 오웬의 경우, 축약본의 형태로 소개된 『히브리서』 이외에도 『주님의 영광』, 『죄와 유혹』, 『영적 사고방식』, 『성도와 하나님과의 교제』, 『왜 그들은 복음을 배반하는가?』 등의 저서들이 이 시기에 출간되었다. 왓슨의 경우도 1980년대 초에 소개된 소요리 문답과 십계명에 관한 두 권의

저작들 이외에 다섯 권의 저작들이 번역되어 출판되었다.[15]

셋째, 청교도 저작의 장르의 범위가 확대되었다. 『천로역정』과 같은 문학작품의 성격을 갖는 경건 서적 이외에도 성경주해, 설교, 신앙교육서, 신학적 저술 등이 번역되었다. 특히 에임즈의 『신학의 정수』나 에드워즈의 『의지의 자유』는 신학도에게, 빈센트의 『성경 소요리문답 해설』과 왓슨의 『설교로 엮은 소요리문답 강해』 등은 목회자들이 활용할 수 있는 교회 교육의 좋은 참고서가 되었다.

한편 같은 시기에 일반 학계에서의 청교도 연구도 지속되었다. 1980년대에 이르러 역사학계에서는 임희완이 『청교도 혁명의 종교적 급진사상: 윈스탄리를 중심으로』(1985)를 저술하였고, 『청교도 혁명에서 명예 혁명까지』(1986)를 번역하여 출간하였다. 영문학계에서는 김재수가 나다나엘 호손(Nathaniel Hawthorne)의 『주홍글씨』(The Scarlet Letter)를 통해 투영된 청교주의를 연구하여 박사학위를 취득하였다.[16] 전준수와 김정근은 조나단 에드워즈의 저작을 문학적으로 분석하는 논문들을 영어로 작성하여 국내에 소개하였다.[17]

3. 현재: 2000-2019

2000년대에 이르러 국내의 청교도 연구는 전성기를 맞았다. 2000년 이후에 한글로 번역되어 출간된 청교도 저작과 청교도 관련 국내 학술 논문과 단행본 그리고 국내 박사학위 논문의 수효가 약 1950년부터 2000년까지의 50년 동안의 출판물보다 각각 두 배, 세 배, 네 배 그리고 여섯 배 이상에 해당할 정도이다. 일차 자료와 이차 문헌 연구에서 모두 주목할 만한 변화가 일어났다.

1) 일차 자료: 청교도 저작

첫째, 1990년대 말부터 청교도 저작을 중점적으로 번역하여 출간하는 몇몇 출판사의 역할이 부각되기 시작했다. 해외 영어권의 경우 1950년대 후반부터 "진리의 깃발"(The Banner of Truth) 출판사가 청교도 작품을 널리 보급하는 역할을 주도했다. 국내의 경우, 2000년 이전까지는 주로 "생명의말씀사", "기독교 문서선교회(CLC)", "지평서원" 등이 청교도 저작을 번역하여 출간하였다. 2000년대부터는 개혁주의와 청교도 서적을 전문적으로 출판하는 "부흥과개혁사"와 "청교도 신앙사"의 역할이 두드러지기 시작했다.

둘째, 일차 자료와 관련하여, 질과 양에 있어 청교도 원전에 보다 충실한 저작들이 점차 많이 출간되기 시작했다. 상대적으로 축약본의 형태보다 원전을 완역하여 출간하는 비율이 점차 늘어났다. 이미 국내에 소개된 청교도 저작자의 경우, 아직 알려지지 않은 다른 작품들이 새롭게 번역되어 출간되었다. 또한 지금까지 소개되지 않았던 다수의 청교도 인물들이 새롭게 소개되었다. 2000년 이후 한글로 번역된 일차 자료를 통해 알려진 청교도 신학자들은 다음과 같다. 아이작 암브로스(Isaac Ambrose), 윌리엄 베이츠(William Bates), 루이스 베일리(Lewis Bayley), 사무엘 볼턴(Samuel Bolton), 토머스 보스톤(Thomas Boston), 윌리엄 브리지(William Bridge), 토머스 카트라이트(Thomas Cartwright), 스티븐 차르녹(Stephen Charnock), 데이비드 딕슨(David Dickson), 토머스 두리틀(Thomas Doolittle), 존 엘리엇(John Eliot), 에드워드 피셔(Edward Fisher), 토머스 굿윈(Thomas Goodwin), 제임스 제인웨이(James Janeway), 야코부스 쿨만(Jacobus Koelman), 사무엘 리(Samuel Lee), 크리스토퍼 러브(Christopher Love), 월터 마셜(Walter Marshall), 코튼 매더(Cotton Mather), 매튜 미드(Matthew Mead), 윌리엄 퍼킨스(William Perkins), 헨리 스쿠걸(Henry Scougal), 오바디야 세지윅(Obadiah Sedgwick), 리처드 십스(Richard Sibbes), 리처드 스틸(Richard Steele), 솔로몬 스토다드(Solomon Stoddard), 장 타펭(Jean Taffin), 나다나엘 빈센트(Nathaniel Vincent), 빌렘 텔링크(Wilem Teelinck), 히스베르투스 푸치우스(Gisbertus, Voetius) 등이다.[18]

셋째, 청교도 신학자 한 명을 선정하여 그의 전집을 출간하는 계획이 새롭게 시도되었다. 청교도 신학자가 저술한 성경 주석의 경우는, 이미 1975년에 매튜 헨리의 성경 주석이 전집 형태로 출간되었다. 또한 2015년에 매튜 풀의 주석 시리즈 가운데 신약 주석이 총 8권의 분량으로 먼저 출간되었다.[19] 그러나 주석 이외의 청교도 저작이 전집 형태로 출간되기 시작한 것은 2005년에 이르러서였다. "부흥과개혁사"는 2005년부터 현재까지 조나단 에드워즈의 전집을,[20] 2009년부터는 존 오웬의 전집을 출간하는 프로젝트를 진행 중이다.[21] 아쉽게도 에드워즈와 오웬을 제외한 다른 신학자들의 전집은 국내에서 아직 시도되지 않고 있다. 19세기 이래 영어권에서 출판된 청교도 신학자들의 전집들의 규모와 비교할 때, 국내의 상황은 매우 초보적인 단계라고 말할 수 있다.

2) 이차 문헌

첫째, 국내 학자들에 의한 연구물의 분량이 눈에 띄게 증가했다. 2000년부터 2019년까지 출간된 이차 연구 문헌이 그 이전의 연구물을 모두 합친 것보다 무려 세 배 이상이다. 국내 학자들이 직접 수행한 연구물과 번역서-일차 및 이차 문헌을 포함하여- 사이의 비율도 변화되었다. 2000년 이전에는 청교도 관련 연구물 가운데 번역물의 비율이 국내 학자의 연구물보다 더욱 높았으나, 2000년 이후부터는 후자가 전자를 훨씬 앞지르게 되었다.

둘째, 2000년 이후에 청교도 연구를 위한 보다 전문적인 입문서들이 출간되었다. 해외 학자들이 저술한 책을 번역한 것과 국내 학자들이 저술한 연구물들 가운데 주목할 만한 저작은 다음과 같다.

〈2000년 이후 번역 혹은 저술된 청교도 저작들〉

김홍만. 『청교도 열전』. 서울: 솔로몬, 2009.

서요한. 『청교도 유산: 그들의 역사와 신학적 이상』. 서울: 그리심, 2016.

서창원. 『청교도 신학과 신앙』. 서울: 지평서원, 2013.

오덕교. 『청교도 이야기: 교회사를 빛낸 영적 거장들의 발자취』. 서울: 이레
서원, 2001.

이은선. 『청교도 입문』. 서울: 지민, 2014.

에롤 헐스. 『청교도들은 누구인가?』 [Errol Hulse, *Who are the Puritans?*].
이중수 역. 서울: 양무리서원, 2001.

에드워드 힌슨. 『청교도 신학』 [Edward Hindson, *Introduction to Puritan
Theology*]. 박영호 역. 서울: CLC, 2002.

켈리 카픽 & 랜들 글리슨 편. 『청교도 고전으로의 초대』 [Kelly M. Kapic
and Randall C. Gleason, *The Devoted Life*]. 김귀탁 역. 서울: 부흥과개
혁사, 2009.

조엘 비키. 『개혁주의 청교도 영성』 [Joel Beeke, *Puritan Reformed
Spirituality*]. 김귀탁 역. 서울: 부흥과개혁사, 2009.

조엘 비키 & 랜들 패더슨. 『청교도를 만나다』 [Joel Beeke & Randall J.
Pederson, *Meet the Puritans*]. 이상웅, 이한상 역. 서울: 부흥과개혁사,
2010.

조엘 비키 & 마크 존스. 『청교도신학의 모든 것: 삶을 위한 교리』 [Joel R.
Beeke & Mark Jones, *A Puritan Theology: Doctrine for Life*]. 김귀탁 역.
서울: 부흥과개혁사, 2015.

상기한 저작 가운데 현재 가장 널리 활용되는 청교도 입문서의 대표작은 비키(Joel Beeke)와 패더슨(Randall Pederson)의 『청교도를 만나다』이다. 이 책은 약 150여 명의 청교도의 생애를 개관하고 1950년대부터 2006년에 이르기까지 영미권에서 현대 독자들을 위해 재출간한 약 700여 편의 청교도 저작을 소개한다. 국내에서는 2009년에 출간된 김홍만의 『청교도 열전』이 비키와 패더슨의 『청교도를 만나다』에 상응하는 역할을 감당해 왔다. 비키와 패더슨 그리고 김홍만의 저서가 인물 중심의 두꺼운 입문서라면, 켈리 카픽(Kelly Kapic)과 랜들 글리슨(Randle Gleason)이 편집한 『청교도 고전으로의 초대』는 청교도 저작 중심의 보다 적은 분량의 입문서라고 할 수 있다. 이 책은 열여덟 명의 청교도 신학자를 선정하고 각 인물의 대표적인 저술 하나씩을 선별하여 그 내용을 요약적으로 소개한다. 국내 학자로는 이은선이 인물과 저작을 통합하여 소개하는 방식으로 입문서를 저술하였다. 그는 『청교도 입문』에서 열세 명의 청교도 신학자를 선별하고 각 신학자가 저술한 3-4개의 대표작들을 요약적으로 소개한다.

조직신학적인 주제를 중심으로 저술된 청교도 신학의 입문서로는 비키와 존스(Mark Jones)의 『청교도신학의 모든 것: 삶을 위한 교리』가 대표적이다. 일 천 페이지가 넘는 이 책은 모두 여덟 개의 조직신학적 주제들―서론, 신론, 인간론과 언약신학, 기독론, 구원론, 교회론, 종말론, 실천신학 등―을 따라 구분하였다. 각 신학적 주제 안에서 저자들은 가장 중요하거나 혹은 흥미로운 논쟁거리를 제공한 주요 청교도 인물이나 저작을 자세하게 다룬다. 일례로, 신론의 아홉 개의 장 중 한 장은 퍼킨스의 예정교리를, 인간론과 언약신학에 속한 일곱 개의 장 중 한 장은 오웬의 시내산 언약 교리를 중점적으로 논의한다. 국내 연구서로는 서창원의 『청교도 신학과 신앙』이 신학적이고 실천적 주제의 입문서에 해당한다.

한편 청교도 운동을 역사적으로 개관하고 주요한 신학적 유산을 정리하여 평가한 국내의 청교도 입문서로는 서요한의 『청교도 유산: 그들의 역사와 신학적 이상』이 대표작이다. 서요한은 역사신학자의 시각에서 청교도 운동과 신학의 역사적 배경을 고찰하고(제1부), 청교도 신학과 목회의 몇 가지 주제들을 소개한 후(제2부), 마지막으로 청교도 운동의 역사적 교훈과 과제를 정리한다(제3부). 부록 편에서 저자는 청교도와 관련된 국내외의 주요 저작물을 소개한다.

셋째, 2000년 이후에 출간된 청교도 관련 연구물들 가운데 특히 신학적 주제들이나 쟁점들을 심도 있게 논의한 저작들이 많아졌다. 박사논문의 경우, 1987년부터 현재까지 국내 대학에서 청교도 관련 주제로 발표된 박사학위 논문들 가운데 약 90%는 2000년 이후에 출간된 연구물이다. 국내 학술잡지에 실린 연구논문들은 다변화된 연구 주제들을 다루어왔다. 이전 시대부터 소개된 주제들, 곧 하나님 주권과 인간의 자유선택, 언약신학, 성령론, 성화론, 소명론 등에 관한 논의는 지속되어 왔다. 한편 새롭게 부각된 연구 주제들이 등장했다. 일례로, 20세기 중엽부터 신학계에서 광범하게 논의된 칭의론과 관련된 연구물과[22], 16세기 종교개혁과 17세기 정통주의 시기의 연속성과 불연속성의 문제를 다룬 연구물[23], 그리고 최근에는 청교도의 교리문답서에 관한 연구물[24]이 출간되고 있다.

　　요약하자면, 2000년 이래 국내에서의 청교도 연구는 이전 시대와 비교할 때 전성기라 해도 과언이 아니다. 한국어로 번역된 청교도 저작들의 지평이 이전 시대에 비해 크게 확대되면서, 국내 학자들이 수행하는 청교도 인물과 저작 그리고 신학적 주제들에 대한 연구 또한 다변화되어 왔다. 이처럼 국내에서 청교도에 대한 관심이 고조되는 것은 오늘날 한국교회의 정황 속에서 청교도를 연구하는 유익과 의의가 분명히 존재하고 있음을 보여주는 것이라고 생각한다.

III. 국내 청교도 연구의 의의와 전망 그리고 제안

1. 청교도 연구의 의의

청교도는 누구인가? 그 기원은 영국 종교개혁의 기원만큼이나 거슬러 올라가야 할 것이다. 대다수의 연구자들은 영국 튜더 왕조의 종교정책과 더불어 청교도 운동이 시작된 것으로 설명한다.

주지하다시피 튜더 왕조의 헨리 8세가 수장법(Acts of Supremacy, 1534)을 발표한 이후 영국의 종교개혁은 에드워드 6세(재위, 1547-1553)의 짧은 통치와 메리 여왕(재위, 1553-1558)의 박해기, 그리고 엘리자베스 1세(재위, 1558-1603)의 중용정책에 이르기까지 많은 부침(浮沈)을 경험하였다. 정부가 추진한 종교정책은, 영국의 개혁가들의 시각에서 보았을 때, 여전히 로마 가톨릭의 미신적 잔재를 청산하지 못한 미완의 개혁이었다. 일례로, 1559년의 공동기도서는 여전히 중백의(surplice) 착용, 세례 예식에서의 성호 긋기, [성례로서의 결혼을 연상케 하는] 결혼반지 등을 허락했고, 성만찬 때 무릎을 꿇는 행위가 화체설을 인정하는 것이 아님을 설명하는 "검정색 지시문"(Black Rubric, 1552년 공동기도서)을 삭제해 버렸다. 17세기 교회사가 토머스 풀러(Thomas Fuller)의 『브리튼의 교회 역사』(The Church-History of Britain, 1655)에 따르면, "퓨리탄(청교도)"이라는 용어가 최초로 사용된 것은 1564년이다.25 한편, 윌리엄 할러(William Haller)는 엘리자베스 1세의 종교정책을 비판하고 교정을 요구하기 위해 1572년 영국의 개혁가들이 의회에 제출한 "의회를 향한 권고문"(An Admonition to the Parliament)이 영국 청교도 운동의 주요한 기점이었다고 주장한다. "권고문"은 로마 가톨릭의 모든 잔재를 제거하고 오직 명시적으로 기록된 성경 말씀에 따라 영국 교회와 예배를 개혁할 것을 요구하였다. 그러나 엘리자베스 여왕은 이를 단호히 거절하고 그들을 비하하는 의미에서 "퓨리탄"이라고 불렀다.26

정부가 주도하는 교회개혁을 보장받을 수 없게 되었을 때, 청교도 지도자들은 정부에 의존하지 않고 스스로 종교개혁의 핵심을 대중에게 설파하고자 시도했다. 이는 청교도 설교운동으로 열매 맺었다. 16세기 말, 정부의 중도노선에 실망하거나 탄압을 피해 지방 소도시로 쫓겨 간 청교도 성직자들은 성경과 종교개혁의 원리를 교구민들에게 설교를 통해 직접 가르쳤다. 정부를 통한 외면적이고 제도적인 교회개혁보다는 설교운동을 통한 내면적이고 실제적인 삶의 개혁을 추구한 것이다. 캐롤 레빈(Carole Levin)은 청교도를 다른 개신교 운동과 차별화시키는 주요한 특징이 바로 "설교를 향한 억제할 수 없는 사랑"이라고 표현하였다.27 시어도어 보즈먼(Theodore Bozeman)은 이 시기의 변화를 가리켜 "경건주의적 전환"이라고 불렀다. 그는 경건주의 운동은 1590년대에 시작하여 1640년대까지 진행된 청교도 운동의 핵심적인 특징이라고 주장한다.28 이는 청교도 운동의 핵심을 신학 운동이나 정치 운동이라기보다는 "경건과 회심 그리고 실존적인 마음 종교"에서 찾은 리처드 혹스(Richard M. Hawkes)의 주장과 일맥상통한다.29

청교주의 혹은 청교도 운동이 오늘날 한국교회에게 시사하는 바는 무엇일까? 한국교회가 청교도 연구로부터 얻을 수 있는 유익들이 많겠지만 여기서는 특히 세 가지를 지적한다.

첫째, 한국교회는 청교도 연구를 통해 종교개혁이 천명한 "오직 성경"의 원리가 예배와 설교에 어떻게 반영되었는지를 확인하고 청교도의 실험을 좋은 역사적 선례로 활용할 수 있다. 오늘날 한국의 많은 개신교회들은 스스로 종교개혁의 전통을 계승한다고 말하고, 말씀 중심의 예배를 강조하지만, 과거 청교도의 예배 및 설교와 비교해 볼 때 적지 않은 차이점을 나타내고 있다. 임원택은 오늘날 한국 개신교회 안에서 설교가 예배의 중심에서 점차 밀려나면서 중세 말의 상황과 유사하다고 지적한다.30 정창균은 오늘날 한국교회 설교의 두 가지 문제점으로 "본문 이탈" 현상과 "주제의 편향성"을 지적하였다. 후자와 관련하여, 한국교회는 주로 사랑과 긍휼의 하나님과 우리에게 복 주시기를 원하는 하나님에 대해서는 많이 설교하지만, 공의와 심판의 하나님이라는 주제는 상대적으로 기피하고 있다.31

주지하다시피, 청교도는 성경에 명시적으로 규정되지 않은 요소들을 찾아 제거하는 동시에 말씀 중심의 예배를 드리고자 노력했다. 또한 공 예배에서 한 두 시간씩 선포된 설교는 본문에 대한 철저한 주해와 바른 교리, 그리고 삶의 개혁을 위한 적용을 중심으로 이루어졌다.32 요컨대 성경 본문에 충실한 설교였다. 오늘날 한글로 번역되는 청교도 저작의 다수가 성경 주해 설교라는 사실에 주목할 필요가 있다. 아울러 청교도 저작의 적지 않은 내용이 죄와 회개 그리고 하나님의 거룩하심과 영광의 주제를 다루고 있다는 사실도 흥미롭다. 일례로, 한글로 번역된 오웬의 저작들 가운데 삼분의 일 이상이 죄 문제를 중심 주제로 다루고 있다. 오늘날 한국교회가 청교도 저작을 연구하고 청교도의 설교를 배

운다면, 앞서 제기된 말씀 설교 중심의 예배, 설교의 본문 이탈 현상과 주제의 편향성 등의 문제는 점차 극복될 수 있으리라 생각한다.

둘째, 한국교회는 청교도 연구를 통해 말씀에 기초한 경건 운동과 삶의 개혁의 좋은 모델을 배울 수 있다. 오늘날 많은 사람들이 한국교회의 위기를 지적하며, 이에 대한 해결책으로 도덕과 윤리적인 방안을 모색한다. 일례로, 투명한 재정운영을 교회개혁의 주된 이슈로 삼기도 하고, 세상권력과의 유착관계를 극복하는 과제를 제시하기도 하며, 사회봉사와 윤리도덕 실천운동을 통해 사회의 공신력 혹은 신뢰도를 얻는 것을 제 일의 과제로 삼기도 한다.[33] 혹자는 한국교회의 도덕적 위기상황을 극복하기 위한 새로운 패러다임으로 새로운 "생태학적 교회"의 모델을 제시하기도 한다.[34] 이러한 대안들은 모두 기독교적 실천과 도덕성을 강조하는 공통점을 가지고 있다. 물론 오늘날 한국교회의 정황을 고려할 때, 이해할 만한 강조점이다. 그러나 위기를 극복하는 대안으로서 윤리와 실천만을 강조하는 것은 자칫 기독교를 일종의 도덕종교로 제한해 버리는 한계를 드러낼 수 있다.

사실 기독교적인 실천과 삶의 개혁이란 복음 진리와 바른 신앙의 열매로 맺어지기 마련이다. 이를 잘 예시해주는 역사적 선례를 청교도 운동에서 발견할 수 있다. 비키와 패더슨은 『청교도를 만나다』의 "서문"에서 오늘날 우리가 청교도의 저작을 읽음을 통해 얻을 수 있는 여섯 가지의 유익을 제시하였는데, 그것은 다

음과 같이 요약할 수 있다.35

1. 청교도는 성경에 기초한 신자의 삶을 제시한다.
2. 청교도는 교리와 실천을 이상적으로 결합한다.
3. 청교도는 그리스도에 집중한다.
4. 청교도는 신자가 고난과 시험을 어떻게 대처해야 하는지
   보여준다.
5. 청교도는 신자가 어떻게 종말론적 소망을 가지고 순례자의
   삶을 살아야 하는지 보여준다.
6. 청교도는 참된 영성이 무엇인지 보여준다.

상기한 여섯 가지의 유익은 대부분 기독교적 삶과 실천적 경건이라는 주제와 밀접한 관련이 있다. 이는 청교도의 주된 관심사에 대해 비키와 패더슨이 옳게 지적한 대로, "성경을 탐구해서 그 발견한 내용들을 대조하고 확인하여 *삶의 전 영역에 성경을 적용하는 데 핵심*"이라는 사실과 유기적으로 연결되어 있다.36 요컨대 청교도 운동은 위기를 직면한 한국교회를 위해서 종교개혁 전통에 충실하면서도 보다 성경적으로 건전한 개혁의 방향을 제시한다고 믿는다.

셋째, 청교도 운동은 역사적인 격동기에 급격하게 변동하는 시대의 흐름에 맞서 교회와 신자가 어떻게 처신해야할 것인지에 대해 한국교회에 귀중한 교훈을 준다. 주지하다시피, 17세기 중

엽 청교도 혁명기에 이르러 영국 교회는 커다란 변화를 경험하였다. 리처드 백스터는 1656년에 출판된 그의 『참된 목자』에서 몸소 체험한 감격적인 변화에 대해 다음과 같이 증언한다.

> 현재 우리 안에 있는 모든 잘못에도 불구하고, 영국은 건국 이래 오늘날과 같이 능력 있고 신실한 목회자를 소유한 적이 없었다고 저는 믿고 있습니다. 지난 12년간의 변화는 참으로 위대한 것이라고 확신합니다. 제가 이러한 변화를 바라보는 것은 분명 이 세상에서 가질 수 있는 가장 큰 기쁨들 중 하나입니다. 한 때 커다란 어둠 속에 살았던 회중이 오늘날 얼마나 많이 분명한 가르침을 받고 또한 얼마나 자주 좋은 교육을 받게 되었는지요! 또한 과거에 비해 한 지역 안에도 능력 있고 신실한 사람들이 얼마나 많아졌는지요![37]

백스터가 목격한 "능력 있고 신실한" 목회자들과 진리 말씀으로 잘 교육받은 회중이 큰 규모로 등장한 것은 사실상 갑작스러운 변화가 아니었다. 일찍이 16세기 후반에 시작되었고, 이후 반세기 이상 꾸준히 지속된 설교운동이 낳은 열매였다. 정부 주도의 교회개혁을 기대할 수 없게 되었을 때, 좌절하기보다는 한편으로는 주어진 고난을 감수하면서, 다른 한편으로는 종교개혁의 보다 본질적인 사역에 헌신했던 개혁가들이 추구했던 바가 성취된 것이었다.

이러한 청교도의 성취는 오늘날 여러 가지 측면에서 도전받는 한국 개신교회가 참고할 만한 역사적 선례를 제공한다. 선택의 기로에서 한국교회는 과연 무엇이 교회 개혁의 본질인지를 청교도에게 질문할 수 있다. 이에 대해 16세기 영국의 청교도는 "설교운동"이라고 대답할 것이고, 청교도 혁명기에 살았던 백스터는 그것에 "신앙교육"을 추가할 것이다. 후자와 관련하여 백스터는 신앙교육서로 일대일 교리교육을 하는 것이야말로, 설교와 더불어 목회자들이 반드시 수행해야 할 본질적 사역이라고 주장했다.[38] 요컨대 설교 운동과 교리교육은 결국 성경 말씀을 바르게 선포하고 체계적으로 교육하는 것이야말로 청교도 운동의 핵심이라는 사실을 증거한다.

2. 청교도 연구의 전망과 제안

국내의 청교도 연구는 앞으로 어떤 방향으로 진행될 것인가? 지금까지의 연구사를 돌아보며 향후의 연구방향을 전망해보고, 지금까지 드러난 장단점을 고려하여, 일차 자료와 이차 문헌과 관련한 몇 가지 사항을 다음과 같이 제안한다.

1) 일차 문헌

첫째, 앞으로 번역서를 통해 국내에 소개되는 청교도 작가들의 범위가 더욱 확대될 것으로 전망한다. 비키와 패더슨의 『청교도를 만나다』에 소개된 약 150명 가운데 지금까지 국내에 소개된 인물은 약 오십여 명이다. 나머지 백여 명의 인물들이 저술한 저작은 아직 한 권도 한국어로 소개되지 못한 형편이다. 이들 가운데 우선적으로 국내에 소개할 만한 주요한 인물들을 시기별(영국 왕조)로 분류하면 다음과 같다.

1. 튜더: 1603년 이전에 출생한 인물[39]

헨리 아인스워스(Henry Ainsworth, 1569-1622)

폴 베인스(Paul Baynes, 1573-1617)

앤서니 버지스(Anthony Burgess, 1600-1664)

니콜라스 바이필드(Nicholas Byfield, 1579-1697)

존 코튼(John Cotton, 1584-1652)

존 다우네임(John Downame, 1571-1652)

리처드 그린햄(Richard Greenham, c.1535-1594)

존 라이트풋(John Lightfoot, 1602-1675)

2. 스튜어트: 제임스 1세 통치기(1603-1625)에 출생한 인물[40]

데이비드 클락슨(David Clarkson, 1622-1686)

조지 길레스피(George Gillespie, 1613-1648)

에드워드 폴힐(Edward Polhill, c.1622-1694)

토머스 쉐퍼드(Thomas Shepard, 1605-1666)

랄프 베닝(Ralph Venning, c.1622-1674)

3. 스튜어트: 찰스 1세-제임스 2세 통치기(1625-1685)에 출생한 인물[41]

에베니저 어스킨(Ebenezer Erskine, 1680-1754)

토머스 할리버턴(Thomas Halyburton, 1674-1712)

존 하우(John Howe, 1630-1705)

헤르만 위트시우스(Herman Witsius, 1636-1708)

둘째, 일차 문헌 연구와 관련하여 탁월한 청교도 작가들의 전집을 편찬하는 작업이 수행되어야 할 것이다. 현재 추진하고 있는 조나단 에드워즈와 존 오웬의 전집[42] 이외에도 다음 인물들의 전집을 편찬하는 것을 우선적으로 고려할 것을 제안한다. 참고로 19세기 혹은 오늘날 영어권에서 전집 형태로 출간된 서지사항을 간략하게 표기하였다.

윌리엄 퍼킨스(William Perkins, 1558-1602)

The Works of William Perkins. 6 vols. Grand Rapids: Reformation Heritage Books, 2014-2018.

리처드 십스(Richard Sibbes, 1577-1635)

The Complete Works of Richard Sibbes. 7 vols. Edinburgh & London, 1862-1864.

토머스 굿윈(Thomas Goodwin, 1600-1680)

The Works of Thomas Goodwin. 12 vols. Edinburgh & London, 1861-1866.

리처드 백스터(Richard Baxter, 1615-1691)

The Practical Works of the Rev. Richard Baxter. 23 vols. London, 1830.

토머스 맨턴(Thomas Manton, 1620-1677)

The Complete Works of Thomas Manton. 22 vols. London, 1870-1875.

존 번연(John Bunyan, 1628-1688)

The Works of John Bunyan 3 vols. London: The Banner of Truth, 1991.

스티븐 차녹(Stephen Charnock, 1628-1680)

The Works of Stephen Charnock. 5 vols. Edinburgh & London, 1864-1866.

토머스 보스톤(Thomas Boston, 1676-1732)

The Complete Works of the Late Rev. Thomas Boston. 12 vols. London, 1853.

셋째, 청교도 저작을 번역할 때, 국내의 여러 독자층을 고려하여 다양한 형태로 출간할 것을 제안한다. 대다수의 청교도 저작들이 오늘날 출판되는 서적들에 비해 분량이 많은 편이고, 또한 쉽지 않은 신학의 이슈들을 깊이 있게 다루며, 변증적인 성격의 글들이 많다. 이러한 사실을 고려할 때, 신학생과 목회자들을 위해서는 완역을, 일반 독자를 위해서는 축약된 형태의 번역서를 출간하여 독자층의 범위를 넓히는 것이 좋을 것이다. 다만 후자의 경우, 원전에 포함된 주석, 인용문(성경 인용 포함), 원어(성경원어와 라틴어), 그리고 원저자가 사용하는 논증의 형식 등을 생략하거나 심하게 단순화시키는 방식으로 편집하지 않을 것을 추천한다. 왜냐하면 이러한 요소들이 오늘날 독자들에게 저작의 내용과 저작자의 시대적 배경을 이해하도록 돕는 중요한 단서들을 제공하기 때문이다.

2) 이차 문헌

현재까지 국내에서 수행된 청교도 연구물은 크게 두 가지 측면에서 아쉬운 점을 드러내었다.

첫째, 청교도에 관한 일반 역사학계의 연구와 청교도 신학과 저작물에 관한 신학계의 연구물 사이에 발견되는 심한 단절성이다. 주로 청교도 혁명을 중심주제로 삼는 역사학계의 저작물은 혁명기의 왕당파와 의회파 사이의 투쟁과 명예혁명, 그리고 의회가 기초한 권리청원(1628)이나 권리장전(1689)에 관한 내용을 상술하는 반면, 동일한 의회가 소집한 웨스트민스터 회의와 웨스트민스터 표준문서에 관한 내용을 종종 생략한다. 이와 유사하게 청교도의 신학적인 저작물을 탐구하는 신학자의 연구물에는 청교도의 정치-사회적인 정황에 대한 고려가 생략되는 경향이 있다. 사실 청교도에게는 정치와 신앙의 두 세계가 서로 분리되지 않았다. 일례로, 많은 이들은 메리 여왕과 엘리자베스 1세의 죽음을 영국 교회를 위한 그들의 기도가 응답된 것으로 인식했다. 루더포드(Samuel Rutherford)의 후기 저작들은 영국의 정치상황 및 스코틀랜드 언약도 내부에서 일어난 결의파(Resolutioners)와 항의파(Protestators) 사이의 갈등을 배경으로 저술되었다. 또한 페리 밀러(Perry Miller)가 옳게 지적한 바대로, 17세기 뉴 잉글랜드 청교도는 그들의 종교적 실험을 일종의 시대적 사명감으로 인식하였다. 또한 격동하는 영국의 정치적 상황을 예의주시하며 신앙적인 시각에서 해석하였다.43 이런 맥락에서 볼 때, 오늘날 국내에서 청교도 신학을 연구하고 소개하는 연구자들은 청교도의 역사적 정황과 그들의 저작들을 통합적으로 연결하기 위해 좀 더 노력을 기울여야 할 것으로 생각된다.

둘째, 국내 연구자들이 연구 대상으로 삼은 청교도 인물을 살펴보면 거의 한 두 인물에게 편중되어 있음이 드러난다. 일례로, 1980년 이래 청교도를 주제로 삼은 국내 박사학위 논문 가운데 약 삼분의 일이 조나단 에드워드에 관한 연구물이다. 청교도 인물을 연구주제로 삼은 논문만을 따로 분류하면 에드워즈를 다룬 연구 논문의 비율은 거의 절반에 이른다.44 다소 긍정적인 시각에서 보면, 이는 현재 국내에서 진행되고 있는 에드워즈 연구가 그만큼 전문화되고 있음을 시사해 준다고 생각된다. 한편 다른 측면에서 보면, 에드워즈는 비키와 패더슨의 『청교도를 만나다』에 소개된 백 오십여 명의 인물들 가운데 한 명일 뿐이라는 사실을 기억해야 한다. 18세기 뉴 잉글랜드의 대표적인 신학자 에드워즈가 청교도 전통과 신학의 모든 것을 대표하지 않는 한, 국내에서 수행되는 다음 세대의 청교도 연구는 좀 더 다변화되어야 할 것이라고 생각한다.

IV. 결론

지금까지 본고는 주로 1950년대 이후부터 현재까지 국내에서 이루어진 청교도 연구의 현황을 개략적으로 살펴보고 다음 세대의 연구자들이 참고할 만한 다섯 가지의 제안 사항을 기술하였다. 주지하다시피, 청교도는 16세기 후반에서 18세기 초까지 약 백 오십 년 동안 영국과 스코틀랜드 그리고 화란과 뉴 잉글랜드의 넓은 지역에서 말씀에 기초한 교회개혁과 삶의 개혁을 추구했던 사람들이다. 시기적으로나 지역의 범위를 고려할 때, 청교도가 교회사 안에서 차지하는 비중은 결코 적지 않다. 또한 청교도 운동이 당대인의 삶의 전반에 끼친 질적인 영향력 또한 결코 무시할 수 없는 수준이다. 무엇보다 청교도 시대의 종교와 정치는 불가분리의 관계였고, 예배는 공동체 삶의 중심부를 차지했기 때문이다. 오늘날 우리가 이러한 청교도가 후대에 물려준 유산을 발견하는 것은 그리 어렵지 않다. 대표적으로 청교도 혁명이라는 정치-사회적 유산, 설교 운동과 예배 개혁의 유산, 종교개혁을 계승 발전시킨 신학적 유산, 그리고 경건주의의 유산 등을 살펴볼 수 있다. 물론 각각의 유산은 그 안에 다양성을 포함한다. 오늘날 우리가 청교도의 저작들을 탐구하는 이유는 그들이 남긴 다양한 유산이 여전히 우리의 정황 안에서 적실성을 가지고 있기 때문이다. 적용의 범위가 다양하고 광범한 만큼 청교도 연구의 외연과 지평을 지속적으로 확장시켜 나아가는 것은 다음 세대 청교도 연구자들에게 마땅히 요구되는 내용이라 하겠다. 아울러 그들이 추구했던 이상을 세밀하게 검토하고, 우리 시대에 호소력을 갖는 방식으로 말씀에 기초한 교회개혁과 삶의 개혁을 통합적으로 구현해 내는 것은 우리 모두의 과제일 것이다.

헤르만 J. 셀더하위스 (Herman J. Selderhuis)
번역 **김병훈** 교수 (조직신학)

교회와 신학을 위한
청교도 연구의 적실성

I. 들어가는 말

청교도란 무엇인가? 청교도 연구는 신학보다는 역사에 관한 연구인가? 청교도 연구는 적실성을 포함한다. 하지만 교회와 관련하여 너무 성급하게 적용하는 것은 주의해야 한다. 먼저 학문적인 측면에서 청교도 연구의 목적은 단지 청교도를 모방하는 데 그치지 않는다. 시대적인 모든 상황이 현재 우리와 다르며, 청교도에도 어느 정도 오류와 일방적인 면이 있기 때문에 한편으로는 청교도가 남긴 좋은 유산으로부터 배움을 얻고, 또 다른 면으로는 반면교사로 삼을 수 있을 것이다.

청교도라는 용어는 16세기 영국에서 비롯되었다. 처음 청교도의 용어는 영국 교회에서 비국교도 목사를 모욕하기 위해 사용하였다. 청교도는 교회를 정결케 해야 한다고 주장하였으며, 영국 국교회의 예전을 받아들이지 않았다. 비국교도들은 "성경에서 찾은 하나님의 교훈을 따라 살고자 하였으므로 자신들 스스로를 '경건한' 자들로 여겼다."₁ 이 '경건한 자들'은 "근대 초기 개혁파 성도들의 특징적이며 특별히 강렬한 여러 형태"의 삶을 살았던 열정적인 개신교도들이었다.₂ 그러나 이들만이 예전을 거부한 자들은 아니었다. 청교도 가운데 많은 이들은 영국 교회의 정화를 갈망하면서도 여전히 영국 교회에 남아 있었다. 국교도와 비국교도는 영국 교회에 머물러 있을 것인가 아니면 영국 교회를 떠날 것인가에 있어서는 의견이 달랐으나, 특별히 "개신교적 경건성, 사회적 행동, 그리고 정치"에 있어서는 이해를 같이했다.₃

종종 청교도는 퇴보적이고, 문화와 삶의 즐거움을 모르며, 극단적으로 보수적인 자들로 인식된다. 그러나 사실 청교도주의는 교회, 기독교인의 생활, 그리고 사회 전체를 새롭게 하려는 갱신운동이었다. 이러한 갱신과 변화에 대한 갈망이 오늘날 교회와 신학과 관련하여 청교도 연구가 필요한 이유이다.

II. 교회

청교도 연구가 교회와 관련해 갖는 적실성에 초점을 맞추어 세 가지 요점, 곧 설교, 목양, 가르치는 일에 대해 살펴보고 덧붙여 경건에 대해 말하고자 한다. 이외에도 다른 많은 요소가 있으나 특별히 이 세 가지 요점이 오늘날 교회와 관련하여 청교도 연구가 얼마나 중요한지를 말하기에 충분할 것으로 확신한다.

1. 설교

1) 구원

기본적으로 청교도에게 있어 설교는 구원의 수단(*media salutis*)이다. 영국 교회 안에 머물러 있던 청교도 신학자, 리처드 십스(Richard Sibbes)가 "설교는 이곳저곳 전 세계로 그리스도를 모시고 다니는 마차와 같다."고 한 말은 설교를 매우 강조하는 청교도의 견해로서 오늘날 교회를 향한 적실성을 잘 보여준다. 구원은 믿음에서, 믿음은 하나님의 말씀을 들음에서 나온다는 로마서의 말씀은 청교도 설교학의 생명선이자 핵심 토대이다. 이를 기반으로 한 주의 깊은 주석, 강해, 목회적이며 열정적인 설교는 청교도 설교의 특징이다. 이러한 특징은 교회의 회복, 경건의 각성, 죄인의 회심이라는 결과를 낳았다. 청교도는 하나님의 말씀은 지속적인 회개의 요청, 믿음, 마음과 생활의 회심과 더불어 설교되어야만 한다는 깊은 확신이 있었다. 하나님의 말씀은 사람의 마음을 열고 이들을 죽음의 상태에서 영생의 복으로 옮기는 능력의 말씀이라고 믿었다. 이들은 설교자를 가리켜 하나님의 입이라고 말한 루터와 칼빈의 교훈을 받아들였으며 또한 좋은 영향을 끼쳤다. 존 코튼(John Cotton)의 설교에 대한 반응에서 이 같은 사실을 확인할 수 있다. "코튼 목사의 설교는 대단히 권위가 있고, 논증력과 생명력이 있어서, 그가 설교할 때 ... 나는 주 예수 그리스도께서 내 마음에 말씀하신다는 생각이 들 정도였다."

2) 효과

청교도의 설교 서적들을 연구해 보면 청교도의 설교방법, 해석학과 설교학을 알 수 있으며, 이들의 설교에 대한 효과적인 반응도 볼 수 있다. 청교도 설교에 대한 경험을 전하는 보고서들이 많이 있다. 여기에는 하나님의 말씀이 설교자의 스타일을 통해 사람의 마음에 다가온 위대한 방식이 주는 감동이 잘 나타나 있다. 조지 횟필드(George Whitefield)의 설교에 대한 보고서가 한 예이다.

> 횟필드 목사님이 스카폴드(Scaffold)에 오셨을 때, 그의 모습은 마치 천사와 같았다. 그는 젊고 호리호리하며 날씬한 젊은이였으나 수천 명에 이르는 사람들 앞에서는 담대하며 두려움이 없었다. 그가 가는 곳마다 하나님께서 그와 함께 하셨다는 것을 들을 때, 내 마음은 엄숙해졌으며, 그가 설교를 시작하기도 전에 이미 두려움으로 떨렸다. 그는 위대하신 하나님의 권위의 옷을 입은 자처럼 보였으며, 그의 이마 위에는 감미로우면서도 근엄함이 서려 있었다. 그의 설교로 나는 상한 심령을

경험했다. 하나님께서는 지금껏 살아온 나의 토대가 산산조각 부서지는 은혜의 복을 주셨다. 나는 자신의 의로서는 스스로를 구원할 수 없음을 깨달았다. 그리고 선택 교리를 확신하였으며, 내가 할 수 있는 그 어떤 것들로도 나를 구원할 수 없으므로, 이제 나는 선택과 관련하여 곧바로 하나님께 나아갔다. 하나님께서는 누구를 구원하실 것인지 그렇지 않은 것인지를 영원부터 작정하셨기 때문이다.

이러한 보고서들은 우리가 다음 사실을 배우는 데 다시금 도움을 제공한다. 비록 설교자의 스타일에 의하여 효과가 진작될 수는 있지만, 설교 스타일은 설교자의 자질이 아니라 설교 내용의 장엄함을 보여준다는 사실이다.

3) 명료성과 단순명쾌함

청교도 설교를 읽을 때 설교의 열정, 명료성, 그리고 단순명쾌함에 감명을 받는다. 이러한 특징은 많은 청중을 집중케 할뿐더러, 회심으로 이끄는 방식이기도 하다. 한 전기 작가에 의해 '은의 혀를 가진(역주: 언변이 실로 뛰어난) 영국의 설교자'로 불린 청교도 설교자 헨리 스미스(Henry Smith)는 "단순하게 설교한다는 것은 공부하지 않고 설교하는 것이 아니다. 혼란스러운 상태로 설교하는 것도 아니다. 확실하고도 분명한 것은 마치 자기 이름을 듣듯이 청중이 듣기에 단순할수록, 설교자가 가르치는 내용을 이해할 수가 있는 법이다."고 하였다. 청교도 설교자들은 설교에서 복잡한 문장을 사용하거나 사람에게 말하기보다 내용에 관하여만 말한다면, 청중이 듣기를 포기할 것을 알고 있었다. 청교도 설교자들은 회중 가운데 노인, 십대 청소년과 어린이, 농부, 어머니, 교육을 받은 사람과 받지 않은 사람이 있다는 것을 알고 있었다. 그리고 이들 모두 한 사람도 빠짐없이 하나님의 말씀인 설교를 이해해야 함도 알고 있었다. 청교도 설교자들은 지옥의 문을 향해 나아가는 자들에게 설교로 하늘의 문을 열 수 있도록 설교를 단순명쾌하고 명료하게 하는 것이 자신들의 임무라고 생각했다.

2. 목양

설교와 더불어 목양은 청교도 신학자들의 중심 과제이다. 리처드 백스터(Richard Baxter)의 유명한 저서인 『참된 목자』(*The Reformed Pastor*)는 목양에 대한 많은 저술들을 대표한다. 청교도에게 있어 목양이란 각 신자의 주된 관심사인 하나님과의 관계를 살피는 영혼의 돌봄이다. 오늘날에 있어 이러한 관점이 주는 의미는 적실하다. 목양은 눈물, 외로움, 고통, 비참과 같은 느낌에 대하여 대화를 나누는 것보다 더 깊은 단계로 나아가는 것이다. 물론 신자들의 감정은 중요하며 하나님과의 관계에 영향을 주는 것은 두말할 나위가 없다. 그러나 목회가 이러한 것에만 머문다면 사회복지 차원에서의 돌봄에 불과한 것이 된다. 실로, 청교도 신학자들은 위대한 심리학자들이며, 목양과 관련하여 심리학적 이해의 중요성을 잘 보여준다. 하지만 놓치지 말아야 할 것은 청교도에게 있어 목양의 심리학은 항상 신학과 연결되어 있다는 점이다.

아울러 청교도 신학이 현대 교회에 주는 적실성은 청교도가 교인들이 서로에 대하여 목자가 되도록 훈련하였다는 데 있다. 청교도의 이러한 개념은 바로 종교개혁의 첫 번째 목양 지침서인 마틴 부처(Martin Bucer)의 『영혼의 참된 돌봄에 관하여』(*Von der wahren Seelsorge*)에 나와 있는 바와 같은 것이다. 교인 모두가 각각 자신의 이웃을 향한 목자라는 청교도의 목양 개념은 여러 부분에서 부처의 영향을 받아 채택한 것이다.[5]

3. 교육

청교도 연구는 교육의 중요성을 재발견하는 데 도움을 줄 뿐만 아니라 교육의 방법과 교육의 장소인 교회, 학교, 그리고 가정에 대해 살피는 데도 도움을 준다.

1) 교회

청교도는 교회의 부패가 바로 성경과 교리의 무지에서 비롯 된다는 것을 종교개혁자들에게서 배웠다. 이것이 그들의 설교에 성경과 교리의 내용이 가득 차 있는 이유이다. 또한 그들이 성경 을 강설하며 요리문답을 만들어 가르친 이유이다. 하나님 앞에서 합당하게 살려면 하나님이 어떤 분이신지 아는 것이 필요하다. 하나님을 아는 지식은 교회 안에서 진행되는 설교와 교육을 통해 서 공급되어야 하기 때문이다.

2) 학교

청교도 연구는 또한 교육과 관련한 통찰을 준다. 청교도는 학 교 교육에 쉼 없는 노력과 재정적 지원으로 교육에 지속적인 투 자를 하였다. 이는 어린이들에게 단지 직업을 갖기 위해 필요한 것들을 공급하기 위한 것이 아니라, 어린이들이 하나님과 이웃 을 섬기기 위해 자신의 은사를 사용하도록 훈련하기 위한 것이 다. 이러한 점에서 청교도의 교육 개념은 마치 멜랑히톤(Philip Melanchthon)의 것과 맥을 같이 하며, 여러 청교도 저서들 곳곳에 반영되어 나타난다. 청교도에게 학교교육과 지식습득의 목적은 사회를 섬기기 위한 것이다. 현대 사회는 교육을 부를 얻는 방편 으로 여기고 있다. 이러한 시대에 청교도의 교육 개념은 다시 우리의 초점이 되어야 한다.

3) 가정교육

기독교 신앙과 생활의 가장 필수적인 것은 무엇보다도 가정이 참여하는 가운데 행하여진다. 가정은 교회 안에 있는 교회이다. 신자 됨이 뜻하는 바에 대하여 배우고 실천하는 가장 작은 단위의 교회이면서 또한 본질적인 교회이다. 청교도는 가정생활을 매우 중요시했으며 이와 관련한 청교도의 교훈과 실천은 지금까지 그 중요성이나 적실성을 잃지 않고 있다. 청교도 가정의 각 구성원은 부모와 자녀, 남편과 아내가 각각 자신의 의무를 아는 분위기 속에서 무엇보다 하나님을 사랑하고, 자신처럼 이웃을 사랑하며, 그리스도의 교회 공동체를 사랑하는 법을 자연스럽게 배울 수가 있었다.

4. 경건

교회가 청교도에게서 배울 수 있는 네 번째 사항은 건강한 성경적 경건에 관한 것이다. 청교도 경건에 대하여 많은 책에서 여러 내용을 소개하고 있지만, 여기서는 다음의 네 가지 특성을 대표적으로 언급하고자 한다.

1) 기쁨

일반적으로 청교도에 대하여 죄와 비참함에 대해서만 글을 쓰고, 지옥과 저주에 대해서만 설교하며, 누릴 수 있는 많은 세상의 즐거움에서 거리를 두려고 한다는 인상을 가진다. 그러나 이같은 이미지는 실제로 청교도의 글이나 설교나 삶과 일치하지 않는다. 사실 청교도의 글 속에 있는 중심 개념은 기쁨이다. 이 기쁨의 근원은 그리스도와 신자 사이에 있는 행복한 연합에 있다. 그러므로 이 기쁨은 사랑의 기쁨이다. 조지 횟필드는 '그리스도, 신자의 남편'이라는 제목으로 이사야 54:5("너를 지으신 이가 네 남편이시라")을 설교하면서 바로 이 기쁨의 관계를 다음과 같이 표현했다.

> 여러분 가운데 누가 합당한 근거 위에서 "너를 지으신 이가 네 남편이시라"라고 말할 수 있습니까? 혼인한 사람에게 기쁨으로 축복해주는 것이 관습이듯이 여러분의 행복한 변화를 축복하면서 온 마음으로 여러분에게 기쁨으로 축복해주어야 하지 않겠습니까?

바로 이 기쁨이야말로 청교도가 하나님과 교회와 섬김의 생활에 대하여 열의와 열정과 활력을 가지고 그토록 헌신하였는지를 말해주는 이유이다. 이 기쁨의 헌신은 참되고 지속적인 즐거움이 오직 가난한 죄인을 향한 부유하신 그리스도의 사랑의 메시지로부터 옴을 말해준다. 또한 이 기쁨의 열정은 가난하고 죄 많은 신부를 향한 부유한 신랑의 사랑의 메시지로부터 나온다는 것을 다시 발견케 한다. 이같은 청교도의 기쁨은 오늘날 교회를 향해 전하는 메시지와 의미가 크다.

2) 영원함

인생이란 잠시 있다 간다. 각 사람은 결국 죽음의 순간을 맞이한다. 그러므로 자신의 영원한 생명, 곧 하나님과의 관계에 대한 확신을 가져야 한다는 인식은 청교도 경건의 핵심적인 개념이다. 아서 덴트(Arthur Dent)는 이러한 태도를 그의 글, "사람이 하늘로 가는 분명한 길"(*The Plaine Mans Path-Way to Heaven*, 1601)에서 잘 표현하였다. 우리는 언젠가는 죽어야 하며 우리가 행한 모든 일과 행하지 않은 모든 일에 대하여 책임을 지게 될 것이라는 확실한 사실에 비추어 모든 일을 행하여야 한다. 『뉴 잉글랜드 입문서』(*New England Primer*, 1683)가 청년들을 위한 한 편의 시에서 이 교훈을 예리하게 표현함으로써, 이러한 목양적 경고는 청년들에게도 전해졌다.

묘지에서 나는 본다네
나보다도 키 작은 무덤들을

죽음의 포로에서 자유로운 연령이란 없다네
어린 아이들도 죽는 법이니
오 하나님, 이렇게나 끔찍한 광경으로 인하여
나로 하여금 각성하게 하옵소서!
오! 일찍이 은혜로 말미암아 나로 하여금
죽음을 준비하게 하옵소서[7]

영원에 대한 이러한 인식은 바로, 예를 들어 재화를 어떻게 사용하여야 하는가에 대한 책임의 인식으로 이어졌다. 조나단 에드워즈는 신명기 15:7-12을 본문으로 한 "가난한 자들에게 자선을 베풀어야 할 의무"라는 한 설교를 출판하였다.[8] 이 설교에서 그는 '당신이 가지고 있는 것은 당신의 것이 아니다. 그것에 대한 절대적 권리가 없으며 단지 종속적인 권리만을 가지고 있다... 당신의 돈과 재물은 당신의 것이 아니다. 당신에게 그것들을 맡기신 분을 위하여 사용하도록 당신에게 청지기로서 위탁된 것이다.'는 것을 주목하였다.

3) 기도

마지막으로 청교도의 경건과 관련하여 말하고자 하는 바는 기도에 관한 것이다. 한 예로 매튜 헨리(Matthew Herny)의 『적절한 성경표현을 사용한 각 주제별 기도 방법』[9]을 살펴보겠다. 이 저술은 성경이 기도에 대하여 말하는 바를 광범위하게 다루고 있을 뿐만 아니라, 실천적인 조언과 권면을 많이 담고 있다. 하나님의 경배, 죄의 고백, 하나님의 은혜와 기타 은사들에 대한 감사 등에 대해 말한 후에, 우리의 필요와 다른 이들을 위한 도고 등을 뒤이어 설명한다. 헨리는 우리를 기도의 올바른 방향으로 이끌어 기도가 하나님과의 교통이라는 은혜의 측면이 아니라 우리를 위한 소원목록으로 변질되는 것을 막아준다. 이와 동일한 방식은 기도에 대한 여러 다른 저서에서도 나타난다. 청교도가 말하는 기도에 관한 여러 저서들을 읽을 때 오늘날 공적이며 사적인 기도에 건강한 자극이 될 뿐만 아니라 기도할 때 필요한 교정 및 주의사항 등에 대하여 도움 받을 수 있다.

III. 신학

다음으로 먼저 하나님을 주제로 하는 신학 분야에 초점을 맞추어 청교도 연구가 신학과 관련해 갖는 적실성을 간단히 살피고, 이어서 이러한 적실성이 지금도 여전하다는 것을 말하고자 한다.

1. 신학

1) 하나님

청교도 신학은 신학으로서의 특징을 유지하도록 하는 데 도움을 준다. 내가 말하는 신학은 다름 아니라 하나님에 대한 학문적인 연구를 의미한다. 신학의 대상은 -조나단 에드워즈(Jonathan Edwards)의 탁월한 저서에도 불구하고- 종교가 아니다. 종교적 감정도 아니다. 신학을 성경학이라고 말하지 않는 데서 보듯이, 신학의 대상은 성경 또한 아니다. 신학의 대상은 우리에게 자신을 계시하신 하나님이다. 신학자들은 신학의 주제가 하나님이라는 것을 놓치지 말아야 한다. 이러한 점과 관련하여, 청교도 연구는 하나님에 대한 신학적 토의를 현대 신학자들에게 제공해준다. 하나님은 신학 연구나 종교 연구의 주된 주제일 뿐만 아니라, 정치와 사회의 문제에 있어서도 중심 주제가 된다. 하나님은 누구신지, 이슬람의 하나님이 하나님이실 수 있는지, 구약의 하나님과 예수님의 하나님은 동일하신 분이신지, 하나님께서 폭력과 어떠한 관계를 가지시는지, 역사, 재난, 전쟁, 문화에 대해서는 어떠한 관계를 가지시는지 등에 대해서 오늘날 신학적인 많은 것을 시사한다. 패커(J. I. Packer)의 유명한 저서가[『하나님을 아는 지식』] 말하는 것과 같이 청교도 신학은 '하나님을 아는 일'에 관한 것이 전부이다. 청교도는 이들의 저서에 신학으로 가득 차 있으며 단지 경건한 설교자이거나 활동적인 목회자로서만 그치지 않는다. 청교도 저자들 가운데 - 두 명의 이름을 든다면 - 존 오웬 (John Owen)과 조나단 에드워즈의 저서는 학문성을 가진 신학, 곧 신학으로서 하나님이 어떤 분이신가를 이성적으로 사고하는 학문적인 신학의 범주에 속한다.

2) 순서

청교도 신학은 칭의와 성화의 올바른 순서를 이해하는 데 신학적 도움을 준다. 거룩한 삶을 살아야 하는 것은 은혜를 받기 위해서가 아니라 은혜를 받았기 때문이라는 루터의 재발견은 청교도 신학의 기반이다. 그런데 청교도의 많은 글들이 거룩함에 대해 폭넓은 관심을 두기 때문에, 청교도는 성화가 칭의보다 앞서는 듯이 말한다고 보는 자들이 있다. 사실 청교도 중에는 하나님께서 복과 저주를 내리시는 것을 성화의 진보나 실패로 연결 짓는 자들이 있기는 하다. 이로 인하여 신앙생활에 대한 심한 압박이나, 하나님에 대한 비성경적 두려움을 갖게 된다. 마치 하나님께서 우리를 대하시는 방식이 거의 우리의 행동에 따른 것뿐이며, 하나님께서 뜻을 따라 행하시는 것은 없는 것과 같이 생각하기도 한다. 그러나 실제로 청교도가 거룩을 말할 때 칭의와 성화의 순서에 대한 올바른 이해에서 떠난 것이 아니라는 점에 유의하여야 한다. 이들의 의도는 죄가 인간의 중심 문제라는 사실을 강조하기 위한 것이다. 존 오웬이 자신의 『신자 안에 거하는 죄의 성질, 세력, 속임과 만연함』에서 확실하게 말한 바와 같이,[10] 죄는 신자의 생활의 일부로 여전히 남아 있는 사실을 염두에 두어야 함을 강조한다.

청교도가 죄의 상태에 대하여 많은 강조를 한 의도는, 우리의 문제가 단지 죄를 짓는 데 있지 않고 우리가 죄의 상태에 있는 죄인들이라는 데 있다는 것을 신학적으로 경종 울리기 위한 것이다. 바로 이것이 청교도의 설교와 목양을 설명하는 핵심적인 특성이다. 메시지의 초점은 우리가 다르게 행해야 한다는 것이 아니라, 다르게 되어야 한다는 것이다. 우리에게 필요한 것은 새로운 생활 방식이 아니라, 새로운 심령이다. 청교도 신학은 오늘날 우리를 희생자로, 곧 나쁜 교육의 희생자, 사회의 희생자, 교회의 희생자, 부모의 희생자로 종종 표현하는 잘못된 관점을 바르게 잡아준다. 청교도 신학에 따르면 우리는 희생자가 아니라, 죄의 책임을 지고 있는 자이다. 신학은 교회의 안과 밖에 무엇이 있는지를 분석할 필요가 있다. 우리가 단순히 희생자라면, 우리는 비난받을 어떤 이유나 어떤 죄책도 없다. 따라서 그리스도를 필요로 하지 않기 때문이다. 만일 그렇다면 우리는 그리스도를 구세주가 아니라, 단지 안내자 또는 모범으로 필요할 따름이기 때문이다.

3) 경건

청교도 신학은 신학이 경건함을 유지하는 데 도움을 준다. 내가 말하는 바는 위대한 청교도 신학자 히스베르투스 푸치우스 (Gisbertus Voetius)가 1634년, 우트레히트 대학에 교수 임직 강연인 '학문과 연결되어야 할 경건에 대하여'(*De Pietate cum scientia conjugenda*)에서 내린 신학을 정의한 것과 같은 의미이다. 신학은 학문에 속한 분과로서 다른 학문과 나란히 활동하는 가운데 학문의 규칙에 따라 작업이 이루어져야 하지만, 동시에 진정 살아있는 신학으로서 경건과 연결되어 있어야 한다. 학문으로서의 신학은 믿음, 기도, 그리고 경건의 헌신이 필요하다. 학문의 성격이 우선되어야 하지만 경건의 성격도 필수적이다. 신학을 가리켜 윌리엄 에임즈(William Ames)는 하나님 앞에서 살아가는 지식(*Theologia est scientia de deo vivendi*)이라고 말하였다. 윌리엄 퍼킨스(William Perkins)는 '영원히 복을 누리며 사는 삶의 지식'(*Theologia est scientia beate vivendi in aeternam*)이라고 하였다. 퍼킨스에게 있어서도 신학은 학문에 속한 분과이지만, 동시에 하나님과 하나님을 향한 삶과 ─퍼킨스가 바로 복되게 사는 삶이라고 일컬은 삶─ 연결될 때에만 비로소 신학이 된다. 신학은 하나님과 그분의 말씀에 대하여 지성적으로 사고해야 한다. 그럴 때라야 신학은 신자들이 복된 생명 안에 있도록 도울 수 있다. 복을 누리는 일에는 지식이 요구된다. 이는 퍼킨스가 다음과 같이 말한 바와 같다. "복된 생명은 하나님의 지식에서 나온다. 하나님을 아는 지식은 또한 우리 자신의 지식에서 나온다. 왜냐하면 우리는 우리 자신을 들여다봄으로써 하나님을 알기 때문이다."

2. 청교도 신학의 적실성

청교도 연구가 신학으로 하여금 적실성을 유지하도록 하는데 도움을 준다는 의미에서 신학에 대한 적실성을 갖는다. 청교도 연구는 교회와 신학의 연결성을 우선적으로 지향한다.

1) 진정한 신학

청교도 신학과 역사를 연구하는 중요한 이유에 대하여 제일 먼저 말하고자 하는 바는, 교회는 진정한 신학이 필요하며, 진정한 신학은 교회를 필요로 한다는 것을 청교도가 알고 있었다는 사실이다. 청교도는 설교와 교훈과 복음의 변증과 전파를 위하여 교회에 학문적인 신학 연구가 필요하다는 것을 알고 있었다. 이들은 교회에는 설교자가 필요할 뿐만 아니라, 교수와 신학자들 또한 필요하며, 반대로 학문은 교회와 연결되어 있어야 한다고 생각했다.

2) 사회

　다음으로 청교도 신학은 사회와 관련하여 의미를 갖는다. 청교도 작가들의 저서들은 섬김의 생활에 대한 격려로 가득 차 있다. 가난한 자들과 약한 자들을 돌보고, 의와 평화를 위하여 일하는 정치적 활동을 하는 일은 청교도 설교, 편지, 책들 속에서 지속적으로 반복하여 등장하는 주제 가운데 하나이다. 이것은 영원을 향한 의식이 현세에 대한 생활을 결코 소홀히 하지 않는다는 것을 보여준다. 그리고 각 개인의 영혼이 하나님을 향하여 바른 위치에 있도록 계속적으로 훈계하는 것은, 사회 전반에 대해 책임을 느끼는 것의 가치를 결코 평가절하하지 않도록 하는 것임을 보여준다.

　또한 안식일 계명을 중요하게 여기는 청교도 생활은 일주일 내내 24시간 일하는 시장원리가 개인과 가정을 고갈시키고 있는 오늘날을 향해 주는 의미가 크다. 아울러 사치와 재물의 절제와 위험성을 알려주는 적실성을 갖는다. 이러한 청교도의 관점은 오늘날에도 절제, 자연환경을 돌보는 일, 그리고 부와 자연 재원을 아끼는 일 등과 관련하여 적실성을 제시한다.

3) 세계성

　마지막으로 덧붙이고 싶은 말은 청교도 연구가 신학으로 하여금 세계적으로 생각하고 행동하도록 격려한다는 점이다. 청교도 문서가 주로 영어로 쓰였고, 다른 언어의 문서는 점차 줄어들었기 때문에, 청교도가 영어로만 쓰인 인상을 받을 수 있다. 그러나 청교도는 영어뿐 아니라 화란어, 독일어, 그리고 라틴어로도 글을 썼다. 이것은 청교도주의가 국가를 초월하는 움직임이었다는 것을 보여준다. 청교도를 묶는 것은 사용된 언어가 아니라 그들이 공유한 공통의 신학이며 경건이었다. 라틴어로 문서가 기록될 때 저자는 국제적으로 학문적인 독자들을 염두에 둔 것이었다. 영어로 기록된 것은 화란어, 독일어 등으로 번역되었고, 처음부터 화란어로 기록된 글이 독일어로 번역되었다. 독일어와 화란어의 글은 영어로 번역되었다. 이런 번역의 홍수는 오늘날에도 신학을 자극하여 국제적으로 활동할 수 있는 다리를 놓았다. 국제적인 활동은 번역에 의해 이루어졌지만, 청교도는 소통에 있어서 매우 제한된 방식뿐이었다. 오늘날에는 디지털화된 문서 접근의 용이성과 여행의 자유로움이 서로 함께 하는 연구의 협력과 모든 결과물들을 세계적으로 퍼지게 하는 데 큰 도움을 준다.

IV. 결론: 도전과 가능성

청교도를 읽는 것은 유익하다. 읽기를 서로 격려하는 것이 필요하다. 책을 출판하고, 웹사이트를 만들고, 번역을 제공하고, 청교도 관련 모임과 행사들을 조직함으로 청교도 자료들을 쉽게 접할 수 있도록 해야 한다. 또한 청교도 문헌에 대한 심도 깊은 학문적 연구를 해야 한다. 이들 문헌들을 주의 깊게 분석하고, 잘 검토된 문서를 출판하며, 청교도 인물과 사건과 발전과정을 객관적으로 설명하는 작업이 수행되어야 한다. 청교도에 대한 학문적 연구는 지금까지는 주로 청교도 역사에 대해 이루어져 왔지만, 다행스럽게도 이제는 지적이며 신학적인 연구에 대한 관심이 점차 늘어나는 추세다. 이러한 연구는 교회와 학문에 여러 가지 유익을 줄 것이다. 그러한 만큼, 합동신학대학원대학교에 청교도 연구 센터가 개소되는 것은 실로 멋진 일이다. 이를 통해 청교도 정신과 신학의 정수가 소개되고 공유되는 가운데 학문적 연구의 성과뿐만 아니라 교회의 갱신과 신자의 실제적 삶에 적용되는 적실한 영향이 점점 퍼져나가기를 바란다.

헤르만 J. 셀더하위스 (Herman J. Selderhuis)
번역 **이승구** 교수 (조직신학)

존 오웬과 리처드 백스터 신학에서
죽음과 죽어감

I. 청교도의 이미지와 사실들

청교도는 개인적으로나 집단적으로 격렬하고 면제될 수 없는 죽음에 대한 공포에 사로잡혀 있었다. 동시에 그들은 죽음을 땅에 묶여 있는 영혼이 풀려나고 해방되는 것으로 보는 전통적 기독교의 수사에 집착하고 있었다.[1]

스탠나르드(David E. Stannard)의 책인 『청교도적 죽음의 방식』 (*The Puritan Way of Death*)에서 온 이 인용문은 청교도적 전통에서 죽음이 어떻게 인식되고 다루어졌는지에 대한 일반적 개념을 잘 요약하고 있다. 전형적인 청교도(the Puritan)가 과연 있는가 하는 질문은 논외로 하더라도 청교도를 연구할 때 자료가 무엇인가 하는 질문이 제기될 수 있다. 이 소논문의 결론은 적어도 리처드 백스터(Richard Baxter, 1615-1691)나 존 오웬(John Owen, 1616-1683)

은 이와 같이 죽음에 대해서 "강렬하고 끊임없는 두려움"을 가진 증거로 사용될 수 없다는 것이다. 그리고 내가 보기에는 대부분의 청교도 저자들이 이런 전형적인 그림을 지지하기에 적절하지 않은 것 같다. 그러나 이는 또 다른 기회에 긴 논문이나 책으로 입증해야 할 문제일 것이다.[2] 여기서는 일단 오웬과 백스터에 집중해 보기로 하자. 그들이 말하는 바를 제시한 후에 그들의 생각에 대한 평가를 시도하려고 한다.

II. 존 오웬

1. 서론

오웬의 저작에서 죽음과 죽어감이 차지하는 위치를 잘 알려주는 것으로, 랜달 그리슨(Randall C. Gleason)의 요한 칼빈(John Calvin)과 존 오웬의 "죽임"(mortification) 주제에 대한 비교 논문[3]이 있다. 여기에서 그는 '미래 생명에 대한 묵상'(meditatio future vitae)에 대한 칼빈의 견해를 다루는 문단을 작성하였지만 오웬에 대해서는 이와 병행하는 부분을 쓰지 않았다. 그리스도인의 삶에 대한 오웬의 견해를 다루는 싱클레어 퍼거슨(Sinclair B. Ferguson)의 책에도 그리스도인의 죽음을 다루는 장이나 문단은 없고 오직 한 인용문만을 제시하고 있다.[4] 그 이유는 오웬에게는 죽음이 전혀 문제되지 않았기 때문이다. 그의 초점은 거룩한 죽음보다는 거룩한 삶에, 죄인들의 죽음보다는 '죄 죽임'에 관심이 있었다. 자신의 열 자녀 가운데 아홉 명을 죽음으로 잃었고,[5] 그의 가장 잘 알려진 책 제목에 '죽음'을 세 번이나 언급하고 있는 저자에게 이것이 좀 놀라울 수도 있다. 그러나 오웬의 초점이 신자의 죽음이 아니라 그리스도의 죽음에 있다는 것을 생각하면 그리 놀라운 것도 아니다. 오웬 저작의 주제는 소망 가운데 죽는 것(dying in hope)이 아니라, 거룩하게 사는 것(living in holiness)이다. 그러나 오웬의 전 저작을 자세히 살펴보면 오웬 신학에서의 죽음과 죽어감에 대한 단행본을 낼 수 있을 정도로 이에 대한 언급이 많음을 알 수 있다. 그러나 나는 이 글에서는 그의 『히브리서 주석』만을 검토해 보려고 한다.[6]

2. 히브리서 주석

오웬의 저작에 죽음과 죽어감에 대한 주제가 겉으로는 많이 나타나지 않지만, 히브리서 2:14, 15에 대한 주석에서는 이에 대해서 정교한 논의를 하고 있다. 이 본문은 "자녀들은 혈과 육에 속하였으매 그도 또한 같은 모양으로 혈과 육을 함께 지니심은 죽음을 통하여 죽음의 세력을 잡은 자, 곧 마귀를 멸하시며 또 죽기를 무서워하므로 한평생 매여 종노릇 하는 모든 자들을 놓아주려 하심이니"라는 말씀이다.

오웬은 이 구절은 네 가지 사실을 전제하고 있다고 하면서 그의 강해를 시작한다. 즉 "첫째로 사탄이 죽음의 권세를 가지고 있다는 사실, 둘째로 그렇게 때문에 사람들이 죽음에 대한 공포로 가득차서 그 공포 때문에 불안과 어려움이 가득찬 삶을 영위한다는 사실, 셋째로 이 상태로부터의 구원은 메시야로부터만 기인한다는 사실, 넷째로 메시야가 이를 위해 고난을 당하셨다는 사실이다."[7] 이 모든 것이 중생하지 않은 사람의 자연스러운 도덕적 상태와 관련되어 있다. 그런데 그리스도께서 이 자연적 상태에 참여하시어 그의 죽음으로 "하나님께서 영광으로 인도하시려고 계획하신 자녀들을" 이 상태에서, 따라서 죽음을 두려워하는 그런 도덕적 상태에서 건져 내신 것이다.[8] 오웬이 이 중생하지 않은 상태에 대해서 더 자세히 묘사할 때 그는 이 상태는 신자들에게는 과거의 것이라는 것을 시사하면서 계속해서 과거 시제를 사용하여 묘사하고 있다. "그들은 죽음에 묶여져 있었다.. 그것이 그들에게 두려움을 일으켰었다. 그 두려움은 그들을 종속시켰다.... 그들은 죽음의 죄책에 종속하고, 복종해야 했다."[9]

오웬의 저작에서 죽음과 죽어감에 대한 언급이 왜 잘 나타나지 않는지 그 정확한 이유를 나는 여기서 발견할 수 있다고 믿는다. 그의 저작에서는 죽음이 그리스도인에게는 전혀 문제가 아닌 것이다. 그리스도인에게는 죽음이 이제 더는 문제 되지 않는 것이다. 그러나 불신자에게는 죽음에 대한 이 공포가 어떤 것이며 그것이 어디서 온 것인지를 『히브리서 주석』에서 설명하고 있다.

두려움이란 곧 닥칠 미래의 악을 의식하는 것에서 일어나는 정신의 동요이다. 그 악이 더 큰 것일수록 (우리가 그것을 지각할 수 있는 한) 정신의 동요는 더 크다. 그렇다면, 여기서 의도된 죽음의 공포는 그들의 죄들에 대한 형벌로서 그들에게 미칠 죽음을 예상할 때 사람이 가지는 정신의 동요요 어려움이다. 이 지각은 죽음이 형벌로 주어지는 것이라는 일반적 가정에서, 그리고 죄를 범하는 사람은 마땅히 죽는 것이 하나님의 심판이라는 것(롬 1:32, 2:15)에서 생기며, 모든 사람들에게 공통적인 것이다.[10]

그러므로 죽음은 하나님의 심판과 관련되어 있다는 일반적 의식이 있고, 이 의식을 모두 다 없애 버린 사람들조차도 죽음은 형벌과 관련 있다는 것을 여전히 감지하는 것이다.[11] 이 의식에서 (죄에) 노예된 상태(the state of bondage)가 온다. "형벌로서의 죽음에 대한 예상이 그들을 종속 상태에 있게 하는 것이다."[12] 오웬은 이 노예됨이 가져 오는 부정적 감정들과, 사람들이 어떻게 그것과 죽음의 공포로부터 벗어나려고 헛되이 애쓰고 있는지를 상당히 자세하게 제시하고 있다.[13] "이것이 그리스도 밖에 있는 죄인들의 상태"라는 것을 분명히 진술하면서 말이다.[14] 그런데 문제는 이것을 자연적으로 주어진 것으로 여기는 것이다. "대부분의 사람들은 죽음을 그들의 연약한 자연 상태 때문에 주어진 일반적인 것이고 사람의 조건이라고 본다. 마치 어린 아이들의 자연적 조

건에 속하는 것처럼 말이다."₁₅

물론 오웬은 하나님의 자녀들에게도 죽음에 대한 공포가 어느 정도 있다는 것은 인정한다. "우리들의 현재 상태와 뗄 수 없는 자연적인 죽음에 대한 공포가 있다. 그러나 그것은 자연의 해체에 대한 혐오일 뿐이다."₁₆ 죽어감에 대한 이런 자연스러운 혐오는 그 정도가 사람에 따라 다르고, 믿는 사람들 가운데서도 마찬가지이다. 오웬에 의하면, 이것은 신앙의 결여와는 전혀 관계되는 것이 아니다. 그래서 그는 이것을 "죽어야 하는 조건과 떼려야 뗄 수 없게 연관되어 있는 우리들의 피곤함이나 병과 같은 죄책이 없는 연약함"일 뿐이라고 한다.₁₇ 마치 누구나 병들 수 있고 피곤해질 수 있는 것처럼, 우리들은 죽음에 대한 혐오를 가질 수 있다. 그러나 그것은 심판에 대한 깊은 두려움이나 죄인들이 될 수 있는 대로 죽음을 무시해 보려고 애쓰는 것과는 전혀 다른 문제이다. 오웬은 이를 세 번째 종류의 두려움이라고 한다. 즉 죄와 심판을 확신하지만 복음으로 온전히 자유함을 얻지는 못한 사람이 가지는 두려움이라고 하는 것이다.

이제 우리의 논의는 어떤 사람이 신자라 불리기 위해서는 이 두려움을 얼마나 가져야 하고 자신이 죄인이라는 확신을 얼마나 가져야 하는가 하는 것이다. 그러나 오웬은 이 질문을 거부한다. 왜냐하면 이것은 우리 스스로 가질 수 있는 것이 아니고, 하나님의 법에 대한 지식이 드러내는 결과라고 보기 때문이다. 그는 죽음의 공포에 묶여 있는 것은 의무와 같은 것이 아니라, "원하지 않게"(involuntary) 발생한 어떤 것이라는 것이다.[18] 그러나 이것은 이 상태에서 구원 받고자 하는 갈망을 일으킨다. 심판으로서의 죽음에 대한 두려움과 그로부터 벗어나고자 하는 이 갈망 때문에 우리는 그리스도와의 교제 가운데 살려고 애쓰게 된다. 그리스도 께서 그의 죽음으로 우리들을 죽음의 공포에서 해방해 주셨기 때문이다. 여기서 우리는 오웬의 『그리스도의 죽음에서의 죽음의 죽음』(*The Death of Death in the Death of Christ*)이라는 책의 메시지의 핵심을 발견한다. 그리스도께서 우리의 성질[인성]을 취하셔서 죽음과 그와 연관된 두려움과 불안을 다 겪으셨다. 이는 오직 하나님의 자녀들을 심판으로서의 죽음으로부터 해방하시고, 죽음에 대해 이를테면 "부자연스러운 공포"(unnatural fears of death)에서 온전히 벗어나도록 하기 위함이다. 간단히 말하자면, "그의 죽음은 그들을 죽음에서 구원하는 수단이었다."[19]

그리고 그리스도께서 신자들을 (이 세상에서의) 삶이 끝나고 죽음의 상태에 있게 되는 순간의 현세적 죽음(temporal death)과 하나님의 자녀들이 가장 무서워하는 영원한 죽음(eternal death) 모두로부터 자유하게 하셨다는 의미에서 이 구원은 온전한 것이다. 오웬이 말하고자 하는 바는 히브리서 9:27의 강해에서 아주 자세하게 진술하고 있다. 그는 또한 여기서 '현세적 죽음'과 '영원한 죽음'을 구별해 말하고, 그 모두로부터 그리스도께서 어떻게 구원하셨는지도 말하고 있다.

1. 사람은 율법의 선언에 의해서 법적으로 그리고 죄에 대한 형벌로 **한번** 죽게 되어 있다. 그래서 그리스도께서 형벌적 의미에서 죄를 지시고, 속죄하시고, 그로써 죽음을 제거하시기 위해서 **한번** 죽으시고, 고난당하시고, (자신을) 제물로 드리셨다.

2. (물리적) 죽음 이후에 사람은 다시 심판을 받고, 그 정죄를 감당해야만 한다. 그래서 그리스도께서 우리의 죄와 죽음을 제거하기 위해 자신을 드리신 후에 다시 두 번째 나타나셔서 우리들을 정죄에서 벗어나게 하시고 영원한 구원을 주실 것이다.[20]

앞서 말한 (죽음에 대한) 공포는 사탄에게서 온다고 할 수 있다. 사탄은 죽음이 죄에 대한 형벌이라는 사실과 우리들을 직면하게 하여 우리를 무섭게 만들 수 있다는 의미에서 죽음의 세력을 가지고 있다고도 할 수 있다. 처음에 하나님께서 죽음을 만드신 것은 아니기 때문이다. 죽음은 하나님의 처음 창조에 있었던 것이 아니다. 죄에 대한 형벌로 죽음을 제정하신 상황에서 (범죄한) 사람에 의해 이 세상에 들어오게 되었다. 그 때문에 사탄은 우리를 두렵게 할 무기를 가지게 되었다. 그러나 사실 그것은 죽어 감(dying)으로서의 죽음보다도 궁극적으로 하나님의 의로운 정죄에 직면해 영원한 죽음을 맞이하게 됨이 무서운 것이다. "하나님께서 죄에 대하여 죽음이라는 선고를 내리셨다. 때문에 이제 죽게 되리라는 예상과 그에 대한 불안과 공포로 사람들의 양심을 괴롭게 하고 두렵게 하여 그들을 노예를 만드는 것이 사탄의 세력 가운데 있게 된 것이다."[21] 사람들이 죽어야만 한다는 사실이 그들이 하나님에 대해서 죄인이며 따라서 영원한 형벌 아래 있다는 사실과 직접 연결되어 있다. 이를 사탄이 상기시켜서 사람들을 노예로 삼을 수 있다는 데에 사탄의 능력이 있다.[22]

그리스도의 죽음은 죄책을 제거하고 따라서 영원한 형벌의 근거를 제거하므로 사탄을 무력하게 한다. "그러므로 '죽음의 권세를 가진 자'의 파멸이라는 말이 의미하는 것은 그가 죽음과 그 효과와 결과들에 대해서 가지고 있었던 세력의 해체, 없앰, 제거라는 뜻이다."[23]

사탄은 이제 하나님의 자녀들을 죄에 대한 형벌로 더는 무섭게 할 수 없으므로, 하나님의 자녀들은 죽음을 전혀 두려워할 필요가 없다. 믿음으로 그리스도의 죽음이 신자들에게 적용되는 순간, 신자들은 죽음의 공포에 노예됨에서 자유하게 된 것이다.[24]

3. 오웬에 대한 논의의 결론

결론적으로 오웬은 그리스도인의 죽음이 죄의 대한 형벌이 아니라는 것을 (이에 대해서 하이델베르크 요리문답과 유사성을 보라!) 분명히 보았다고 말할 수 있다. 따라서 신자들은 현세적 죽음이나 영원한 죽음을 두려워할 필요가 없다. 그렇지만 하나님의 자녀들도 잘 알지 못하는 것 그리고 불쾌한 것으로서의 죽음에 대한 두려움을 가질 수 있다는 것을 ―여기서 우리는 목회자로서의 오웬의 음성을 듣는다!― 분명히 말할 수 있다.

III. 리처드 백스터

리처드 백스터의 작품들에서는 죽어감과 죽음의 문제에 대해서 더 많은 것을 발견할 수 있다. 이것은 놀라운 것이 아니다. 그는 그리스도인의 삶의 모든 측면들에 대하여 많고도 아주 자세한 지침을 주고 있기 때문이다.[25] 나의 발제문의 제목은 백스터의 『성도들의 영원한 안식』(The Saints Everlasting Rest)에서 가져온 것이다. 이 책의 제 8장 19문단에서 그는 3번이나 계속해서 "죽음이 (이 땅의) 비참함으로부터 (하늘의) 영광으로 우리를 옮길 것이라는 것을 참으로 믿는데도, (우리에게) 죽기 싫어하는 마음이 있다는 것"을 전혀 이해할 수 없다고 하면서 이 구절을 사용하고 있다.[26]

　　백스터에게는 그리스도 안에 있는 신자들에게 있어서 죽음은 두려워할 수 있는 어떤 것이 아니다. 마치 죽음이 모든 복과 절연되는 수단인 것처럼 할 수 있는 만큼 멀리해야 할 어떤 것도 아니다. 오히려 그에게 있어서, 죽음은 모든 복의 온전함으로 들어가는 길이다. 그런데도 그리스도인 또한 죽기를 싫어하고 죽음을 두려워함을 백스터는 의식하고 있다. 그래서 그는 『평화로운 죽음을 위한 지침들』(*Directions for a Peaceful Death*)이라는 논의도 하였다. 나는 이 논의의 내용이 죽음과 죽어감에 대한 백스터의 논의의 전형이라고 여긴다. 이 작품에 대한 서론에서 그는 이 지침들이 그의 『자아 부인』(*A Treatise on Self Denial*)이라는 책에도 나온다고 잘못 말하고 있다.27 물론 『자아 부인』의 40장에서 이 문제를 다루기는 하지만, 백스터가 따로 출간한 "평화로운 죽음을 위한 지침들"은 본래 『실천적 신학』(*A Body of Practical Divinity*)이라는 제목의 책 안에 "나이 든 사람들과 연약한 자들과 병든 자들을 위하여"라는 장으로 출간되었던 것이다.28

그 장르와 내용이 매우 흥미로운 것인데도, 내가 알기로는 이제까지 이 작품에 대해서 별도의 관심을 지닌 논의는 없었다. 이 논의에서 백스터는 죽음에 대한 자연적 혐오가 있고 이는 신자들의 경험이기도 하다는 오웬의 진술로부터 시작하고 있다고 할 수 있다. 그는 죽음이 다가올 때 우리는 위로를 필요로 한다는 말로 시작하고 있기 때문이다. 그래서 그가 제시하는 지침들은 "최소한 우리의 떠남을 편안하고 평화롭게, 또한 안전하게" 하도록 하기 위한 것이라고 말한다. 그는 논의 중에서는 이에 대한 20가지 지침을 말할 것이라 하고서 종국적으로는 18가지 지침을 말하고 있다. 백스터는 특히 "우리들의 자연스러운 죽기 싫어함"에 대해서 더 강조한다.29

1. 장르

백스터의 이 작품은 중세기에서 기원한 장르, 즉 '죽음의 기술'(*ars moriendi*)이라는 장르에 속한다. 영어로는 '잘 죽는 기술'(the art of dying well)이라고 불리는 이런 장르의 책들은 교구민들이 죽어갈 때 그들을 도울 수 있도록 중세에 사제들을 위한 작은 가이드라인으로 쓰였다. (중세 때의 관념에 의하면) 죽음이 다가올 때 마귀가 양심과 신자의 신앙에 작용하여 이들이 하나님께 죄를 범하도록 한다는 것이다. 이런 죄를 범하면 연옥에 더 오래 있어야 하므로, 신자들이 삼위일체 하나님과 마리아와 다른 성인들에게 초점을 맞추도록 권면하여 마귀를 쫓아내도록 돕는 것이 필요하다는 것이다. 마르틴 루터도 비슷한 논의를 하는 책을 썼는데, 이제는 종교 개혁에 의해 새롭게 된 신학의 내용으로 채운 책을 내었다. 중세의 '죽음의 기술'은 연옥을 전제로 하고 있다. 반면 루터의 출발점은 그리스도를 통해서 하나님과 온전히 화해했으므로 이제 연옥이 있을 수 없고, 믿음으로 들어가기 원하는 모든 사람들에게 (그리스도를 통해서) '하늘'의 문(the gate of heaven)이 열렸다는 것이다. 그의 은혜의 신학은 죽음에 임박한 사람들에게 기대되는 태도도 바꾸어 놓았다. 중세의 작품들에서는 행동의 주체가 신자여서, 그 자신이 하나님과 성자들에게 초점을 맞추려고 노력해야만 했다. 이에 비해서 루터와 그를 따르는 자들에게는 행동의 주체가 그리스도의 십자가의 위로를 죽어

가는 신자들에게 가져다주시는 하나님이다.30

이렇게 개혁된 '죽음의 기술'(ars moriendi)은 하이델베르크 요리문답의 저작인 자카리우스 우르시우스(Zacharius Ursinus)나 윌리엄 퍼킨스(William Perkins)같은 다양한 칼빈주의자들과 청교도 저자들에 의해 제시된 바 있다. 특히 퍼킨스가 1595년에 출간한 『병과 죽음에 대한 논의』(A Salve for a Sick Man, or a Treatise on Sickness and Dying)는 지금도 베스트셀러의 하나이다. 이렇게 새로운 접근을 백스터도 온전히 받아들여서 작업하였는데, 그는 십자가의 신학을 떠나지 않으면서도 또 자기 나름의 기여를 하는 요소들을 도입하고 있다. 루터처럼 백스터도 목사들이 아니라 신자들을 위해 책을 쓰고 있다. 신자들이 이를 읽고 마음에 새겨서 죽음의 공포를 극복하여 "그들에게 위로의 큰 장애가 제거되도록" 하려는 것이다.31

2. 내용

백스터는 죽기 전에 아픈 것은 하나님께서 우리들로 하여금 죽을 수 있도록 준비하는 시간을 주시고, 이 세상을 떠날 마음을 가질 수 있게 하려는 자비로 볼 수도 있다는 말로써 그의 지침을 시작한다. 병은 세상적인 것들에 대한 갈망을 버리게 하고, 고통은 "참된 회개와 심각한 준비에 대한 커다란 부르심과 큰 도움"이 되기도 한다.32 이미 하나님과 친밀한 사람들에게는 "갑작스런 죽음이 자비일 수도 있다." 그러나 일반적으로는 병을 통해 준비시키는 데에 하나님의 자비가 나타난다. 물론 병도 없고 또 하나님과 깊은 교제가 없는 데도 준비되지 않은 채 죽은 사람들이 있다는 것도 언급한다. 그러나 그 문제에 대해서는 백스터가 별다른 논의를 하지 않는다. 백스터는 병들어 죽어가는 사람에게, 그 병도 우리를 사랑하시고 우리에게 최선의 것이 무엇인지를 아시는 주님으로부터 온 것임을 상기시켜서 그를 위로한다.

> 우리들의 병과 죽음도 우리에게 구주를 보내신, 그리고 그의 말씀의 강력한 설교자들을 보내신, 성령님을 보내신, 그리하여 은밀(隱密)하고도 따뜻하게 우리 마음을 변화시키시고 사랑 가운데서 자신과 연결시키신 그 같은 사랑에 의해 보내진 것이다. 우리들의 영혼과 몸을 위해 고귀한 자비의 생명을 주시고, 영생을 주시기로 약속하신 그 같은 사랑에게서 주어진 것이다. 그런데 이제 이 상황에서 그가 우리에게 어떤 해를 가하기 위한 것이라고 생각해야 하는가? 우리들이 이전에 불평했던 환란에 대해서 그리하셨던 것처럼 이것도 우리의 선으로 바꾸시지 못하시겠는가?[33]

이런 생각을 가지고 죽어가는 신자들은 "죽으시고, 상처받으시고, 부활하시고, 승천하셔서 영화로워지신 주님을 믿음으로 보라"는 권면을 받는다.[34] 그 눈을 예수님에게 고정시키면, 그분이 죽음을 이기고 승리하셨기에 죽음에 대한 공포를 극복할 수 있게 된다. 여기서 백스터는 (아주 자연스럽게) 그리스도와의 교제라는 주제를 도입한다. 그에게 일어난 일이 신자들인 우리에게도 일어날 것임을 아는 것이 위로가 된다는 식으로 말이다. 그는 그리스도의 죽음과 장사를 열거하면서 그리스도께서 이 모든 것을 극복하셨는데, 그가 머리이시고 우리는 그의 몸이므로 우리에게도 같은 것이 일어날 것이라고 말한다. 죽음이 그를 가두지 못하였으니 우리도 가두지 못한다는 것이다. 백스터에 의하면, 머리이신 그리스도와의 이런 교제는 아주 강하기에 신자는 죽을 때 자신의 구주에게 간다는 즐거운 생각을 가진다는 것이다. 그러므로 백스터에게는 죽음은 신자들을 뒤흔드는 것이 아니라 즐거운 것이다.

그러나 이런 생각이 자동적으로 오는 것은 아니기에 백스터는 하나님의 약속을 주목하라고 권면한다. 그저 일반적으로 하지 말고 "당신의 상황에 가장 적절한 약속들을 선택해서, 그것을 계속해서 묵상하고, 그것을 믿음으로 먹고, 그것에 의지해 살라"고 한다.35 병든 사람들은 너무 많은 것을 할 수 없으니, 하나님의 약속들 가운데 두세 개를 선택해서 그것에 집중하라고 한다. 백스터는 병든 자가 그 병과 싸워갈 때 두려움과 슬픔 중에 의지할 수 있는 13구절을 제시한 후 고르라고도 한다.36 이렇게 우리 밖에서 오는 약속들, 외적인 말씀이 위로와 기쁨을 가져온다는 것이다. 백스터는 루터와 입장을 온전히 같이 하면서, 신자들이 자신에게로부터 우리 밖(extra nos)의 하나님의 약속에 집중하도록 한다.

그 다음에 병든 신자들에게 하늘 영광이 지상에서의 삶보다 훨씬 더 나은 것임을 확신시킨다. 이때 백스터가 '하늘'(heaven) 그 자체보다도 거기서 하나님을 면대면(面對面)하여 만나는 것 때문에 이것을 강조한다는 것을 주목해야 한다. 여기서는 피조계에 나타난 하나님의 일을 보지만, 하늘에서는 하나님 자신을 (영적으로) 직접 만날 것이다. "여기서 그의 사역을 아는 것으로도 이렇게 기쁘다면, 이 모든 것의 원인이신 분을 본다면 어떻겠는가? 하늘과 땅에 있는 모든 피조물들을 다 합해도, 거룩한 영혼들에게는 그 내용과 기쁨이 결코 하나님 한 분만 못할 것이다!"[37] '하늘'(heaven)에서 누리는 모든 위로와 삶의 기쁨이 아니라, 하나님 자체를 뵈옴(the *visio Dei*)이 '하늘'(heaven)에 가는 본질적 측면이다. 또한 (우리가 죽을 때에 그 죽음으로) 죄와 슬픔으로부터 구원해 주시는 것이 아니라, 하늘에서 누리는 하나님과의 온전한 교제와 교통 때문에 자신의 삶을 떠나는 것이 기쁜 순간이 되는 것이다. 그 순간은 모세가 경험한 하나님의 등만 본 것이나, 스데반이 돌에 맞아 순교할 때 본 그리스도를 봄(the *visio Christi*)이나, 바울이 경험한 삼층천에 끌려 올라간 경험보다 더 나은 것이다. 이 모든 경험들이 놀라운 정점의 경험들이기는 하지만 '하늘'(heaven)에서 "우리가 하나님의 영광을 보는 지복의 뵈옴(beatific sight)은 이 모든 것을 훨씬 넘어서는 것이다."

백스터는 이것에 대해 더 많은 말을 하고 싶지만 그가 이미 『성도들의 영원한 안식』(*The saint's everlasting rest*)에서 말하였으므로, 그 책을 참고하라고 한다.[38] 죽음의 공포와 싸우는 또 다른 지침으로, 죽음 이후에 신자들은 천사들과 그 이전에 살던 신자들이 그리스도와 가지고 있는 교제를 같이 공유한다는 사실에 초점을 맞추라고 한다. "우리보다 먼저 간 그들의 기쁨을 믿음으로 보는 것과 우리와 그들의 관계를 생각하는 것은 죽음의 공포를 극복하는 데 크게 도움이 된다."[39] 여기서도 천사들이나 성도들과 함께 있을 그 전망이 아니라, 하나님과 함께 하는 그들의 기쁨에 동참하고 하나님의 얼굴을 대면하는 것에 주목해야 한다. (이미 하나님과 함께 있는) 그들의 기쁨을 생각하는 것이 죽음의 공포를 정복하는 데 큰 도움이 된다. 그것이 첫째이고, 그 후에야 그들과 함께 있는 것이 지금 죽은 우리에게 도움이 되는 것이다. 그곳에서 우리와 함께 있을 이 천사들은 "우리의 특별한 친구들이고, 수호자들이며, 우리를 전적으로 사랑하는 분들이다! 지상에서 그 어떤 친구가 사랑했던 것보다 더 사랑하는 이들이다!"[40] 또한 우리들은 '하늘'(heaven)에서 한 때 이 땅에 있었던, 고난과 죄와 죽음을 경험한, 그리하여 ('하늘'에 있는) 지금은 그 어떤 슬픔도 비참함도 공포도 없는 분들과 같이 있게 될 것이다. 그분들과 같이 있게 된다는 것이 놀라운 것이다. 그처럼 백스터에게는 더 높은 수준에서 그들의 기쁨에 참여하고 그들과 교제하는 것이 죽음을 두려워하지 않을 이유가 될 뿐만 아니라, 어떤 순간에는 심지어 그 죽음을 동경하게 되는 이유도 된다.[41]

백스터에 의하면, 우리는 '하늘'(heaven)에서 아브라함과 이삭과 야곱과 함께 있을 것이고, 그들과 교제하며, 함께 하나님을 찬양하게 될 것이다. 백스터는 다시 한 번 최고의 기쁨은 하나님을 만나는 것이고 그리스도와 함께 하는 것임을 상기시킨다. 그러나 우리가 이 모든 신자들을 만나게 될 것을 아는 것도 죽음의 공포에 대항하여 격려와 위로가 되는 것이다.[42] 결과적으로 백스터는 우리가 '하늘'(heaven)에서 보고 교제할 사람들의 긴 명단을 제시한다. 이로써 백스터는 우리가 하늘에서 서로를 알아보리라는 것을 함의한다. 백스터는 그가 제시한 명단은 자신이 그들과 만나 이야기하고 싶은 사람들이고,[43] 그래서 그것을 아는 것에 흥분한다고 인정할 만큼 솔직하다.

나도 에녹과 엘리야, 아브라함과 모세, 욥과 다윗, 베드로와 요한, 바울과 디모데, 이그나티우스(Ignatius)와 폴리캅(Policarp), 키프리안(Cyprianus)과 나지안주스(Nazianzus), 어거스틴(Augustine)과 크리소스톰(Chrysostom), 버나드(Bernard)와 게르송(Gerson), 사보나돌라(Savonadola)와 밀란돌란(Milandula), 타울러(Taulerus)와 토마스 아 켐피스(à Kempis), 멜랑흐톤(Melancthon)과 알라스코(Alasco), 칼빈과 부홀쳐(Bucholtzer), 불링거(Bullinger)와 무스클루스(Musculus), 잔키(Zanchy)와 부쳐(Bucer), 그리네우스(Grynaeus)와 켐니츠(Chemnitius)와 게르하르트(Gerhard), 카미어(Chamier)와 카펠루스(Capellus), 브론델(Blondel)과 리베(Rivet), 로져스(Rogers)와 브레드포

드(Bradford), 후퍼(Hooper)와 리티머(Latimer), 힐데르샴(Hildersham)과 아메시우스(Amesius), 랑글리(Langley)와 니콜스(Nicolls), 휘타커(Whitaker)와 카트라이트(Cartwright), 후커(Hooker)와 베인(Bayne), 프레스톤(Preston)과 십스(Sibbes), 퍼킨스(Perkins)와 도드(Dod), 파거(Parker)와 볼(Ball), 어셔(Usher)와 홀(Hall), 가타커(Gataker)와 브래드쇼(Bradshaw), 바인(Vines)과 애쉬(Ash), 그리고 하나님의 가족에 속하는 수많은 사람들과 함께 거할 것이다.

여기서 백스터가 누구를 언급하고 있지 않은지를 살펴보는 것은 흥미롭다. 그러나 이로부터 어떤 결론을 이끌어 내려고 하지는 말아야 할 것이다.

3. 실천적 삼단논법(*Syllogismus practicus*)

〈지침 8〉(*Direction VIII*)에서 백스터는 신자들에게 이 열망을 주시는 성령님을 마음에 모시지 못한 결과로 영생에 대한 갈망을 가지지 못한 사람들은 어떻게 해야 하느냐 하는 질문으로 나아간다. 백스터는 이 목회적 질문에 대해서 실천적 삼단논법을 사용하여 답한다.

만일 당신이 "나는 성령의 보증금을 가지고 있지 않은 것 같습니다"라고 두려워한다면, 나는 "거룩해지려는 당신의 열망은 과연 어디서 오는 것인가?" 하고 물을 것이다. 세상과 절연하려는 당신의 그 마음은 어디서 오는가? 소망과 행복을 위에 두려는 당신의 그 마음은 어디서 오는가? 당신이 죄와 원수되어 그에 대립하려고 하는 그 마음은 어디서 온 것인가? 하나님의 영광과 복음의 융성과 사람들의 유익을 향한 당신의 진지한 갈망은 어디서 오는가? 거룩함과 거룩한 사람들에 대한 당신의 사랑과 하나님을 알고 온전히 사랑하고자 하는 마음이 당신 안에 있는 천상적 성격과 영을 나타내는 것인데, 이것이 영생에 대한 확실한 증거이다. 그 영은 하늘로부터 보내진 것이며, 그 영이 당신의 마음을 올려 그에 합당하게 한다. 하나님께서는 그런 서원과 갈망과 준비들을 헛되이 주신 것이 아니다. 44

만일 성령님이 자신 안에 계심을 의심한다면, 그는 하나님의 뜻을 따라 살려고 하는 자신의 열망을 바라보면서 이 의심과 싸울 수 있다. 이런 열망은 우리 마음에 계신 성령님으로부터만 올 수 있는 것이기 때문이다. 이런 열망을 주목하는 것 다음으로는 거룩한 삶이라는 사실이 중요하다. 이것은 그리스도인으로 살려고 시도하는 것뿐 아니라, 그런 시도의 결과로 자신 안에서 역사하시는 성령님에 대한 확신을 뜻한다. 그리하여 죽음에서 하나님과 함께 하는 영생의 삶으로 나아갔다는 확신이 있게 된다.

이런 뜻에서 백스터는 죽어가는 성도들에게 "또한 거룩한 삶의 증거를 보라"고 권한다.45 물론 백스터는 우리가 거룩하게 살려고 노력한 이 삶은 우리가 마땅히 그래야하는 만큼 거룩한 것도 아니요, 죄와 실패로 가득차 있다는 대답이 나오리라는 것을 잘 의식하고 있다. 그러나 우리가 발견할 수 있는 거룩은 오직 하나님에게서 오는 것이며(그렇지 않다면 당신은 하나님의 의를 당신 자신의 의로 돌리고 싶은 것이다! 그러나 그것은 있을 수 없다!), 따라서 하나님께서 당신 안에서 역사하신 것이며, 하나님께서 선한 것으로 보신 것에 대해 상을 주실 것이다.

백스터는 우리 안에 있는 선이나 거룩성을 "복음적 의"(evangelical righteousness)라고 부르면서, "법적인 의"(legal righteousness)와 구별하려고 한다. 법적인 의는 죄를 범하지 않은 순수함이나 율법의 저주에서 벗어난 것이다.46 복음적 의는 그리스도의 공로에 근거한 것이고, 우리에게 분배된 의이다. 또한 신자들의 삶에 현존하며, 죽을 때 하나님의 심판이 무섭다면 우리는 그것을 보아야 한다. 우리는 자신의 죄와 불의만 봄으로써 우리 안에서 그가 행하시는 사역으로 우리에게 주시는 위로를 무시하지 말아야 한다.47 죽음의 침상에서 우리는 자신의 죄를 보게 되고, 그것은 회개해야 하는 이유가 된다. 비록 불완전하지만 하나님께서 원하시는 대로 하고자 하는 열망을 주목하는 것에 확신이 있다. 백스터는 거룩에 대한 이 불완전한 열망을 우리의 죄와 죄책을 짊어지시는 그리스도와 연관시킨다.

실천적 삼단논법(*syllogismus practicus*)은 신자들에게 너무 많은 관심을 집중시키는 것이 아니라, 죽어가는 신자의 눈을 그를 위해 십자가에서 죽으신 그리스도와 은혜스러운 하나님을 향하도록 돕는 것이다. 하나님께서 이 땅에서 우리에게 얼마나 선하셨는지를 본다면, '하늘'(heaven)에서는 얼마나 더 하시겠는가? 그것을 알게 되면 우리는 죽음의 침상을 "그 하나님, 그렇게 부드럽게 사랑해 주셨고, 그렇게 은혜스럽게 보존해 주셨고, 나의 모든 삶의 과정에서 모든 자비가 넘치게 하셨던 그 하나님께로 가고 싶은" 갈망의 자리로 만들 것이다.48

〈지침 12〉(*Direction XII*)에서는 나이가 많은 데도 죽기를 원하지 않는 신자들에게는 "하나님께 나아가기를 원하기 전에 얼마나 더 오래 살기를 원하느냐?"고 아주 솔직하게 책망한다.49 인생이 너무 짧다는 불평에 대해서 백스터는 "잘 살았으면, 충분히 오래 산 것이다"고 대답하면서, 젊은 나이에 죽은 많은 사람들을 돌아보도록 한다. 그러므로 (하나님께 순복하여) 하나님께서 우리의 의지에 반하여 우리를 취하시는 일이 없도록 하라는 것이다. 우리는 이 세상의 다른 피조물들과 같이 죽을 것임을 안다. 그러나 백스터가 "가련한 날 피조물들"(poor brute creatures)이라고 말하는 동물들은 우리들의 배고픔을 면하고 식사의 기쁨을 위해 죽지만, 우리들은 "그리스도와 그의 승리한 교회와 함께 기쁨 가운데서" 죽는 것이다.50 그러니 이 길로 가는 것을 피할 이유가 무엇인가? 그리고 우리의 몸과 관련해서는, 불완전하고 죄로 가득 찬 이

몸을 벗어 버리고 새로운 몸을 얻는데 "우리는 마땅히 행복해야 하지 않는가"라고 질문한다.[51]

우리가 지금 속해 있는 세상과 우리가 가는 세상과 관련해서도 같은 말을 할 수 있다. 백스터는 죽어가는 신자들에게 이 두 세상을 비교하여, 우리를 죄로 물든 이 세상에서 구하시는 것이 하나님의 자비라는 결론에 이르도록 권고한다. 우리는 날마다 죄를 덜 짓고 더 거룩하게 해달라고 기도한다. 그렇다면 그 온전함에 이를 수 있는 이때(즉, 죽을 때에) 우리가 어떻게 두려워하고 불평할 수 있는가? 우리는 날마다 슬픔과 죄와 연약함과 고통과 염려와 의심과 유혹과 싸우며 투쟁한다. "그렇다면 그리스도와 함께 있는 것이 더 바람직하지 않은가? ... 그런데도 우리들은 가는 것을 그렇게도 원치 않는가?"[52]

백스터는 이 세상에서 사는 것이 어려운 모든 것을 묻고 열거한다. 그래서 〈지침 16〉(Direction X VI)과 〈지침 17〉(Direction X VII)은 바르게, 그리고 적시에 준비를 하라고 권고한다. "당신의 재산을 일찍 정리하라. 세상의 문제들이 당신의 마음을 산란시키거나 분산시키거나 (심지어) 해체시키지 못하도록 하라."[53] 재산이 많은 사람들은 미리 조치하여 그 상당 부분을 자선이나 하나님을 섬기는 다른 방식으로 베풀라고 한다. 이 재산이 사실 하나님으로부터 온 것이기 때문이다.[54] 특별히 자녀가 없거나 자녀가 있어도 잘못된 길로 가서 그 부모의 재산을 받기에 합당치 않은 사람들에게 이런 사실이 더욱 중요하다.

또한 "어떤 유능하고 신실한 인도자와 위로자를 얻어 병 가운데도 당신과 함께 하고, 상담하고, 의심을 해소시키며, 당신이 연약하여 스스로 그렇게 할 수 없을 때 당신을 위하여 기도하게 하고, 천상적인 것들을 논의하도록 하는" 것은 매우 필수적이다. 병들고 죽어갈 때 우리는 선하고 영적인 동료들이 필요하다. 모든 지침들은 백스터가 그의 마지막 지침 가운데서 요청한 다음의 것을 이루는 데 도움을 주기 위한 것이다. "사람들을 끝까지 파멸시키기 위해 사탄이 사용하는 모든 유혹에 대항하여 강하게 준비하고, 마지막 전투에서도 서 있으라! (영광의) 면류관이 너의 것이니."[55]

4. 백스터에 대한 논의의 결론

백스터는 중세적 '죽음의 기술'(Ars Moriendi)이라는 장르를 가져와 마틴 루터와 같이 종교개혁적 방식으로 변용하였다. 그의 접근은 영원한 구원의 확실성에 초점을 둔 목회적인 것이다. 그러나 그에게 있어서 천상의 삶에서의 핵심은 죄인의 구원보다는 하나님과의 교제다.

IV. 결론

1590년에 튜빙겐의 인쇄업자였던 게오르그 그루펜바하(Georg Gruppenbach)가 출판한 목판화는[56] 칼빈주의자들과 청교도가 죽음과 죽어감에 대해 가지고 있던 굉장한 공포에 대한 일반적 심상(心象, image)을 확증해 주는 것처럼 보인다. 침상에 있는 사람 —아마도 칼빈 자신을 묘사한 것으로 보이는데— 그는 죽어가는 칼빈주의자들을 묘사하는 것이다. 즉 그들은 예정론 때문에 절망 가운데 있는 것이다. 죽음이 가까이 오는데 목회자는 별로 위로를 주지 못하는 상황이다. 이 목판화가 전하려고 하는 메시지는 몇몇 성경 구절이 언급된 것으로 보아 예정 교리가 비성경적이라는 인상을 주려는 것이다. 청교도적 예정 교리도 특히 죽음의 순간에는 절망과 두려움을 준다고 말하려고 한다. 그러나 칼빈과 우르시누스나 다른 칼빈주의자들의 작품들을 분석한 결과는 이미 그들이 죽음에 대해 말하고 썼던 바는 이 목판화가 전달하는 이미지와는 상당히 다르다는 것을 이미 확인하였다.

이제 우리는 오웬과 백스터도 이 그룹에 더하여 생각할 수 있을 것이다. 루터가 중세적 죽음의 기술에 가져온 변화, 즉 불안의 현실을 무시하지 않으면서도 의심에서 확실성으로 변화시킨 그 변화는 오웬과 백스터의 견해에서도 분명히 나타난다. 그들의 작품 어디에도 죽음에 대한 심각한 공포의 흔적이 없다. 사실 그 정반대가 옳으니, 죽음은 영원한 영광에로 나아가는 행복한 전이라고 여긴 것이다. 그리고 죽음과 죽어감은 그들의 저작에서 주변의 주제일 뿐이니, 그들의 초점은 하나님 앞에서의 거룩한 삶에 있었기 때문이다. 죽음은 하나님 앞에서 사는(living *Coram Deo*) 것으로부터 하나님을 면대면하여 보는 것으로 업그레이드하는 것이다. 이런 견해는 우리가 가진 오웬의 마지막 편지의 한 인용문에서 잘 나타난다. 여기서 그는, 백스터와 함께 말하자면, "죽기를 싫어하지" 않는다. 1683년 8월 22일자 편지에 그는 이렇게 말한다.

나는 내 영혼이 사랑했던, 아니 오히려 영원한 사랑으로 나를 사랑하셨던 그분에게 갑니다. 이것이 나의 모든 위로의 전부입니다. 57

아드리안 C. 닐 (Adriaan C. Neele)
번역 **안상혁** 교수 (역사신학, 청교도리서치센터 소장)

청교도 설교의 적실성
윌리엄 퍼킨스의 『설교의 기술』

"설교를 구성하는 것을 다루는 신학의 보편 논제는 중차
대하면서도 어렵다."

이는 윌리엄 퍼킨스(William Perkins, 1558–1602)가 "거룩한 배움
을 열망하고 지식을 얻기 위해 분투하는 모든 신실한 복음 사역
자들"을 향해 진술한 내용이다.[1] 현대의 적실성 있는 설교는 참으
로 역사적인 계보를 갖는다. 이것이 바로 본고에서 주장하는 근
본적인 논점이다. 캠브리지 대학에서 성경을 주석하고, 교리적
이고 논쟁적인 작품들을 저술했던 퍼킨스가 가장 잘 알려진 이
유는 무엇보다 실천신학적 저술 때문이다.[2] 엘리자베스 여왕의
통치기에 활동했던 청교도의 온건한 지도자였던 퍼킨스는 특히
1590년대 초에 매우 생산적인 시기를 보냈다. 이때 퍼킨스는 학
교와 교회를 동시에 섬기고 있었다. 그의 교리적 저술로는 다음
의 작품이 있다. 『황금 사슬』(*A golden chaine, or The description of*

theologie, 1591), 『양심론』(*A case of conscience*, 1592), 『주기도 강해』(*Expositions on the Lord's Prayer*, 1592), 『사도신경 강해』(*Exposition on the Apostles' Creed*, 1595). 이 저작들이 바로 1592년에 저술된 『예언, 혹은 설교의 거룩하고 유일하게 참된 방식과 방법론에 관한 논문 [설교의 기술]』(*Prophetica, sive, De sacra et vnica ratione concionandi tractatus*)을 둘러싸고 있는 작품들이다.₃ 퍼킨스에게 있어 신학은 『성경신학, 조직신학, 그리고 실천신학』 참으로 설교를 위해 봉사하는 것이다. 본 장을 시작하며 소개한 앞의 인용문은 설교학 역사의 중심축에 해당하는 저작의 서문을 장식하는 진술이다. 이 저작이 바로 퍼킨스의 『설교의 기술, 혹은 설교의 거룩하고 유일하게 참된 방식과 방법론에 관한 논문』이다.

설교에 관한 퍼킨스의 저작은 근대 초 영국과 뉴 잉글랜드에서 인기를 누리고 있었던 ―그러나 자주 잊혀진― 올리버 보울즈(Oliver Bowles, ca.1577–1644), 윌리엄 차펠(William Chappell, 1582-1649), 그리고 존 윌킨스(John Wilkins, 1614-1672)의 저작과 경쟁한 것이 사실이다.₄ 그러다 결국 퍼킨스의 영향력은 주목할 만큼 확대되어 17세기 유럽 대륙으로 널리 확장되었다. 특히 네덜란드 공화국에서 퍼킨스의 저작은 설교학 핸드북들이 출판되는 데 있어 일종의 자극제로서 역할 했는데, 핸드북의 저작자들은 다음과 같다. 이를테면, 히스베르투스 푸치우스(Gisbertus Voetius, 1589-1676)와 요하네스 호른벡(Johannes Hoornbeeck, 1617-1666), 그리고 이들의 제자인 다비드 니베(David Knibbe, 1639-1701), 멜키오

르 레이데커(Melchior Leydekker, 1642-1721), 살로몬 반 틸(Salomon van Til, 1643-1713), 요하네스 반 데어 바이엔(Johannes van der Waeyen, 1639-1701) 등이 있다.[5] 또한 루카스 트렐칼티우스 주니어(Lucas Trelcatius Jr., 1573-1607), 빌렘 텔링크(Willem Teellinck, 1579-1629), 안토니우스 왈레우스(Antonius Walaeus, 1573-1639),[6] 사무엘 마레시우스(Samuel Maresius, 1599-1673), 요하네스 마르티누스(Johannes Martinus, 1603-1665),[7] 루도비우스 볼조헨(Ludovius Wolzogen, 1633-1690) 등의 저작자에게도 영향을 미쳤다. 끝으로 이들 못지않게 중요한 인물로는 페트루스 판 마스트리히트(Petrus van Mastricht, 1630-1706)가 있다. 마스트리히트는 그의 저서 『설교하는 최고의 방법』(De Optima Concionandi Methodo, 1681, 1699)에서 자신은 위대한 인물들의 방법론에 대해 감사한다고 말하면서, "퍼킨스와 에임스의 『정수』(medulla), 윌리엘무스 살데누스(Guilielmus Saldenus, 1627-1694)의 훌륭한 저작 『교회 설교』(Ecclesiasticis), 그리고 특별히 저명한 인물이었던 호른벡"을 언급했다.[8] 마스트리히트는 계속하여 앞서 언급된 인물들의 저작들을 소개하는데, 이들과 이들의 책 제목은 다음과 같다. 퍼킨스의 『설교의 기술』과 에임스의 『신학의 정수』, 올리버 보울스의 『복음 설교자에 대한 논문』(De Pastore Evangelico Tractatus), 윌리엘무스 살데누스의 『거룩한 설교자 혹은 교회 설교에 관하여』(Concionator sacer, sive de concionibus ecclesiasticis), 그리고 호른벡의 논쟁서 『설교의 기술에 관하여』(De Ratione Concionandi) 등이다.[9]

퍼킨스의『설교의 기술』이 더욱 칭찬을 받은 이유는 그가 청교도 설교의 "평이한 스타일"을 옹호했기 때문이다.[10] 또한 이 책의 폭넓은 영향력 때문이기도 했는데 퍼킨스의 제자들의 모든 세대 안에서 감지될 정도의 영향력이었다. 이를테면 윌리엄 에임스(William Ames, 1576-1633)와 존 코튼(John Cotton, 1585-1652), 그리고 리처드 십스(Richard Sibbes, 1577-1635) 등과 같은 제자는 물론 조나단 에드워즈(Jonathan Edwards, 1703-1758)의 설교 안에서도 그의 영향력은 나타났다. 한편 퍼킨스의『설교의 기술』이 그의 주장대로 기독교 설교학의 오랜 궤적과 공교회성을 보여준다는 사실은 좀처럼 눈에 띄지 않거나 간과되고 있다.『설교의 기술』의 틀을 형성하는 데 도움을 제공한 작가는 아우구스티누스(Augustinus), 헤밍이우스(Hemingius), 히페리우스(Hyperius), 에라스무스(Erasmus), 일리리쿠스(Illyricus), 비간트(Wigandus), 야코부스 마티아스(Jacobus Matthias), 테오도루스 베자(Theodorus Beza), 그리고 프란시스쿠스 유니우스(Franciscus Junius)등이다.[11]

이 캠브리지의 학자는 많은 경우 다음 저자의 저작들을 언급했다. 아울렐리우스 아우구스티누스(A.D.354-430)의『기독교 교양』(De doctrina christiana)의 제4권, 닐 헤밍이우스(1513-1600)의『설교자 혹은 설교 방법』(Ecclesiastes sive Methodus Concionatoria), 안드레아스 히페리우스(c.1511-1536)의『거룩한 설교의 작성에 관하여』(De formandis concionibus sacris)와『신학적 변증법』(Topica theologica), 데시데리우스 에라스무스(c.1466-1536)의『설교에 관하여』(*Ecclesiastae Sive De Ratione Concionandi*), 마티아스 플라키우스 일리리쿠스(1520-1575)의 『성경을 여는 열쇠 혹은 거룩한 글을 설교하는 것에 대해』(*Clavis Scripturae S. seu de sermone sacrarum literarum*), 요한 비간트(1523-1587)의 『집요』(*Syntagma...methodica ratione*), 그리고 야콥 매드슨(Jacob Madsen, 1538-1586)의 『바른 가르침에 관한 교의』(*Doctrina De Ratione Docendi*) 등이다.[12] 따라서 퍼킨스의 자료는 그 출처에 있어 교부(아우구스티누스), 로마 가톨릭(에라스무스), 루터파(헤밍이우스, 일리리쿠스, 비간트, 매드슨), 개혁주의적 루터파(히페리우스), 그리고 개혁주의전통(베자, 유니우스) 등에서 기원했다. 앞의 저작은 공동으로 고전 수사학과 웅변술, 그리고 담화의 기술 등에 깊게 뿌리내리고 있다.[13] 일종의 기독교 설교학의 공교회성에 해당하는 시대가 퍼킨스의 저작 안에서 수렴되었다. 이런 맥락에서 볼 때, 우리가 퍼킨스를 "개혁파"와 "라미즘" 그리고 "청교도" 등으로 규정함으로 말미암아 그가 가지고 있던 사상의 공교성이 간과되거나 축소되어서는 결코 안 될 것이다.[14] 참으로 퍼킨스의 『설교의 기술』은 두 가지 중요한 흐름을 보여준다. 이는 "설교의 방식과 방법론"이라는 부제목에 의해 암시된다. 후자는 [설교 방법론] 설교학에 있어서의 전환기를 암시한다. 이는 퍼킨스의 다음 진술에서 제시되었다. "나는 신학자들의 저작들을 면밀하게 정독하였다. 이것들로부터 몇 가지 규칙들을 수집하였고, 이 규칙들을 그 방법론 안에 기록하였다."[15] 한편 전자는 [설교의 방식] 한 설교자가 설교하는 방법 혹은 방식에 대해 논의한다. 이런 맥락에서 필자는 이제부터 퍼킨스가 이해한 바에 따라, 먼저 설교학의 전환기에 관해 초점을 두어 논의하고, 그 후에 설교의 방식에 관한 그의 생각을 살펴볼 것이다.

설교 방법론: 설교학의 전환기

키케로(B.C.106-43)와 퀸틸리아누스(ca.35-100 A.D.)가 대변하는 고전 문화의 웅변과 수사학 전통은 부분적으로 교부 시대의 설교를 위한 정황을 마련했다. 키케로는 웅변 스타일의 일면에 관해 말했다. 곧 입증하고(*probare*), 즐거움을 주며(*delectate*), 감동시킨다(*flectere*). 서부의 라틴 전통에 따른 고전적 사고는 연설을 다음의 다섯 가지, 곧 "발견술"(*inventio*), "배열술"(*dispositio*), "표현술"(*elucutio*), "기억술"(*memoria*), "연기술"(*pronuntiato*) 등으로 구분했다. 이는 수사학의 다섯 기둥으로 불린다. 아우구스티누스의 『기독교 교양』—특히 제 4권(c.426-427년)—은 설교학을 종합적으로 다룬 최초의 저작으로 간주될 수 있다.[16] 더욱이 이 출판물은 고전적 웅변 및 수사학과 설교학 사이의 관련성—만일 양자 사이에 어떤 관계성이 존재한다면—에 관한 기독교 설교라는 지속적인 주제에 관해 논의한다.

그러나 설교의 역사에서 핵심적인 이 저작은 "어떻게" 설교할지를 직접 지시하는 것으로 보기 어렵다. 그 대신 여기서 말하는 [설교의] "기술"(*artes*)이란 보다 종합적인 지침을 제공한다는 의미이다. 오멀리(John W. O'Malley)에 따르면 아우구스티누스의 저작은 "기본적으로 발견술에 관한 작품이다."[17] 그럼에도 설교에 관한 아우구스티누스의 사상에 대해 퍼킨스와 다른 많은 이들은 시대를 관통하여 없어서는 안 될 요소로서 간주했다.

교부 시대의 뒤를 이은 중세 시대는 설교술(*ars praedicandi*)의 존재에 대해 증언하고 있다. 이는 일종의 설교 작성에 관한 매뉴얼로서 널리 퍼져 있었다. 특히 릴의 알랭(Alain of Lille, ca.1128-1201)과 보나벤투라(Bonaventure, 1221-1253)의 저작으로 알려진 『설교의 기술』(*Ars Concionandi*), 그리고 토마스 아퀴나스(Thomas Aquinas, c. 1225-1274)의 『설교 방법론에 대한 논문』(*Tractatus de modo concionandi*)이 주목할 만한 기여를 하였다.[18] 이 저작들은 새로운 방식으로 텍스트를 구분하고, 구별하며, 정의를 내리는 중세 스콜라주의의 흥기로부터 따로 분리하여 이해할 수 없다.[19] 그렇다고 중세의 설교가 스콜라주의적 논쟁으로 간주되었다고 생각해서는 안 된다. 오히려 사람의 마음을 겨냥한 성경 말씀으로 간주되었다. 오멀리는 다음과 같이 말한다.

> 우리는 스콜라주의의 과업에서 설교가 얼마나 핵심적이었는지를 망각하는 경향이 있다. 설교는 스콜라주의자들에게 고유하게 속한 세 가지 과제, 곧 읽기(*legere*)와 논쟁하기(*disputare*), 그리고 설교하기(*praedicare*) 가운데 하나였다.[20]

르네상스 휴머니즘의 흥기는 설교와 관련하여 그리스-로마의 고전적 웅변술과 수사학에 대한 아우구스티누스 전통의 새로운 관심을 자극했다. 아마도 이는 중세 설교술이 쇠퇴하는 것에 기여했는지도 모른다.21 중세 스콜라주의자들의 주제별 설교에 해당하는 설교술(*ars praedicandi*)의 전통—이는 성경의 텍스트를 그늘에 가려버리는 역할을 했을 수 있다—은 일종의 설교를 위한 규칙을 의미하는 설교의 기술(*ars concionandi*)로 이행하였다.22

뒤이어 등장한 이행기는 에라스무스(1466-1536)의 저작『설교의 기술에 관하여』(*Ecclesiastes: sive de ratione concionandi*, 1535)에 의해 표시될 수 있다. 화란 르네상스 인문주의자인 그는 고전 수사학의 규범으로 거슬러 올라가 다음과 같이 주장했다. 설교자는 "고전 수사학의 원리들을 설교에 적용시키는 규범화된 방법론"을 사용해야만 한다.23 이 진술은 퍼킨스에게도 중요했던 것으로 보인다. 상기한 에라스무스의 핵심 저작은 로마 가톨릭과 루터파, 그리고 개혁주의 전통의 설교학 교본에 큰 영향을 끼쳤다.24 비록 [가톨릭 교회에서] 에라스무스의 책이 금서 목록에 오르긴 했지만, 이 책은 트렌트 회의(Concilium Tridentinum, 1545-1563) 이후는 물론 후기-종교개혁 시기에 이르는 긴 시기 동안 로마 가톨릭 설교학 교본의 발전에 크게 기여하였다. 이 책의 영향을 받은 저작자들로는 도미니칸 소속의 루이스 데 그라나다(Luis de Granada, 1504-1588), 프란시스칸 소속의 디에고 발라데스(Diego Valadés, 1533–1582), 디에고 데 에스텔라(Diego de Estella, 1524-

1578), 디에고 페레즈 데 발디비아(Diego Pérez de Valdivia, 1509-1584), 그리고 이탈리아의 추기경이자 감독이었던 아고스티노 발리에로(Agostino Valiero, 1531-1606) 등이 있다.25 실제로 데 그라나다의 대표작은 에라스무스를 반향하며 고전 웅변술의 일부를 설교에 적용시킨다. 이는 '도입'(Exordium), '서술'(Narratio), '주제제시'(Propositio), '확증'(Confirmatio), '반박'(Confutatio), 그리고 '결론'(Conclusio) 등이다.26 이와 같이 제안된 설교의 구분법은 개신교 후기 종교개혁 시기의 인물들에 의해서도 공유되면서 이들 저작의 공통적인 특징이 되었다. 일례로 루터파의 일리리쿠스, 비간트, 그리고 매드슨의 경우가 그렇다. 또한 개혁파에서는 베자와 유니우스를 예로 들 수 있다. 정확히 이들이야말로 "설교술의틀을 형성하는 데 있어 도움을 제공한 작가이다." 따라서 이들은 고전 수사학 및 웅변술과의 오랜 궤적과 연속성을 보여준다. 더욱이 에라스무스의 저작이 개신교 전통에 의해 사용된 것은 루터파이면서 동시에 개혁파 저작자인 안드레아스 히페리우스(1511-1536)의 『거룩한 설교의 작성에 관하여』(De formandis concionibus sacris, 1533)에 의해서였다.27 이 저작이 바로 최초의 개혁파 설교 매뉴얼에 해당한다는 의견이 제시되어 왔다.28 히페리우스에 따르면, 설교는 일종의 수사학의 한 분야로 간주된다: 여기서 고전 웅변가와 설교자(concionator)는 많은 점을 공유한다. 물론 설교자는 성경에 매여 있다. 아우구스티누스 역시 설교자가 성경에 매여 있다는 개념을 그의 『기독교 교양』에서 진술하였다.29 히페리

우스에 따르면, 설교는 다음의 요소로 구성된다. '발견'(*inventio*),
'구성과 테마'(*forma et thema*), '호소'(*invocatio,*), '도입'(*exordium*),
'구분 혹은 주제 제시'(*divisio aut propositio*), '확증'(*confirmatio*),
'반박'(*confutatio*), '결론'(*conclusio*), 그리고 '부연과 열정을 일깨
움'(*amplificatio et movendis affectibus*) 등이다.[30] 이처럼 상당히 완
성도 높은 개신교 설교학의 저작은 영국에서 출간된 두 개의 번
역서를 통해 다음 세대 대륙의 설교학자들에게 큰 영향력을 미쳤
다. 퍼킨스도 영국 최초의 설교학 교본을 작성할 때 이 저작을 참
조하였다.[31]

그렇다면 퍼킨스의 저작은 "설교술의 틀을 형성하는 데 있어
도움을 제공한 작가들"이라는 진술을 잘 반향한다고 볼 수 있다.
비록 고전 수사학의 규칙이 좀처럼 눈에 띄지 않는다고 해도 말
이다. 만일 '발견'(*inventio*)이 무엇인가 말할 주제를 발견하는 의
미라면, 퍼킨스에게 있어서 그것은 하나님의 말씀, 곧 성경이다.
성경은 [성경을 설교한다는 의미에서] 설교하는 객체에 해당한
다.[32] 퍼킨스에게 있어 설교는 설교를 준비하고 전달하는 것 모두
를 포함한다. 전자가 '배열'(*dispositio*)을 의미할 뿐만 아니라 '텍
스트를 여는 것'을 가리킨다. 이는 곧 주해, 문법, 수사, 그리고 논
리를 사용하는 해석을 의미한다.[33] 한 걸음 더 나아가 퍼킨스는
'구분'(*partitio*)의 중요성을 강조한다. 여기서 그는 연설의 다양
한 비유에 매우 큰 관심을 집중한다.[34] 사실 '배열'에 대한 고전적
이해는 설교의 삼중 구분, 곧 '주해', '교리', '적용'으로 개정되었

다. 이 배열은 종종 서론, 본론, 결론의 세 부분으로 구성되는 구조로 간략히 환원되기도 한다. '스타일'(elocutio)에 대해서는 상대적으로 적은 관심을 두었으나 퍼킨스에 따르면, 기억으로 '암기'하여 말하는 것이 "설교자들에게 일반적으로 수용된 관습"이었다.35 마지막 규칙은 무엇을 어떤 방식으로 말해야 할지에 관한 것이다. 이 주제는 『예언』의 마지막 장에서 논의된다. '전달 혹은 선포'는 인간의 지혜를 숨기고 성령님을 드러내는 것을 수반하며. 또한 설득을 포함한다.36 데보라 슈거(Debora K. Shuger)는 다음과 같이 말한다. "퍼킨스의 『설교의 기술』과 같은 좀 더 보수적인 수사학은 수사학적인 능변을 무시하거나 간과하는 대신 평이하고 영적인 설교를 선호한다."37 그럼에도 그녀는 계속하여 이렇게 말한다. "퍼킨스는 개신교 버전의 열정적이며 평이한 스타일의 가장 순수한 실례를 제공한다. 이에 비해 다른 개신교 수사학은 간결함이 떨어진다."38

그렇다면 퍼킨스의 저작은 아우구스티누스로부터 에라스무스에 이르는 설교학 교본들과 더불어 공명을 이룬다고 말할 수 있다. 다만 후자의 경우 캠브리지의 설교자보다는 좀 더 고전 수사학을 설교에 사용했다. 한편 퍼킨스의 저작은 빌헬무스 제페루스(Wilhelmus Zepperus, 1550-1607)와 바톨로메우스 케커만(Bartholomaeus Keckermann, ca.1571-1609), 그리고 요한 하인리히 알스테드(Johann Heinrich Alsted, 1588–1638) 등의 저작과 마찬가지로 후기 종교개혁 시대의 정통주의 초기에 속한다.39 『예언』은 영국에서 작성된 몇 안 되는 설교 매뉴얼들 가운데 하나이다. 대륙에서 작성된 수많은 저작과 비교해볼 때, 이것은 일종의 단순화시킨 요약본이다. 슈거에 따르면, "영국 대부분의 수사학은 유럽의 수사학에 비해 열등하다. 영국에서도 대륙에서 새롭게 부흥한 교회의 라틴 수사학이 널리 사용되었던 것으로 보인다."[40] 더욱이 다음과 같은 사실이 제기되기도 한다. 곧 대륙에서의 종교적 수사학 저작이 영국 전통의 "보수적 형태"의 수사학보다 더욱 "진보적"이었다. 이는 곧 고전적 형태의 수사학을 고집하는 것과 평이하고 영적인 설교의 대립구도로 연결되었다.[41]

설교의 방식

『예언 혹은 설교의 기술』은 두 부분으로 구성되어 있다. 이는 곧 사역자의 두 가지 의무인 설교와 기도이다. 퍼킨스에 따르면 설교란 사역자가 회중에게 전달하는 하나님의 말씀이다. 한편 기도에서 사역자는 하나님을 부르는 회중의 목소리가 된다.[42] 기도는 이 책의 마지막 장 주제이다. 여기서 퍼킨스는 공기도를 위한 지침을 제시한다. 공기도는 "회중의 필요와 죄악"을 포함해야 한다. 연이어 회중이 필요로 하는 "하나님의 은혜와 복"을 포함한다. 여기에서 기도자는 기도의 내용을 신중하게 생각해야 한다. 기도하는 주제들의 일정한 순서를 고려해야만 한다. 또한 반복을 피하며, 회중의 덕을 세우기 위한 표현을 사용해야 한다.[43]

물론 이 저작의 핵심은 설교에 관한 것이다. 이 책은 열 개의 장을 설교에 할애한다. 퍼킨스에게 있어 설교의 대상은 영감된 하나님의 말씀으로서 구약과 신약의 정경이다.[44] 또한 "그리스도의 이름으로 사람이 은혜의 상태로 부름을 받고 은혜를 수여받는 것"이 설교의 목표에 해당한다. 이러한 설교는 개인적인 성경 연구를 통한 '준비'와 '공포 혹은 선포'로 구성된다. 주목할 만한 사실은, 퍼킨스가 문법, 수사, 논리 등을 사용해서 성경을 읽는 것은 물론 '신학 공부'와 신학의 '정의와 구분, 그리고 고유한 속성에 대한 해설'에 익숙해질 필요성을 부각시켰다는 사실이다. 퍼킨스에게 있어 신약을 해석하는 열쇠는 로마서를 신중하게 읽는 것이다. "이후 요한복음을 읽는다." "이 모든 것을 끝냈을 때," 퍼킨스는 다음과 같이 조언한다. "먼저 구약의 교리서들을 읽도록 하라. 특히 시편을 읽어야 한다. 그 후에는 예언서들을 읽고, 특히 이사야서를 읽어라. 마지막으로 역사서를 읽되 주요하게는 창세기를 읽어라." 지식 있는 독자라면 이러한 조언이 중세의 고전적인 신학 커리큘럼을 반영하고 있음을 눈치 챘을 것이다. 이에 따르면 바울의 로마서—교리와 실천에 대한 주해—부터 시작하여 복음서를 공부하고 이후 시편과 예언서 그리고 역사서로 끝마친다. 한 걸음 더 나아가 퍼킨스는 정통 신학의 작가들, 곧 교부들과 신학 통론(Loci Communes)을 공부할 것을 조언한다. 아마도 그는 마틴 부처(Martin Bucer, 1491-1551)와 필립 멜랑히톤(Philip Melanchthon, 1497-1560)을 염두에 두었을 것이다.

마지막 중요한 사항으로, 퍼킨스는 이렇게 충고한다. "이 모든 것들 이전에 반드시 기도로 하나님께 간절히 구해야 한다. 하나님께서 이러한 수단에 복을 주어 어두워진 우리의 눈앞에 성경의 의미를 열어주시기를 간구해야 한다." 근대 초, 곧 계몽주의 이전 시기의 개혁주의 신학자들은 인간 지성이 성경에 종속적이라는 사실과 하나님의 말씀을 해석하기 위해서는 성령님의 조명이 필요하다는 사실을 이해했다. 이외의 다른 해석의 수단 역시 성경에 종속되는 방식으로 활용될 수 있었다. 신앙의 유비가 이에 해당한다. 또한 퍼킨스에 따르면 "매우 익숙한 본문으로부터 수집한 성경의 대요," 문맥, 그리고 성경 텍스트의 대조 등이 이에 해당한다. 후자와 관련하여 구약의 본문과 신약에서 동일한 본문이 인용되었을 때, 후자가 전자를 주해하는 대로, 양자 사이를 비교하며 공부해야만 한다. 일례로 창세기 13장 15절은 이렇게 기록되어 있다. "보이는 땅을 내가 너와 네 자손에게 주리니 영원히 이르리라." 퍼킨스에 따르면 이 구절은 갈라디아서 3장 16절에서 다음과 같이 해석된다. "이 약속들은 아브라함과 그 자손에게 말씀하신 것인데 여럿을 가리켜 그 자손들이라 하지 아니하시고 오직 한 사람을 가리켜 네 자손이라 하셨으니 곧 그리스도라." 요컨대 퍼킨스에게 있어 설교 텍스트는 정경으로부터 취하고, 설교자는 그 텍스트의 의미를 성경 자체에 의해 파악하고 이해한다.

또한 캠브리지의 세인트 앤드루스의 대 예배당 설교자였던 퍼킨스에 따르면, 설교를 준비하는 것은 성경 텍스트로부터 제기된 "교리를 모으는 일"이다. 그리고 "적용이란 올바르게 수집된 교리가 장소, 시간, 인물 등의 요구에 따라 다양한 방식으로 적절히 들어맞게 하는 것이다." 따라서 교리와 적용 모두 성경 주해로부터 비롯된다. 퍼킨스는 교리를 그 원의에 따라 이해하였다. 즉 교리란 말씀으로부터 기원하는 교리 혹은 가르침 혹은 교훈이다. 이로써 교리들을 어떻게 사용하고 적용할 것인지에 관한 방법—이는 설교의 적용과는 구분된다—이 제기된다. 교리와 함께 연결된 적용적 교훈이란 무지한 불신자를 대상으로 하는 것으로서 논증을 통해 이들이 가르침을 받을 수 있도록 한다. 가르침을 받을 수 있으나 무지한 자에 대해서는 "이들에게는 요리문답이 전달되어야만 한다."라고 퍼킨스는 강하게 주장한다." 퍼킨스에게 있어 요리문답은 기독교 신앙의 기초이다. 이것은 "사람의 구원과 하나님의 영광" 모두를 위해 봉사한다. 물론 여기서 퍼킨스가 이해하는 교리 혹은 가르침은 폭넓은 개념이라는 사실에 우리는 주목해야 한다. 이는 성경 주해와 기독교 신앙 교육 모두를 포함한다. 적용적 가르침의 세 번째 방식의 대상은 "얼마간의 지식을 가지고 있으나 아직 겸손하지 않은 사람"이다. 여기서 이 캠브리지의 설교자가 의미하는 바는 무엇인가? 과연 그는 브리튼과 뉴 잉글랜드 청교도주의 안에서 유행한 소위 '준비주의'를 옹호하는 것인가? 이 견해에 따르면 중생하지 않은 자는 회심을 위한 준비의 단계—이를테면, 성경 읽기, 교회 출석, 마음의 찔림을 경험하

고 죄를 회개하는 것 등이다—를 밟을 것을 권면 받는다. 퍼킨스
는 말하기를 겸비함은 "회개의 기초로서 반드시 일어나야만 한
다. 이는 일종의 슬픔, 곧 죄를 슬퍼하는 것이다.""이러한 마음의
정서를 자극하기 위해" 율법의 사용이 필요하다고 퍼킨스는 계
속하여 말한다. 이는 일종의 "율법적 슬픔"의 정서이다. 어떤 이
들은 퍼킨스와 에임스 그리고 십스와 다른 이들을 '준비론자'라
고 규정해 왔다. 이들은 "하나님 주권에 대한 강조를 다른 쪽을
강조하는 방식을 통해 일종의 균형점을 모색한다. 곧 하나님께
서 자신에게 회심의 은혜 주시기를 기다리는 동안에 인간 편에서
도 무엇인가 할 수 있고, 또한 마땅히 해야 할 것이 있음을 강조
한다."라는 것이다. 만약 이것이 사실이라면, 이는 웨스트민스터
신앙고백과의 불연속성을 의미한다. 웨스트민스터 신앙고백서는
폭넓은 개혁파 정통주의와 더불어 다음의 사실을 확언하기 때문
이다. 곧 "그러므로 자연인은 그러한 선을 전적으로 싫어하고 죄
가운데 죽은 상태여서 그 자신의 힘으로 회심하거나 또는 회심에
이르도록 스스로 준비할 수 없을 정도이다." 퍼킨스가 『설교의
기술』에서 일종의 율법적 겸비와 슬픔—준비주의의 특징에 해당
한다—에 대해 기록하고 있음은 부인할 수 없는 사실이다. 그럼
에도 퍼킨스는 독자들을 복음과 성령님으로 말미암는 복음적인
겸비와 슬픔으로 안내한다. 그는 다음과 같이 말한다. "그렇다면
복음을 설교하라. 설교 안에서 성령님은 구원에 이르도록 유효하
게 역사하신다."

계속하여 적용적 가르침의 다양한 방식에 대한 퍼킨스의 생각에 따르면, 설교는 "칭의, 성화, 그리고 견인의 복음"을 주해하며, 신자들을 향해서도 그 방향을 맞추어야만 한다. 이들 가운데 어떤 이는 때때로 교리와 행위에 있어 실족한다. 퍼킨스는 다음과 같이 조언한다. "비록 은혜는 그 효력과 습성은 남아있지만, 감각과 활동은 일시적으로 상실될 수 있다. 이것이 사실인 만큼 율법은 복음과 함께 제시되어야만 한다. 왜냐하면 새롭게 죄를 짓는 행위는 [이에 상응하는] 새로운 믿음과 회개의 행위를 요구하기 때문이다."

설교의 주해와 교리 부분에 뒤이어 적용과 함께 설교를 결론지으라고 퍼킨스는 충고한다. 여기서 적용은 이중적이다. 교리를 지향하는 것과 삶을 지향하는 적용이다. 전자는 "지성을 새롭게 하는 것," 곧 교리적 오류를 반박하는 것이다. 후자는 일종의 실천적인 교훈으로서 "이로 말미암아 교리는 한 사람으로 하여금 가정 안에서—또한 사회와 교회 안에서— 잘 생활할 수 있도록 적용된다." 여기서 퍼킨스는 과연 신학이 본질적으로 무엇인지에 관해 자신이 정의한 내용을 넌지시 제시한다. 『예언』을 저술하기 일 년 전에 작성한 『황금 사슬』에서 퍼킨스는 신학을 다음과 같이 정의했다. "성경의 요체로서의 신학은 일종의 선하게 살기 위한 교리이다[est doctrina bene vivendi]." 이는 퍼킨스에게 중요한 정의이다. 그래서 퍼킨스는 이 주제를 다루는 책을 따로 출판하기도 했다. 그 서명은 다음과 같다. 『어떻게 모든 상황과 시기에서,

특히 도움과 위로받지 못할 때에도, 잘 살 수 있는가?』한 걸음 더 나아가 상기한 정의는 "과연 신학은 무엇인가?"(*quid sit theologia*) 를 보여주는 신학의 역사에 있어 중심점이며, 페트루스 라무스 (Petrus Ramus, 1515–1572)로 거슬러 올라가는 궤적에 서 있는 정의에 해당한다. 라무스는 그의 저서 『기독교 신앙에 관하여』(*De Religione Christiana*, 1576)에서 "신학은 선하게 살기 위한 교리이다"(*Theologia est doctrina bene vivendi*)라고 신학의 의미를 규정했다. 이러한 신학의 정의는 아리스토텔레스의 윤리학(*eudaimon*)— 곧 신에 의해 호의를 받는 방식으로 사는 것—을 크게 반영한다. 다음 차례로 퍼킨스의 제자였던 윌리엄 에임스 역시 자신의 스승을 따라 신학에 대한 간결한 정의를 내렸다. 에임스는 그의 『신학의 정수』(*Medulla S.S. Theologiae*, 1623)에서 이것을 라틴어로 다음과 같이 소개한다. "*Theologia est doctrina Deo vivendi*"(신학이란 하나님께 대해 사는 교리이다). 이 책의 영역본에서 이 정의는 "신학이란 하나님께 대하여 사는 교리"(Divinity is the doctrine of living to God)라고 번역되었다. 이후, 17세기 개신교 정통주의 신학자로서는 유일하게 페트루스 판 마스트리히트는 신학의 대한 에임스의 정의를 다음과 같이 확대하였다. 곧 "신학이란 그리스도를 통해 하나님께 대하여 사는 교리이다"(*Theologia est doctrina Deo vivendi per Christum*). 신학의 본질에 대한 이러한 이해는 18세기 뉴 잉글랜드에서 조나단 에드워즈가 1739년에 설교한 내용에 다음 같이 반향되었다. "신학은 통상적으로 '하나님께 대하여 사는 교리'로서 정의됩니다. 혹은 누군가 '그리스도에 의해 하나님께 대해 사는 교리'라고 정의한 것이 좀 더 정확하게 보입니다." 요컨대 퍼킨스에게 있어 설교란 인간 최고의 목적—곧 하나님께 대해 잘 사는 것에 관한 가르침—을 의미한다. 여기서 잘 산다는 것은 사회적이고 영적인 차원을 포함한다. 이를 위해 설교의 적용은 위로와 권고와 훈계를 제공해야 한다.

수사학과 웅변술의 규칙을 따라 퍼킨스는 설교에 관한 논문을 결론지으면서 설교의 전달, 곧 학식을 과시하지 않으면서 암기하여 말하는 것에 대해 지적한다. 학식을 과시하지 않는 것과 관련하여 이 캠브리지의 유창한 설교자는 다음과 같이 충고한다. '이야깃거리'를 들려주지 않도록 해야 함은 물론 "헬라어와 라틴어 문구와 모호한 경구 등을 설교에서 사용하지 말아야만 한다." 이러한 것은 청중의 머리를 혼란스럽게 만들고 방해하기 때문이다. 또한 모든 회중이 설교자의 목소리를 들을 수 있을 정도로 음성이 커야만 한다. "물론 교리를 가르칠 때는 좀 더 온화한 목소리로 말하고, 권고할 때는 좀 더 강렬하고 열정적으로 말해야 할 것이다."

요컨대, 설교학의 역사에 있어 퍼킨스의 핵심 저작인 『설교의 기술 혹은 거룩하고 유일한 설교의 참된 방식과 방법론에 관한 논문』은 수사학과 웅변술의 긴 전통 안에 위치해 있으면서, 설교의 준비와 구조 그리고 내용에 주된 초점을 두고 있다. 특히 주해, 교리, 적용으로 구성되어 있는 설교의 구조는 배열에 관한 수사학의 규칙—곧, 도입(exordium), 서술(narratio) 혹은 사실들의 진술, 구분(partio), 확증, 반박, 결론 등—을 잘 반향한다.

결론

설교학의 중요한 저작인 이 책의 적실성은 단지 당대와 바로 뒤이은 개혁파 정통주의 시대에 의해서만 인정받은 것—이는 17세기의 첫 십 년 안에 이 책에 대한 영문과 화란어 번역이 이루어진 사실을 통해 입증되었다. 번역서를 통해 이 저작은 학문의 세계로부터 일반인에게로 확장되었다—이 아니다. 그 적실성은 본 서가 17세기와 18세기의 네덜란드 공화국, 독일, 스코틀랜드, 그리고 뉴 잉글랜드에서 매우 광범위하게 유통되었다는 사실에서도 주목을 받는다. 최근까지도 이 책을 다시 출간하고 다른 번역본들이 등장하고 있다는 사실은 설교를 돕는 일에 있어 이 책의 중요성을 부각시킨다. 이런 맥락에서 퍼킨스는 다음과 같이 말한다.

> 설교를 준비하는 것은 교회 안에 존재하는 일상의 과제이다.
> 그러나 이는 여전히 막중한 책임이며 결코 쉬운 일이 아니다.
> 사실상 신학 훈련 가운데 과연 설교학보다 더 어려운 도전이
> 있을까 의심스럽다.

한 걸음 더 나아가 교회의 역사는 다음 사실을 가르친다. 곧 종교개혁과 부흥은 성경적인 설교와 더불어 시작한다는 사실이다. 따라서 오늘날 우리의 주해 설교를 위해 우리는 퍼킨스의 『예언』을 다음의 네 가지로 고려해 보아야 할 것이다.

퍼킨스에게 있어 주해 설교는 성경의 텍스트에 의해 통제되고, 성경으로부터 직접적이며 명백하게 모습을 드러낸다. 따라서 *첫째*, 설교 작업에서 성경, 곧 정경 텍스트를 신중함으로 기도하며 독서하는 것은 필수적이다. 둘째, 성경 스스로의 말씀에 의해 텍스트의 의미를 평이하면서도 심오하게 파악하고 이해해야 한다. 퍼킨스의 "주해 방법론은 오늘날 수용되는 (그러나 오류가 있는) 해석의 방법론이 가진 문제점을 밝게 부각시킨다." *셋째*, 교리—퍼킨스에게 있어 교리는 일종의 유익한 가르침을 의미한다. 이는 교리와 청자의 삶 모두에게 적용될 수 있다(여기서 청자는 신자와 불신자 모두에 해당함을 퍼킨스는 독자에게 상기시킨다)—는 성경 텍스트로부터 나오는 것이지 성경 텍스트에 부과해서는 안 된다. *넷째*, 퍼킨스는 자신의 논문을 마무리하면서 다음과 같이 말한다. "만일 설교자가 앞서 설명한 교리들을 회중의 삶과 일상에 적용하는 데 있어 적합하게 은사를 갖추었다면" 적용이야말로 설교의 심장부에 해당한다. 왜냐하면 적용은 청자들로 하여금 하나님께 대한 삶을 향하도록 인도하기 때문이다. 신학에 대한 이러한 지향성과 정의는 우리에게 신학이란 학문 그 이상의 분과임을 상기할 필요가 있음을 일깨워 준다. 마지막 중요한 사항으로서,

퍼킨스에게 있어 각 설교의 총합은 그의 『예언 혹은 예언의 기술』의 결론부에 나오는 그리스도 중심적인 진술 안에 정확히 포착되어 있다. "그리스도에 의해, 그리스도를 찬양하기 위해, 유일하신 그리스도를 설교하라." 지금까지 살펴본 네 가지 역사적인 고찰은 오늘날 우리의 설교를 적실성 있게 도울 수 있으리라 믿는다.

아드리안 C. 닐 (Adriaan C. Neele)
번역 **박덕준** 교수 (구약신학)

청교도 성경해석학의 궤적
매튜 풀의『성경주석집요』

서론

독자들은 종종 전문적이거나 언어학적, 어원학적 성격의 주해 작품보다는 신학적이고 실천적 성격의 성경주석을 선호하는 듯하다. 후자의 주석들, 예를 들어 존 칼빈(John Calvin, 1509-1564), 매튜 헨리(Matthew Henry, 1662-1714)와 필립 도드리지(Philip Dodridge, 1702-1751)의 작품들은 오늘날까지 잘 알려져 있지만, 고도의 전문적인 용어로 성경 본문의 언어를 설명하는 주석은 오늘날의 독자에게 생경하게 느껴지는 경우가 많다. 그러나 역사적으로 항상 이러했던 것은 아니며, 개혁주의 성경해석 전통에서는 더욱 그러하다. 청교도 매튜 풀(Matthew Poole, ca.1624-1679)이 쓴 주석 『다른 성경해석자들과 주석가들의 비평적 집요』(*Synopsis criticorum aliorumque Sacrae Scripturae interpretum ac commentatorum*)(이하 『성경주석집요』)는 많은 사람들이 간과해 왔지만, 17~18세기 동안 이 주석은 폭넓고 세계적인 명성을 누리며 사용되었다. 예를 들어, 조나단 에드워즈(Jonathan Edwards, 1703-1758)는 성경주석이라고 부를 수 있는 그의 작품 『여백성경』(Blank Bible)에서 풀의 주석을 792번이나 언급한다. 이런 종류의 성경주석, 즉 언어학적이고 어원학적인 주석에 대해 관심을 회복하는 것이 성경신학이나 역사신학 분야뿐 아니라 조직신학 분야에도 도움을 줄 수 있다. 이는 개혁주의 신학자들에게 있어서 성경이 교리와 교의 형성의 기초가 되기 때문이다. 풀의 주석이 근대 초기이면서도 계몽주의 시대 이전의 작품이라는 사실은 이 작품에 관심을 기울여야 하는 또 다른 이유이다. 여기서 "근대 이전의 성경해석이 21세기 설교자와 교사에게 무슨 상관이 있느냐?"는 질문이 제기될 수 있다. 그러므로 본고에서 필자는 간략하게 (1) 풀의 인생과 작품에 대해 기술하고, (2) 『성경주석집요』를 개괄하고, (3) 조나단 에드워즈가 풀의 주석을 어떻게 사용했는지를 살펴보고, (4) 제기된 질문에 대한 결론적인 그러나 비확정적인 대답으로 마무리하고자 한다.

매튜 풀의 인생과 작품

성경주석가요 목회자, 논쟁가였던 풀은 1624년에 영국 요크에서 출생했다. 1645년에 캠브리지의 엠마뉴엘 대학에 입학하여 학장이었던 앤소니 터크니(Anthony Tuckney, 1599-1670)를 알게 된다. (당시 터크니는 웨스트민스터 총회[Westiminster Assembly of Divines, 1643-49]의 총대였고 런던에 소재한 성 마이클 르 퀘르네 교회(St Michael-le-Querne Church)의 담임목사였다.) 1649년에 학사로 졸업하면서 풀은 르 퀘르네 교회(장로교)를 섬기게 되었다. (교회 건물은 1666년 런던 대화재 때 파괴되었다.) 1650년에 풀은 그의 모교의 강사가 되었고 2년 후에 옥스포드에서 공부를 계속했는데(1657년 문학석사 취득), 주목할 만하게도 당시 캠브리지를 졸업하고 옥스포드에 입학한 몇 안 되는 학생이었다. 그동안 풀은 1654년에 『성령의 검으로 죽임 당한 신성모독자, 또는 존 브리들의 트집 잡기에 맞서 성령의 신성에 대한 탄원함, 여기서 성령의 신성이 입증되다』(The Blasphemer slain with the sword of the Spirit, or a plea for the Godhead of the Holy Ghost, wherein the Deity of the Spirit is proved, against the cavils of John Biddle)를 출판함으로써, 영국 최초로 존 비들(John Biddle, 1615-1662)의 유니테리언적인 견해에 맞서게 되었다. 그러나 풀이 목회사역을 중요시했음을 이 작품 속의 다음의 발언을 통해 알 수 있다.

내가 여러분과 함께 한 이후로 주께서 내게 맡기신 사역에 있어서 하나님과 여러분의 양심에 옳다 인정함 받기를 소망했습니다. 내가 진심으로 말할 수 있는 것은 내가 그의 백성을 세우기 위해 두 가지 노력을 했다는 것입니다. 1. 지식에 있어서… 2. 은혜에 있어서…

풀은 목사요 설교자로서의 사역 이외에도 목회를 위해 공부
하고자 하는 학생들을 지원하는 일에 큰 관심을 보였다. 이는
1658년에 출판된 『탁월한 능력을 가진 학생들을 대학에 존치시
키기 위한 모델, 주로 목회를 위해』(*A Model for the maintaining of
Students of choice abilities at the University, and principally in order to
the Ministry*)를 통해 드러난다. 그 계획은 리처드 백스터(Richard
Baxter, 1615-1691)를 포함한 많은 목사에게 환영과 지원을 받았
지만 영국에서는 실행되지 못했다. 도리어 1680년대 뉴 잉글랜
드(미국)의 인크리즈 매더(Increase Mather, 1639-1723)가 이를 수락
했다.

풀은 로마 가톨릭 신앙을 반대하고 장로회주의를 변호함으
로 주목받는 논쟁가가 되었다. 그의 장로회주의 변호는 안수받
은 목회와 공예배의 단순화에 관한 것이다.ₗ 후자는 로드 스타일
의 예배에 대한 반대였는데 —『복음 사역자의 권리』(*Jus Divinum
Ministerii Evangelici*, 1654) 참조— 다른 청교도들의 관심사이기도
했다. 로드주의는 로드 대주교(William Laud, 1573-1645)를 따르는
사상으로서, 영국 국교의 고교회운동, 의전적 예식에 대한 강조,
목회자의 계급제도를 장려했다. 본질적으로 이는 개신교의 "오
직 믿음"과 "오직 말씀"의 교리를 가시적 성례전에 대한 강조로
대체한 것이다. 1659년에 풀은 교회의 상황에 대한 그의 염려를

호국경 리처드 크롬웰(Richard Cromwell, 1626-1712)이 이끄는 정부에 전달했는데, 이 글은 『광야에서 외치는 소리』(*Vox clamantis in deserto*, 1666)라는 제목으로 출판되었다. 그는 또한 1660년 8월 런던 시장 앞에서 로드주의를 배격할 것을 촉구하며 설교함으로써 교회가 당면한 문제에 대한 염려의 목소리를 지속적으로 발하였다. 그의 반대에도 불구하고, 통일법(Act of Uniformity, 1662)이 영국 국교의 공적 기도, 성례전 집례, 교회정치와 다른 예식들에 대한 일치를 위해 반포되었다(Book of Common Prayer 또는 "성공회 기도서"). 따라서 풀은 비국교도(nonconformist)—영국 국교에 속하지 않은 영국 국민—로 알려지게 되었다. 로마 가톨릭에 대한 풀의 반론은 『천주교 신앙의 무효성』(*The Nullity of the Romish Faith*, 1666)과 『천주교 사제와 영국 개신교도 간의 대화』(*A Dialogue between a Popish Priest and an English Protestant*, 1667)에 담겨 출판되었다. 풀은 두 작품에서 개신교와의 많은 차이점 중 특히 로마 가톨릭의 교황무오설의 교리를 반박함을 통해 개신교 신앙을 변호하였다.

비록 목사요 논쟁가로 알려졌지만, 풀은 그의 목회직을 사임한 이후에도 워체스터의 주교 윌리암 로이드(William Lloyd, 1627-1717)를 포함해 교회를 주도하는 인물들과 우호적인 관계를 유지했다. 특히 로이드의 제안으로 풀은 1666년에 그의 일생의 대작 『성경주석집요』를 저술하기 시작하여 10년 후 완성을 보았다. 이 작품으로 풀은 성경주석가로서의 명성을 떨쳤다. 풀의 엄밀하고 반복적인 일상의 작업 일정은 아침에 일찍 일어나 아침으로 날계란 하나, 점심으로 또 하나를 먹는 것 그리고 오후 늦게까지 작업을 하는 것이었다. 이른 저녁 시간에 풀은 주로 친구들과 시간을 보냈다. 1666-1679년에 이르는 고된 기간 동안 풀은 가끔 설교하고, 설교문을 출판하고, 스코틀랜드 시편찬송에 대한 추천의 글을 쓰고, 가난한 웨일즈 아동을 위한 교육 계획을 세웠다. 그는 또한 1673년에 『종교에 대한 시의적절한 변증』(*A Seasonable Apology for Religion*)을 출판했는데, 이는 반론과 변호를 통해 참된 종교를 변증하는 작품이다. 『성경주석집요』를 마친 후로도 풀은 평생 성경 주석가로서 작업을 계속하였는데, 창세기부터 이사야 58장까지 이르는 『성경에 관한 주해』(*Annotations on the Holy Bible*)를 집필했다. 이 작업은 그의 사후 몇 명의 비국교도 동료들에 의해 완성되어 1683년에 출판되었다. 이 책은 단지 『성경주석집요』의 번역이 아니라, 풀이 서문에서 단언하듯이, "성경의 명백한 의미를 밝히고 상충되는 것처럼 보이는 부분들을 조화하려는 것"이다. 1678년과 1681년 사이 타이터스 오츠(Titus Oates, 1649-1705)는 찰스 2세의 날조된 암살음모를 주장하여 "가톨릭 음모 사건"(Popish Plot)이라는 반가톨릭 소요를 촉발시켰다. 이 일로 풀은 고발되었고 그의 반가톨릭주의 때문에 암살의 위협에 시달리다 1678년에 영국을 떠나 결국 암스테르담에 정착하였다. 그는 그곳에서 1679년 10월 12일에 사망했으며 화란에서 무역하던 영국 상인들에 의하여 영국 개혁교회의 지하실에 묻혔다.

비록 풀이 로마 가톨릭에 대한 비판을 지속하며 개신교 변증가로서 활발히 활동했지만,2 그는 무엇보다도 자신을 성경해석가, 즉 그의 일생의 대작인 『성경주석집요』 "그 정교한 작품의 저자"로 여겼다.3 서문에서 풀은 그를 도왔던 (대부분 영국의 교회와 학계의) 사람들에게 (일부는 이름을 열거하면서) 감사를 표했는데, 그들은 풀에게 조언을 아끼지 않던 사람들이다. 호명된 외국인들은 화란의 후기 개혁주의를 주도한 스콜라학자로서, 라이덴 대학의 요하네스 코케이우스(Johannes Cocceius, 1603-1669)와 아브라함 하이다누스(Abraham Heydanus, 1597-1678)와 우트레흐트 대학의 히스베르투스 푸치우스(Gisbertus Voetius, 1589-1676), 안드레아스 에세니우스(Andreas Essenius, 1618-1677)와 프란츠 부르만(Frans Burman, 1628-1679)이었다.4

해석사에 있어서 풀의 『성경주석집요』: 시대적 정황과 내용

『성경주석집요』와 그것에서 유래한 짧은 영어 작품, 즉 『성경에 관한 주해』(Annotations upon the Holy Bible)는5 종교개혁 후기 (ca.1565-1725), 구체적으로는 후기 개혁주의 시대의 고정통주의 성경주해 내에서 자리매김할 수 있다.6 비록 종교개혁 후기 작품들의 성경해석의 방법과 실제에 대한 연구는 더 세심한 평가를 기다려야 하지만,7 데이비드 스타인메츠(David Steinmetz, 1936-2015), 리처드 멀러(Richard A. Muller)와 다른 학자들에 의하면 17세기 주해는

> 문예부흥과 종교개혁의 언어학적, 해석적 발전의 연속으로 여겨야 할 뿐 아니라 성경 언어든 동족 언어에 있어서 개신교 언어학적 연구의 위대한 시기로 여겨야 한다.8

또한 풀이 자주 인용한,9 요하네스 피스카토르(Johannes Piscator, 1546-1625)의 구약성경 주해―모형론적이고 기독론적―에서 볼 수 있듯이,10 신학적 체계의 주요 논점들은 특정 본문에 대한 묵상에서부터 비롯되었다.11 17세기 주해 작품들은 대개 신학적, 실천적 목적을 갖고 있었고, 근대의 고등비평적 성경해석보다 교부들과 중세의 해석과 더 많은 공통점을 갖고 있었다. 이렇듯 종교개혁 후기의 해석학적, 언어학적 그리고 본문비평적 작업은 흔히 주장하는 바, 즉 소위 증거구절 찾기로 특징짓기―성경해석은 이미 자리 잡은 교리를 확인하는 데 국한된다는 평가―를 거부한다.12 더 나아가 종교개혁 후기는 학문적 성경해석이 강화된 시기일 뿐 아니라 로마 가톨릭과 개신교 주석가들 모두가 품었던 문예부흥의 이상들이 진전된 시기로 규정할 수 있다.13 헨리 아인스워스(Henry Ainsworth, 1571-1622),14 코케이우스,15 요하네스 드루시우스(Johannes Drusius, 1550-1616),16 존 라이트풋

(John Lightfoot, 1602-1675) 같은 많은 종교개혁 후기의 주석가들은 랍비들의 해석 전통을 깊이 알고 있었다. 그들은 또한 폴 파기우스(Paul Fagius, ca.1504-1549)와 요하네스 벅스토르프 주니어(Johannes Buxtorf, 1599-1664) 같은 16세기 문예부흥기의 성경 히브리어 학자들을 잘 알고 있었다.[17] 그들의 작품은 중세 히브리어 학자인 라이라의 니콜라스(Nicholas of Lyra, ca.1270-1349)[18] 뿐 아니라 랍비 아벤 에즈라(Rabbi Ben Ezra, 1092-1167), 랍비 솔로몬 야르히(라쉬)(Rabbi Solomon Yarhi(Rashi), 1040-1105), 랍비 데이비드 킴히(Rabbi David Kimche, 1160-1240) 같은 주석가들에 대한 지식을 보여준다. 이러한 유대 주석가들은 성경 본문의 문자적 의미에 주된 관심을 갖고 있었다. 실제로 잘 알려진 바와 같이 종교개혁 후기의 랍비의 해석에 대한 관심은 풀의『성경주석집요』의 중요한 부분을 차지한다. 비록 풀이 저자 목록에서 유대인 주석가들을 언급하지만, 그들은 이 책의 저술에 대해 논의하는 서문에서는 빠져 있다. 이러한 외관상의 불일치는『성경주석집요』에 사용된 자료들을 언급하는 약어들을 열거한 부분(Abbreviations)을 보면 설명된다. 이 부분을 보면, 대부분의 유대인 자료는 파기우스, 뮌스터(Sebastian Münster, 1488-1552), 아인스워스와 드루시우스의 작품들에서 참고한 것임을 알 수 있다. 다시 말해서, 풀이 인용한 종교개혁 후기의 주석가들은 랍비들의 성경 해석이『성경주석집요』에 포함되도록 다리를 놓았다고 할 수 있다.[19]

풀은『성경주석집요』를 복수의 자료들과 다양한 저자들에게서 비롯된 성경 해석적 숙고의 결과물들을 수집한 모음집이라고 묘사했다.[20] 이 책을 저술함에 있어서 그는 두 가지 목적을 갖고 있었다. 첫째로, 그는 다른 주석들에서 발견되는 내용과 단어 반복이 없는 성경 주석을 만들고자 했다. 둘째로, 그는 자신이 특별히 관심을 가졌던 "신학의 후보들"[21]을 효과적으로 사용하는 주석을 쓰고 싶었다.[22]

풀은 두 가지 형태의 성경 주석가를 구분하였다. 즉 "단어의 의미"(the meaning of the words)에 관심을 두고 있는 주석가와 성경 자체의 관심사, 곧 "말씀의 의미"(the sense of the Word) 탐구에 목적을 두고 있는 주석가를 구분하였다.[23] 풀에 의하면, 전자의 주석가가 쓴 작품들이 『성경주석집요』의 주된 관심이었는데,[24] 이러한 자료를 선택, 편집, 배열하여 자신의 주석을 집대성했다.[25] 풀이 집필에 대하여 기술하고 있는 바와 같이, 이 책은 실로 세계적으로 초교파적인 관심을 받은 자료를 망라한 방대한 성경 해석 작품이다. 그는 성경 전체나 일부를 다룬 주석들을 참고했는데, 런던에서 출판된 『거룩한 비평』(Critici Sacri, 1660),[26] 프란시스칸이었던 존 드 라 헤이(John de La Hay, 1593-1661)의 성경 주석, 스페인 출신 도미니칸이었던 토마스 말벤다(Thomaso Malvenda, 1566-1628)의 창세기~에스겔 주석, 개혁파 학자 프란키스쿠스 유니우스(Franciscus Junius, 1545-1602)와 요하네스 피스카토르 (Johannes Piscator, 1546-1625)의 성경 주해, 루터파 신학자 루카스 오시안더(Lucas Osiander, 1534-1604)와 아브라함 칼로프(Abraham

Calov, 1612-1686)의 주해, 화란 남부 출신 예수회 히브리어 학자 코르넬리스 아 라피드(Cornelius a Lapide, 1567-1637)의 주석들을 포함한다.[27] 여기에 풀은 벅스토르프, 라이트풋과 아인스워스 같은 문법학자들, 교회사 저술가들과 히브리어 학자들의 작품을 추가했다. 그는 많은 주석가들과 교류했는데, 예를 들어 창세기와 출애굽기에 대해서는 안드레아스 리베투스(Andreas Rivetus, 1572-1651)와[28] 룻기에 대해서는 『룻의 이야기』(Historia Ruth)를 저술한 드루시우스와 교류했다.[29] 또한 풀은 『다중어성경』(Polyglot Bible)에서 발견되는 다양한 성경 번역들을 참고하였다.[30] 어떤 저자들과 작품들을 『성경주석집요』에 포함시켰는지 설명하는 것 외에도, 풀은 제네바의 주석가 존 칼빈의 작품을 배제하거나 제한적으로 사용한 구체적인 이유를 설명한다.[31] 즉 칼빈의 작품은 어원학에 대한 비평적 관심보다는 신학적이고 실천적인 방향성을 갖고 있고 또한 다른 주석가들이 이미 광범위하게 사용하고 있다는 것이다.[32] 여기서 풀은 칼빈을 모르지는 않으나 자주 언급하지 않는 종교개혁 후기의 많은 사람들의 사고를 대변한다고 할 수 있다.[33] 마지막으로, 풀은 성경본문의 번역에 있어서 부족함을 보완하기 위해 제롬이 사용한 번역, 즉 칠십인경, 아람어와 시리아어, 아랍어 구약 성경, 사마리아 모세오경에 대해 논한다.[34] 요약하자면, 『성경주석집요』의 내용은 다수의 다양한 저자들의 작품으로 구성되어 있으며 성경본문의 어원학적 이해에 주된 관심을 두고 있다. 따라서 『성경주석집요』는 성경 주해를 위해, 특별히 의심스럽고 모호한 표현 때문에 분별이 필요한 경우를 위해, 주로 언어학적이고 어원학적 작업에 치중한 작품이다.[35]

풀이 사용한 방대한 자료들은 현대의 독자들에게 특별해 보일지 모른다. 그러나 종교개혁 후기의 정황에서 이러한 자료들의 사용은 휴고 그로티우스(Hugo Grotius, 1583-1645), 라이트풋과 캄페기우스 비트링가(Campegius Vitringa, 1659-1722) 같이 에드워즈가 잘 알았던 성경 주석가들의 특징이기도 했다.[36] 더 나아가, 이런 자료들은 푸치우스(Voetius, 1589-1676), 토머스 바르로우(Thomas Barlow, 1607-1691)과 코튼 매더(Cotton Mather, 1663-1728)가 신학 공부를 위해 추천했던 것이기도 하다.[37]

요약하자면, 『성경주석집요』는 종교개혁 후기의 성경 해석 작품들 중의 하나로서, 다양한 기독교와 비기독교의 전통들에서 기원한 해석적 언급들의 강물이 흘러들어 언어학적, 어원학적 성경 주해의 삼각주에 수용된 결과물이라고 할 수 있다. 이 중추적 작품은 영국을 거쳐 유럽 대륙 그리고 신세계로 퍼져나갔다.

윌리엄 마샬(William Marshal)이나 토머스 코커릴(Thomas Cockerill) 같은 런던의 서적상들은 이 작품은 물론 풀의 다른 작품들도 "『성경주석집요』의 저자"의 이름으로 선전하였다.[38] 따라서 이 책은 즉시 리처드 백스터,[39] 존 플라벨(John Flavel, 1628-1691)[40] 같은 비국교도 목회자 신학자들뿐 아니라 런던에서[41] 라이프찌히에[42] 이르는 유명, 무명의 목사들과 신학자들에 의해 광범위하게 사용되었다. 우트레흐트 대학에서 푸치우스의 제자요 계승자였던 페트루스 반 마스트리히트(Petrus van Mastricht, 1630-1706)는 『성경주석집요』를 추천했고,[43] 그의 동료 요하네스 반 로이스덴(Johannes van Leusden, 1624-1699)은 이 책의 우트레흐트판(1684-1686)의 편집인이 되었다.[44] 더 나아가, 이 작품은 논쟁에서 자주 참고되었고,[45] 영국의 토머스 맨톤(Thomas Manton, 1620-1677) 서재의 경매에서 팔렸고, 다양한 뉴 잉글랜드(미국) 목회자들의 서재에 꽂혔다.[46] 이 책은 하버드, 예일과 뉴저지의 대학 도서관뿐 아니라[47] 개인 서재로 흘러들어갔다.[48] 코튼 매더가 1693-1728년 동안 쓴 미국 최초의 성경주석 『미국성경』(Biblia Americana)이 거의 300년 동안 원고형태로 남은 것을 고려하면, 이는 놀라운 일이다.[49] 인크리즈 매더에 의하면, 『성경주석집요』는 풀을 "세계적으로 유명하게" 만들었다.[50] 이 책은 뉴 잉글랜드 계곡 전역에서 그리고 중부 식민지들에서 18세기에 이르기까지 사랑을 받았다.[51]

조나단 에드워즈와 풀의 『성경주석집요』

그의 시대적 정황에서 에드워즈가 풀의 『성경주석집요』를 사용한 것은 특이한 일은 아니다. 예를 들어, 에드워즈가 『여백성경』에서, 매더는 『미국성경』에서 풀의 『성경주석집요』를 참고하면

서 창세기의 50개가 넘는 본문을 검토한다. 에드워즈처럼, 매더
는 세계가 창조된 연중 계절에 대해 묻는데(창 1:1),[52] 이 질문은
17세기에 광범위하게 논란이 되었던 것이다.[53] 더 나아가 미대
륙이 "하나님께서 야벳을 창대케 하시리라"(창 9:27)는 표현의 의
미에 포함되어 있다는 점,[54] 히브리어는 최초의 언어라는 점(창
11:1),[55] 갈대아의 의미(창 11:31),[56] 살렘은 예루살렘이라는 점(창
14:18),[57] 할례와 관련된 8일(창 17:12),[58] 그리고 귀걸이에 대한 해
석적 식견(창 35:4)[59] 등 다양한 해석에 있어서 그들은 일치를 보
인다.

여기서 필자는 에드워즈가 얼마나 광범위하게 풀의 『성경주
석집요』를 사용했고 그것이 에드워즈의 성경 이해에 공헌했는지
창세기의 두 실례를 들어 살펴보고자 한다.

첫째로, 창세기 49:18, "여호와여 나는 주의 구원을 기다리나
이다"에 대한 그의 『여백성경』의 관주에서 에드워즈는 다음과
같이 주해한다.

야곱이 이를 말한 이유는 직전에 선행된 단어들[창세기
49:16-17에 기록된 단에 대한 축복], 즉 삼손이 블레셋인들을
죽일 것과 그가 죽으면서 다곤 신전을 파괴할 것에 대해 예언
된 사건이 그리스도로 인한 위대한 구원의 놀라운 모형이었
기 때문이다. 이 구원은 하나님께서 아브라함, 이삭과 야곱에
게 주셨던 축복에서 자주 약속되었던 것이며, 그 축복이 피곤

한 순례길을 통해 많은 난관들을 통과했던 야곱을 지탱했다.[60]

에드워즈는 이 말을 『겸손한 시도』(A Humble Attempt)와 『메시아의 모형들』(Types of the Messiah)은 물론 "구속사"(History of Redemption), "칭의론"(Justification), "믿음"(Faith)을 기록한 공책에서도 언급한다. 그의 관주에서 에드워즈는 성경 본문의 인접 문맥에서의 의미, 그것을 통한 장래의 약속, 더 나아가 그리스도에 대한 적용을 언급한다. 그러나 에드워즈가 이 본문(창 49:18)을 언급한 다른 글들에서는 이 구절을 종말적으로 적용하여, "하나님의 교회"에 주신 신적 약속의 성취를 신뢰하고 기다리는 것으로 해석한다.[61] 이러한 주석적 이해는 창세기 49:18의 다양한 해석을 제공한 풀에게 빚지고 있는 것으로 보인다. 인접 문맥을 통해 본문을 이해하면, "하나님의 도우심을 간구함"(리베투스), 삼손에 대한 언급(그로시우스), 그의 백성을 지키고 신원하는 삼손(카스텔리오), 그의 후손의 구원을 기대하도록 야곱이 하나님께 기도했던 단에 대한 언급(리베투스), 야곱이 재앙을 미리 보고 메시아를 통해 보호자가 되시겠노라 약속하신 여호와께 자신을 의탁함(바타블루스, 리베투스)으로 해석이 가능했다. 그리스도에 관한 것으로도 해석되었는데, 이는 모든 것이 메시아를 통해 성취되기 때문이다(올레아스터).[62] 또한 참되시고 영원하신 세상의 구주로 해석되기도 했는데(라피데), 특히 그리스도가 하나님의 구원이라고 불리는 점에 있어서(아인스워스), 특별히 삼손보다 훨씬 더 그러하다는 점에 있어서(파기우스) 이런 해석이 가능했다.63 에드워즈는 풀이 제공한 본문의 다양한 이해를 현명하게 사용하였다. 즉 그는 이 구절을 인접 문맥에서의 문자적 의미, 기독론적 의미 그리고 약속과 성취의 모티프를 통해 해석하였다.

비록 풀은 기독론적 해석을 항상 제공하지 않았지만 에드워즈는 그의 『여백성경』과 『성경주해』(Notes on Scripture)에서 창세기 28:18을 기독론적으로 해석한다. 후자에서 에드워즈는 "이 돌이 야곱의 베개였는데, 이는 신자들이 그리스도를 의지함과 그 안에서 안식과 안온을 발견함을 의미하기 위한 것"이라고 말하고,64 1738년의 설교에서도 동일하게 해석한다.65 이러한 주석적 적용은 에드워즈의 창세기 49:10 이해에 명백히 나타난다.66 풀의 긴 주석과 달리 이 본문에 대한 에드워즈의 주해는 주로 "규"와 "그가 오실 때까지"라는 표현에 국한되는데, 해당 주해는 『구속사』에 실린 열네 번째, 열여덟 번째, 스무 번째 설교와 『메시아의 모형들』, 『성경주해』와 『신학 묵상 일기』(The Miscellanies)에서 발견된다. 그리스도에 대한 야곱의 예언에 관해서 에드워즈는 "실로가 오실" 때까지67 즉 메시아의 도래,68 헤롯의 죽음과69 "유대교와 나라의 총체적 황폐" 때까지70 "규"는 유다를 완전히 떠나지 않았다고 주해한다. "실로"의 기독론적 해석은 에드워즈의 마태복음 11:3 관주에 언급되고,71 『성경주해』에서 더욱 발전된다.

두 번째 예는 에드워즈의 "엘로힘"에 대한 이해에 관한 것인데, 이는 개신교 스콜라학자들의 주해, 특히 풀의 주해에서 발견되는 것이다. 『여백성경』은 성경의 첫구절에 대한 관주로 시작하는데, 여기서 에드워즈는 언어학적인 주석뿐 아니라 신학적 주석도 제공한다.

> 엘로힘이라는 단어는 "맹세하다"를 의미하는 히브리어 동사 어근 אלה에서 파생했는데, 영원한 구속언약처럼 삼위일체의 세 신격이 창조에 대한 거대한 구도와 계획에 있어서 함께 연합했음을 의미한다.[73]

그의 언어학적 통찰력은 에드워즈로 하여금 엘로힘이라는 단어가 신들 또는 천사들을 언급할 수 있음을 보게 하지만,[74] 그의 신학적 이해는 그 표현이 하나님의 삼위의 통일성(tri-unity)을 언급하고 있다. 그러나 에드워즈는 엘로힘이라는 단어에서 유추되는 신격의 복수성을 다양한 방법으로 규정한다. 첫째로, 성경의 첫 장의 문맥에서 본문을 읽으면서, 에드워즈는 창세기 1:1에 대한 풀의 주해를 언급할 뿐 아니라[75] 창세기 1:26에 대해 "여기에서 삼위일체의 신격들의 회의(consultation)가 언급된다"고 주해한다.[76] 쉬타인에 의하면, 이 점에 있어서 에드워즈가 아더 베드포드(Arthur Bedford, 1668-1745)의 『성경연대기』(The Scripture Chronology)를 읽었을지 모르지만,[77] 같은 본문에서 구체적으로 "회의"라는 표현을 사용하는 사람은 에드워즈가 가장 좋아하던 신학자 마스트리히트이다.[78] 둘째로, 에드워즈의 이해는 엘로힘이라는 단어가 복수형일 뿐 아니라 "복수형 동사와 결합되어 있다"는 그의 관찰로 뒷받침된다.[79] 셋째로, 에드워즈의 관찰에 따르면,

> 복수명사인 "엘로힘"이란 단어가 "여호와"라는 단수명사와 자주 결합되는 것은…몇 신격들이 한 본질로 연합되어 있음을 가리키는 중요한 표시일지도 모른다.[80]

에드워즈의 이해는 풀의 『성경주석집요』를 반영하고 있다. 풀에 의하면, "유대인들"은 엘로힘이라는 단어를 단수의 의미로 해석하여 다양한 신적 속성과 명예를 돌릴 "신들"이라는 복수의 의미를 제거한다.[81] 또한 비록 "엘로힘"에 대한 히브리어가 "주들"과 "천사들"이라는 해석을 허용하지만 "여기에 암시된 것은 하나님의 복수성과 통일성"이라고 풀은 주해한다.[82] 후자의 해석에 있어서, 풀은 주로 아인스워스의 『주석』(Annotations)에 의존한다.[83]

더 나아가, "엘로힘"을 신들, 천사들 그리고 삼위일체로 본 에드워즈의 이해는 개신교 스콜라학자들과 일치할 뿐 아니라 에벤에셀 펨버튼(Ebenezer Pemperton, 1707-1777), 토마스 팍스크로프트(Thomas Fozcroft, 1697-1769)를 포함해 에드워즈가 서신을 주고받았던 미국의 학자들과 공유된 것이다(코튼 매더는 예외였다).[84] 인크리즈 매더와 펨버튼은 "엘로힘"을 천사들과 연관짓는 반면,[85] 팍스크로프트, 에스라 스타일스(Ezra Stiles, 1727-1795), 길

버트 테넨트(Gilbert Tennent, 1703-1764)와 테오도르 프렐링하이즌(Theodore Frelinghuysen, 1723-ca.1761)은 신의 본질에 있어서 복수의 격을 언급한다.[86] 그러나 에드워즈처럼 사무엘 매더는 엘로힘이 하나님의 삼위의 통일성을 의미한다고 판단함에 있어서 언어학적으로 고려할 점들을 제공함은 물론 윌리엄 에임즈(William Aames, 1576-1633), 요하네스 클로펜버그(Johannes Cloppenburg, 1592-1652), 안드레아스 에세니우스(Andreas Essenius, 1618-1677, 안드레아스 리베투스(Andreas Rivetus, 1572-1651), 헤르만 위트시우스(Herman Witsius, 1636-1708) 같은 후기 개혁주의 학자들의 자료를 인용한다.[87]

에드워즈가 『성경주석집요』를 선택적으로 사용한 것은 풀이 사용한 유대교와 기독교(로마 가톨릭, 개혁주의, 저항파)의 주석적 자료들이 노샘프턴 설교자[에드워즈]의 다양한 글 특히 『여백성경』에 유입되었음을 보여준다. 풀의 작업은 교부시대와 중세 그리고 종교개혁 후기의 자료들을 포함한 17세기 해석의 다양한 물결의 통로가 되었다. 그의 노력은 에드워즈의 성경 이해에 귀중하고 영향력 있는 보물창고를 제공했다. 개신교와 로마 가톨릭의 해석자들이 해석적 궤적에 있어서 보편성을 보여주는 것을 고려하면, 실제로 풀이 수집한 기독교와 유대교의 자료들은 종교개혁 후기의 성경 해석에 초교파적인 특징을 제공했다. 이러한 관찰은 포스트모던 독자들을 만족시킬지 모르지만, 두 가지 사실을 동시에 고려할 필요가 있다. 첫째로, 풀이 사용한 성경 해석의 자료들이 『성경주석집요』의 성격을 결정했다. 그의 언어학적이고 어원학적인 방향성은 신학적, 실천적 해석을 찾기 힘든 주석을 탄생시켰다. 더글라스 스위니(Douglas A. Sweeney), 데이비드 바르셩어(David P. Barshinger), 마크 놀(Mark Noll) 같은 학자들이 살펴본 바에 의하면, 에드워즈는 『성경주석집요』를 언어학적이고 어원학적 연구를 위해 사용했고 실천적인 내용은 다른 곳에서 찾았다.[88] 둘째로, 『성경주석집요』에 인용된 압도적 다수의 개신교 개혁주의적 자료들—에드워즈가 이미 잘 알고 있는 것들—이 (비록 다른 신앙전통들이 같은 해석을 공유하는 경우에도) 그에게 수용 가능한 해석적 선택을 제공했다.

　본고에서 살펴본 바, 즉 풀의 근대 초기 성경 주석에 대한 기초적인 검토와 에드워즈의 이 주석의 사용은 단어의 의미(the meaning of the words)와 성경의 의미(the sense of the Scripture)의 탐구에 존재하는 일종의 "지속적 저음"(*basso continuo*)을 집합적으로 가리킨다. 비록 에드워즈의 해석적 노력과 그의 성경 주석이 그가 "성경의 의미"에 대해 주목했음을 증언하지만, 성경에 사용된 "단어의 의미"에 대한 그의 관심은 결코 무시 되어서는 안된다. 성경 전체의 의미는 각 단어의 구체적인 의미에서 나오기 때문이다.

결론

풀의 인생과 그의 작품 『성경주석집요』와 에드워즈가 이를 사용한 것과 관련하여, 우리는 "전근대적인 성경 해석이 21세기의 설교자와 교사에게 무슨 상관이 있는가?"라는 질문에 대한 비확정적인 대답을 할 자리에 왔다.[89] 필자는 여기서 세 가지 고려할 점을 제시하고자 한다.

첫째로, 개혁주의와 청교도 해석 전통에 있어서 풀의 『성경주석집요』같은 근대 초기의 작품들은 성경을 수용되고 영감된 하나님의 말씀으로 이해하는 (교부시대부터 근대 초기에 이르는) 오랜 기독교 성경 해석의 연속선상에 있다. 이 해석자들은 성경 본문의 의미를 분별함에 있어서 성령의 역사가 필수불가결함을 이해했다. 이 고전적, 계몽주의 이전의 이해는 비평적 성경 연구의 작업을 풍성하게 만들 수 있다. 풀이 성령을 의지하면서 교부시대, 중세 그리고 유대 랍비들의 다양한 자료들을 참고한 것은 설교와 목회를 목적으로 하는 신학적 교육을 위해서 성경의 단어들을 가장 정확하게 해석하려 했던 시도였다.

둘째로, 이러한 근대 초기, 계몽주의 이전의 해석적 작품들은 성경이 기독론적 초점을 갖고 있다고 이해했는데, 약속과 성취 모티프, 모형론 그리고 문자적, 구속사적, 문법적-분석적 독해 같은 다양한 해석의 모델이 이러한 이해를 가능하게 도왔다. 풀의 『성경주석집요』같이 언어학적이고 어원학적인 성격의 작품들은 이러한 해석적 작업에 꼭 필요했다. 성경의 난해한 구절들은 (영적) 분별을 요구했고, 오직 정확한 단어들의 의미가 성경 본문의 신학적 함의들을 뒷받침했다. 시대를 초월한 성경해석의 보편성은 간과되지 않았고 매우 중요하게 고려되었다.

셋째로, 이러한 근대 초기 성경 주석들은 우리와 다른 시대를 배경으로 기록되었다. 따라서 그것들은 그들 나름의 기준으로 평가되어야 한다. 그러나 이러한 작품들을 참고함으로 얻는 유익은 교회와 학계에 큰 도움이 될 수 있다. 비평기 이전의 해석가(풀)와 에드워즈에 있어서 성경 해석은 세심한 해석과 의미 있는 실천적 적용이 공존한 활동이었다. 에드워즈는 다음과 같이 조언한다.

성경을 읽기에 부지런하라... 의미를 고심하지 않고 대략 훑어보는 데 만족하지 말라... 성경의 의미를 발견하기 위해 수단을 사용하라... 그리고 만약 당신이 이해하지 못했던 성경이 만족할 만큼 명확해지면 표시하고 저장하고, 가능하면 기억하라... 당신이 갖고 있는 지식을 따라 실천하라. 이것이 더 많이 알게 되는 길이 될 것이다.[90]

주

| 1장 |

1) 이차 문헌으로, 국내 대학의 학위논문 가운데 학사와 석사논문 그리고 어린이를 포함한 일반 독자층을 대상으로 집필된 경건서적은 배제하였다. 학술논문은 대부분의 경우 국내에서 한글로 작성된 논문을 선별하였다.

2) 서지사항은 다음과 같다. Bunyan 著, 『텬로력졍』 긔일 譯(원산성회, 1894). 『천로역정』의 제2부는 릴리아스 호튼 언더우드(Lilias Horton Underwood) 선교사에 의해 1920년에 번역되었다. 『텬로력졍, 뎨2권, 긔독도 부인 려[행]록』Lillias Horton.(조선야소교서회, 1920).

3) 본고에서 존 번연의 저작들 가운데 한국어로 번역된 작품들을 소개한 도표를 참조하라.

4) 왕길지, "안드레 멜벨(Andrew Melville)의 전긔," 「신학지남」 7/1(1925): 49-57; 이눌서. "大學者이며 殉教者인 윌늬암 틴데일 氏의 略史," 「신학지남」 19/1(1937): 36-38.

5) John Shearer, *Old Time Revivals* (London: Pickering & Inglis, 1930); 좐 쉐일너, "요나단 에드웨드와 영국교회의 부흥," 「신학지남」 16/6(1934): 36-39.

6) 이병길. "청교도혁명의 정치이론." 「법정학보」 1(1958): 17-37; 홍종철, 『청교도혁명기의 영국사회의 변혁』, (서울: 고려대, 1959); 문영상. "청교도혁명의 사회경제적 배경의 분석." 「동아논총」 7(1970): 25-58; 임호수. "청교도혁명의 성격에 관한 연구." 충남대 「論文集」 10(1971): 51-66; "청교도혁명기 영국의회의 역할에 관한 연구." 「역사와 담론」 5(1977): 1-30; "청교도혁명에서 거둔 성과에 대한 연구." 「역사와 담론」 7(1979); 한용희. "청교도혁명의 당파적 분석." 논문집 2(1972): 163-178; 나종일. "John Liburne과 Oliver Cromwell." 「역사학보」 74(1977): 1-78.

7) 명신홍, "빽스터와 그의 설교," 「신학지남」 27/2(1960): 27-33; "빽스터의 목회," 「신학지남」 28/3(1961): 5-8.

8) 동일한 역자에 의해 1900년에 번역된 것을 새롭게 출간한 것이다. 존 번연, 『영들의 전쟁: 속 천로역정』 김영국 역 (서울: 세종문화사, 1900).

9) 1950년대 이전에 오천영에 의해 번역된 『천로역정』은 60-70년대에 지속적으로 출간되었고, 아홉 명의 역자들에 의해 새롭게 번역된 『천로역정』이 약 열한 개의 출판사에 의해 출간되었다. 자세한 서지사항에 대해서는 본고의 부록편을 참조하라.

10) 김명혁, "요나단 에드워드의 생애와 설교." 『신학정론』 4/1(1986): 102-12; 김선기, "천로역정에 나타난 존 번연의 성서적 메시지," 박사학위논문 (숭실대, 1987); 유성덕, "John Bunyan의 작품에 나타난 흠정역 성경의 영향: The Pilgrim's Progress를 중심으로." 총신대학교 『論文集』 6(1987).

11) 오덕교의 청교도 관련 주요 연구논문들로는 다음을 참조하라. "웨스트민스터 총회에서의 안소니 터크니의 역할과 대소요리문답," 『신학정론』 5/2(1987): 350-61; "교회사에 나타난 예배-청교도 존 코튼을 중심으로." 『성경과 신학』 6(1988):113-130; "존 코튼의 교회개혁에 대한 종말론적 해석," 『신학정론』 8/1(1990): 139-179; "존 코튼의 그리스도의 천년왕국에 대한 이해," 『신학정론』 9/1(1991): 141-177; "청교도와 교회개혁의 방편으로서의 설교," 『신학정론』 11/2(1993): 440-462; "청교도적 관점에서 본 교회정치의 원리," 『신학정론』 13/1(1995): 66-96; "뉴 잉글랜드 청교도의 가정관." 『성경과 신학』 24(1998): 439-479; "뉴 잉글랜드 청교도의 건국이념 비교," 『성경과 신학』 27(2000): 415-449; "윌리엄 퍼킨스와 설교의 기술," 『헤르메네이아 투데이』 20(2002): 50-57; "청교도의 정치사상," 『신학정론』 21/1(2003); 199-225.

12) 제임스 헤론, 『청교도역사』 (원제: A Short History of Puritanism) 박영효 역 (서울: 기독교문서선교회, 1982); 아서 루너, 『청교도의 후예: 그들의 발자취와 회중사상』 (원제: The Congregational way of life, 1960) 유성렬 역 (서울: 들소리, 1983); 마틴 로이드 존스, 『청교도신앙: 그 기원과 계승자들』 (원제: Puritans : Their Origins and Successors) 서문강 역 (서울: 생명의말씀사, 1990); J. I. 패커, 『청교도 사상: 하나님의 영적거인들: 박스터, 오웬, 십스』 박영호 역 (원제: Among God's Giants) (서울: CLC, 1992); 리랜드 라이큰, 『청교도: 이 세상의 성자들』 (원제: Worldly Saints) 김성웅 역(서울: 생명의말씀사, 1996); 알렌 카덴, 『청교도정신: 17세기 미국 청교도들의 신앙과 생활』 (원

제: *Puritan Christianity in America*) 박영호 역 (서울:CLC, 1993); 루이스 피터, 『청교도 목회와 설교』(원제: *The Genius of Puritanism*) 서창원 역 (서울: 청교도신앙사, 1991); 홀톤 데이비스, 『청교도 예배: 1629-1730』(원제: *The Worship of English Puritans*) 김석한 역 (서울: CLC, 1999).

13) 임희완, "영국 청교주의의 계약사상,"「교육논총」14 (1990): 61-75; idem, "영국 계약사상의 기원과 성격." 건국대「학술지」39/1(1995): 155-175; 원종천, "16세기 영국 청교도 언약사상 형성의 역사적 배경,"「ACTS 신학과 선교」2(1998): 109-143; idem,『청교도 언약사상: 개혁운동의 힘』(서울: 대한기독교서회, 1998); 김중락, "Samuel Rutherford와 국민계약사상,"「전북사학」21-22(1995): 563-578; 배본철, "성령의 성화 사역에 대한 청교도적 이해,"「성결신학연구」2(1997): 101-114; 이한상, "스티븐 차르녹의 신적 전능과 주권에 대한 이해,"「한국개혁신학」27(1997): 289-324; 이은선, "루터, 칼빈, 그리고 청교도의 소명사상," 대신대학「논문집」12(1992): 395-419.

14) 1980-90년대에도『천로역정』은 여전히 가장 폭넓게 읽히는 저작이었다. 거의 매년 새로운 번역자에 의해 신간이 출간될 정도였다. 부록의 "청교도 일차 자료: 국내 번역서 1950-2019"에서 존 번연 항목을 참고하라.

15) 1980년대에 번역된 왓슨의 저서는 다음과 같다.『설교로 엮은 소요리문답 강해』, 서춘웅 역 (서울: 세종문화사, 1982);『십계명』, 김기홍 역(서울: 양문출판사, 1982);『주기도문 해설』, 이기양 역 (서울: 기독교문서선교회, 1989). 1990년대에 번역되어 출판된 저서는 다음과 같다.『팔복해설: 마태복음 5:1-12해설』, 라형택 역 (서울: 기독교문서선교회, 1990);『회개』, 이기양 역 (서울: 기독교문서선교회, 1991);『고난의 현실과 하나님의 섭리』, 목회자료사 번역(서울: 목회자료사, 1991);『모든 것이 협력하여 선을 이룬다』, 김기찬 역 (서울: 생명의말씀사, 1997);『경건을 열망하라』, 생명의말씀사 편집부 역 (서울: 생명의말씀사, 1999).

16) 이재수, "주홍글씨에 나타난 청교주의를 통해 본 죄의 연구." Ph.D.논문 (숭실대, 1981).

17) 전준수, "A Study of Jonathan Edwards," 우석대「論文集」5(1983): 111-127. 전순수는 문예비평을 넘어서 에드워즈의 청교주의적 신학과 특징을 논하였다; idem, "The Artistry of Jonathan Edwards's Literature," 우석대「論

文集」7(1985);51-69; 김정건, "Jonathan Edwards: The Mind's Role and Sense of Beauty," 동국대『論文集』27(1988): 85-103.

18) 이들의 저작은 부록 "청교도 일차 자료: 국내 번역서"의 해당 시기를 참조하라.

19) 매튜 헨리, 『매튜헨리 성서주석』. 45 vols. (서울: 기독교문사, 1975). 최근 크리스챤다이제스트에서 총21권으로 출간하였다. 매튜 헨리, 『매튜헨리주석』. 원광연, 21vols. (서울: 크리스챤다이제스트, 2015); 매튜 풀, 『매튜 풀: 청교도 성경주석』. 박문재, 8 vols. [신약: 14-21] (서울: 크리스챤다이제스트, 2015).

20) 2015년부터 2019년까지 부흥과개혁사에 의해 총 다섯 권이 출간되었다. 전집의 순서를 따르면 다음과 같다. 조나단 에드워즈, 『신앙감정론』. 정성욱 역. 제1권 (2005);『의지의 자유』. 김찬영 역, 제2권 (2016);『구속사』. 김귀탁 역, 제3권 (2007);『원죄론』. 김찬영 역, 제4권 (2016);『부흥론』. 양낙홍 역, 제7권 (2005).

21) "부흥과개혁사"는 2009년부터 2019년까지 존 오웬 전집 시리즈 가운데 총 일곱 권을 출간하였다. 존 오웬, 『신자 안에 내재하는 죄』. 김귀탁 역. 제1권 (2009);『시험』. 김귀탁 역, 제2권 (2010);『죄 죽임』. 김귀탁 역, 제3권 (2009);『죄와 은혜의 지배』. 이한상 역, 제4권 (2011);『죄 용서: 시편 130편 강해』. 박홍규 역 제5권 (2015);『배교의 본질과 원인』. 박홍규 역, 제6권 (2018);『영적 사고』. 박홍규 역 제7권 (2019).

22) 하진상, "요한 칼빈과 조나단 에드워즈의 칭의론 비교연구," 박사학위논문 (백석대, 2012); 강웅산, "조나단 에드워즈의 칭의론의 방법론적 분석,"「성경과 신학」66(2013):157-188;『조나단 에드워즈의 칭의론』(용인: 목양, 2017); 박광서, "존 번연의 칭의론,"「생명과 말씀」9(2014): 183-210; 윤종훈, "존 오웬의 칭의론에 관한 개혁주의적 고찰,"「성경과 신학」72(2014): 227-253; 윤종훈, "리차드 박스터의 보편속죄론에 관한 고찰,"「개혁논총」31(2014): 123-157; 박균상, "개혁주의 신학에서의 칭의 교리 연구: 마르틴 부처와 조나단 에드워즈를 중심으로," 박사학위논문 (ACTS, 2017); 김효남, "성화와의 관계성 측면에서 바라본 토마스 굳윈의 칭의론,"「한국개혁신학」58(2018): 112-150; 김찬. "칭의와 성화의 관계에 대한 성령론적 연구." Ph.D.

한세대, 2019.

23) 박재은, "칭의의 6중 원인에 대한 알렉산더 꼼리와 존 칼빈의 연속성, 불연속성, 그리고 신학적 함의," 「갱신과 부흥」 20/1(2017): 1-36; 박희석, "칼빈과 언약신학," 「총신대논총」 21(2002): 60-86; 박희석, "칼빈과 웨스트민스터 신앙고백서에 나타난 언약신학" 「총신대논총」 23(2003): 61-90; 안상혁, 「언약신학: 쟁점으로 읽는다」 개정증보 (수원: 영음사, 2016); 임원택, "청교도와 칼빈주의." 「진리논단」 12(2006): 91-111; 한병수, "언약의 통일성: 칼빈과 러더포드 중심으로." 「개혁논총」 31(2014): 79-121. 이 주제에 관한 90년대의 선행적 논의에 대해서는 다음을 보라. 원종천, 「칼빈과 청교도 영성」 (서울: 도서출판 하나, 1994).

24) 김윤희, "중생의 경험에 근거한 성화: 존 오웬의 신학과 교리문답을 중심으로," 박사학위 논문 (계명대, 2017); 한유진, "웨스트민스터 표준서 이전의 청교도 교리문답신학 연구," 박사학위 논문 (백석대, 2016).

25) Thomas Fuller, *The Church-History of Britain*, 11 vols. (London, 1655), vol.9: 76. 풀러에 따르면, 당시 영국 국교회의 계서제와 예배를 반대하는 이들을 가리켜 청교도라고 불렀다.

26) William Haller, *Elizabeth I and the Puritans* (Virginia: The University Press of Virginia, 1972), 1 이런 맥락에서 역사가들은 1559년 공동기도서를 비판하고 이것에 따라 예배드리는 것을 거절하며, 성경적으로 기도서를 다시 개정할 것을 요구한 개혁가들을 가리켜 "청교도"라고 부른다. Carole Levin, *The Reign of Elizabeth I* (New York and Hampshire: Palgrave, 2002), 31. 엘리자베스 1세의 종교정책과 공동기도서에 대해서는 다음 글을 참조하라. Bryan D. Spinks, "From Elizabeth I to Charles II," in Charles Hefling and Cynthia Shattuck eds., *The Oxford Guide to the Book of Common Prayer* (New York: Oxford University Press, 2006), 44-55. 한편, 스코틀랜드에서 제임스 6세는 1590년대에 청교도를 비판하는 표현을 사용하였다. Elizabethanne Boran and Crwford Gribben eds., *Enforcing Reformation in Ireland and Scotland, 1550-1700* (London & New York: Routledge, 2016), 74.

27) Levin, *The Reign of Elizabeth I*, 31.

28) Theodore D. Bozeman, *The Precisianist Strain: Disciplinary Religion*

& *Antinomian Backlash in Puritanism to 1638* (Chapel Hill and London: University of North Carolina Press, 2004), 63-65

29) Richard M. Hawkes, "The Logic of Assurance in English Puritan Theology," *Westminster Theological Journal* 52 (1990): 247.

30) 임원택, "한국교회와 청교도 설교," 「복음과 실천신학」 28(2013): 65-94.

31) 정창균, "한국교회 설교의 본문 이탈 현상과 주제의 편향성," 「헤르메네이아 투데이」 54 (2012): 67-83.

32) Leland Ryken, 「청교도: 이 세상의 성자들」, 김성웅 역 (서울: 생명의 말씀사, 1995), 240-51; 안상혁, 「언약신학: 쟁점으로 읽는다」 279-317.

33) 김명배, "베버의 사상에 비추어 본 한국교회 재정문제와 그 윤리적 방안," 「한국 기독교 사회윤리학회」 35(2016): 99-128. 논문 초록에서 저자는 "베버의 합리적인 경영방식에 맞는 자본이용과 금욕주의적 자본주의 정신이 현재 한국교회의 재정의 불투명성 문제 해결을 위한 하나의 사회, 윤리적 방안을 제시하고자 한다"라고 말한다. 정원범, "존 하워드 요더의 관점에서 본 한국교회의 신뢰도 위기와 그 대안," 「한국기독교신학논총」 100(2016): 195-226. 변화되는 환경 속에서 생존하기 위해 저자는 "콘스탄틴적 기독교에서 탈콘스탄틴적 기독교로의 전환을 제안"한다. 강병오, "한국 개신교의 사회적 신뢰 실추 원인과 대책," 「신학과 실천」 41(2012): 61-84; 권혁률, "신뢰의 위기: 한국교회는 어떻게 극복할 것인가?" 「기독교 사상」 675(2015): 212-219; 최무열, "한국교회의 위기 극복과 대사회적 신뢰성 회복방안으로서의 디아코니아 활용에 관한 소고," 「신학과 실천」 47(2015): 519-549 저자들은 사회봉사, 사회참여, 윤리도덕 실천 운동을 통해 사회적으로 한국교회에 대한 이미지를 개선하고 교회의 공신력과 신뢰도를 향상시키는 것을 한국교회가 해결해야 할 시급한 현안으로 제시한다.

34) 박우영, "도덕적 성찰과 실천에 있어서 교회의 역할 연구," 「신학과 실천」 28(2011): 625-650.

35) 조엘 비키 & 랜들 패더슨, 「청교도를 만나다」, 이상웅, 이한상 역 (서울: 부흥과개혁사, 2010), 35-42.

36) 같은 책, 32-33쪽을 보라. 강조 표시는 필자의 것이다. 비키와 패더슨은 청교주의의 주된 관심사를 다섯 가지로 요약한다. 나머지 네 개는 다음과 같다. "삼위일체적 신학," "교회의 중요성과 의미," "대(對) 국가적 삶과 관련한 큰 질문들에게 대한 성경적인 해답," "사람의 총체적 회심" 등이다.

37) Richard Baxter, *Gildas Salvianus: The Reformed Pastor*(1656), *in The Practical Works of the Rev. Richard Baxter*, ed. by William Orme, vol.14 (London: James Duncan, 1830), 152.

38) 백스터는 『참된 목자』의 적용 부분에서 개인별 교리문답 교육의 필요성과 의무 그리고 구체적인 지침을 상술하는 데 대부분의 지면을 할애한다. Baxter, *Gildas Salvianus: The Reformed Pastor*, 122ff [제4장 이하를 보라].

39) 각 인물의 대표 저작을 한두 개씩 선별하자면 다음과 같다. Henry Ainsworth, *Annotations upon the five bookes of Moses, the booke of the Psalmes, and the Song of Songs* (London: Flesher and Haviland, 1627); Paul Baynes, *A Commentarie upon the first chapter of the Epistle of Saint Paul, written to the Ephesians* (London: Thomas Snodham for Robert Mylbourne, 1618); *Entire Commentary upon the whole Epistle of the Apostle Paul to the Ephesians*(London: Flesher, 1645); Anthony Burgess, *The True Doctrine of Justification* (London: Robert White, 1648); *Spiritual Refining: or, a Treatise of Grace and Assurance* (London: A Miller, 1651); Nicholas Byfield, *The Signes or an Essay concerning the Assurance of God's Love and Man's Salvation* (London; John Beale, 1614); *An Exposition upon the Epistle to the Colossians* (London: T. Snodham, 1615); John Cotton, *The Keyes of the Kingdom of Heaven* (London, 1644); John Downame, *The Christian Warfare* (London, William Stansby, 1634); Richard Greenham, *Paramuthion, Two Treastises of the Comforting of an Afflicted Conscience* (London: Bradocke, 1598); John Lightfoot, *Horae hebraicae et Talmudicae [A Commentary on the New Testament from the Talmud and Hebraica]* 4 vols (Oxford: Oxford University Press, 1859).

40) David Clarkson, *The Practical Divinity of the Papists proved destructive to Christianity* (London, 1672); George Gillespie, *Aaron's Rod*

Blossoming, or the Divine Ordinance of Church-government vindicated (London: E.G.for Richard Whittaker, 1646); Edward Polhill, *The Divine Will considered in Its Eternal Decrees and Holy Execution of Them* (London: Henry Eversden, 1673); Thomas Shepard, *The Parable of the Ten Virgins* (London: J. Hayes, 1660); Ralph Venning, *Sin: The Plague of Plagues* (London: John Hancock, 1669).

41) 『청교도를 만나다』에서 에베니저 어스킨과 토머스 할리버턴은 스코틀랜드 신학자 명단에, 빌헬부스 아 브라켈과 헤르만 위트시우스는 네덜란드 제2종교개혁의 대표적인 신학자들 명단에 소개되었다. Wilhelmus à Brakel *The Christian's Reasonable Service* (*De Redelijke Godsdienst*, 1700) 4 vols. (Grand Rapids: Christian Reformed Heritage Books, 2015). 이 책은 2019년 한국어로 번역되었다. 『그리스도인의 합당한 예배』4 vols. 김효남, 서명수, 장호준 역 (서울: 지평서원, 2019); Ebenezer Erskine, *The [Westminister] Assembly's Shorter Catechism Explained by way of Question and Answer* (Belfast: Daniel Blow, 1764); Thomas Halyburton, *The Great Concern of Salvation* (Glasgow: Robert urie, 1751); John Howe, *The Living Temple* (London: John Starkey, 1675); Herman Witsius, *De Oeconomia foederum Dei cum hominibus libri quatuor* (Trajectum ad Rhenum: Halmam, 1694).

42) 19세기 존 오웬 전집의 서지사항은 다음과 같다. *The Works of John Owen*, 24 vols., edited by William H. Goold ; with life by Rev. A. Thomson. (Edinburgh: T. & T. Clark, 1862-1871). 조나단 에드워드 전집은 미국 예일대학교에서 1957년부터 2008년에 이르기까지 총 26권의 전집을 출간하였고, 이후부터는 예일대 조나단 에드워드 센터에서 디지털 전집형태로 총 73권을 제작하여 무료로 제공하고 있다. 기존에 전집 형태로 출간된 26권의 모든 내용이 디지털 전집에 포함되어 있다. 다음 웹사이트를 참고하라. http://edwards.yale.edu/research/browse

43) 존 폭스에 따르면, 휴 라티머는 순교하기 전에 하나님께서 영국 땅에 복음을 회복시켜 주시고 엘리자베스가 여왕이 되게 해 달라고 기도했다. John Foxe, *Foxe's Book of Martyrs*, ed. William Byron Forbush (Peabody, Mass.: Hendrickson Pub., 2004), 300; 한편 스핑크스는 엘리자베스의 죽음과 제임스 1세의 등극이 영국 내의 경건한 자들의 기도에 대한 응답으로 인식되었다고

말한다. Spinks, "From Elizabeth I to Charles II, 50; Samuel Rutherford, *The Covenant of Life Opened* (Edinburgh: Printed by Andro Anderson, 1655), 2-3; 뉴 잉글랜드 청교도에 대해서는 다음 작품들을 보라. Perry Miller, *Errand into the Wilderness* (Cambridge, Mass: The Belknap Press of Harvard University Press, 1956); Thomas Hooker, *A Survey of the Sum of Church Discipline* (London: A. M. for John Bellamy, 1648), Part I, 1-18.

44) 부록의 "국내박사학위논문 1980-2019"의 통계를 참고하라. 에드워즈 다음으로는 존 번연과 존 오웬을 연구 주제로 삼은 논문들이 많다.

| 2장 |

1) Francis J. Bremer and Tom Webster, *Puritans and Puritanism in Europe and America: A Comprehensive Encyclopedia* (Santa Barbara: ABC-CLIO, 2006), 428.

2) John Coffer and Paul Chang-Ha Lim, *The Cambridge Companion to Puritanism* (Cambridge: Cambridge University Press, 2008), 1

3) *Ibid.*

4) Ronald B. Jenkins, *Henry Smith: England's Silver-Tongued Preacher* (Macon, Mercer University Press), 1983.

5) August Lang, *Puritanismus und Pietismus- Studien zu ihrer Entwicklung von M. Butzer bis zum Methodismus*, Neukirchen-Vluyn 1941 (reprint Darmstadt 1972).

6) *Five Sermons* (Philadelphia: B. Franklin, 1746), 1-21.

7) *Early American Writings*, ed. Carla Mulford, Angela Vietto and Amy E. Winans (New York: Oxford University Press, 2001), 351.

8) Jonathan Edwards, *Practical Sermons, sermon 30* (Edinburgh: M. Gray, 1788), 353-62. Quoted in *The Emergence of Evangelical Spirituality-The Age of Edwards, Newton and Whitefield*, edited by Tom Schwanda(Paulist Press, 2016).

9) Matthew Henry, *The Complete Works of Matthew Henry: Treatises, Sermons and Tracts,* 2 Volumes (Edinburgh: A. Fullarton, 1855; reprinted, Grand Rapids: Baker, 1979, second printing, 1997)

10) *The Works of John Owen*, Vol. 6, 157-322.

|3장|

1) David E. Stannard, *The Puritan Way of Death: A Study in Religion, Culture, and Social Change* (New York: Oxford University Press, 1977), 79. 또한 다음 논문들도 보라: David E. Stannard, "Death and Dying in Puritan New England," *The American Historical Review* 78/5 (1973): 1305-130; David E. Stannard, "Death and the Puritan Child," *American Quarterly* 26/5 (1974): 456-76; David E. Stannard, *The Puritan Way of Death: A Study in Religion, Culture, and Social Change* (New York: Oxford University Press, 1977). 좀 더 균형 잡힌 견해가 Petra Holubová의 다음 결론이다. "17세기와 18세기 뉴 잉 글랜드에서 죽음에 대한 청교도의 태도는 양면적이었고, 영원한 정죄의 가능 성에 대한 공포와 (그로부터의) 구원에 대한 희망 모두를 포함하고 있었다는 것이 다시 강조되어야만 한다"("The Puritan View of Death: Attitudes toward Death and Dying in Puritan New England," unpublished thesis, Prague, 2011, 81).

2) 이제까지는 이 문제에 대한 문헌이 그렇게 많지 않은 상태이다. Cf. David Sceats, "'Precious in the Sight of the Lord...': The Theme of Death in Puritan Pastoral Theology," *Churchman* 95/4 (1981).

3) Randall C. Gleason, *John Calvin and John Owen on Mortification: A Comparative Study in Reformed Spirituality* (New York: Peter Lang, 1995).

4) Sinclair B. Ferguson, *John Owen on the Christian Life* (Edinburgh: Banner of Truth, 1987), 278.

5) Crawford Gribben, *John Owen and English Puritanism: Experiences in Defeat* (New York: Oxford University Press, 2016), 103: "오웬은 그의 저작 가 운데서 그의 자녀들의 죽음을 한 번도 언급한 적이 없다."

6) 오웬의 히브리서 주석으로부터의 인용은 굴드가 편집한 판(the Goold-edition)에서 할 것이다. 이 주석에 대한 좋은 소개로 다음을 보라. John W. Tweeddale, "John Owen's Commentary on Hebrews in Context," in Kelly M. Kapic and Mark Jones (eds.) *The Ashgate Research Companion to John*

Owen's Theology (Surrey: Ashgate, 2012), 49-63.

7) Owen, *Hebrews*, in *Works*, 19:438.

8) Owen, *Hebrews,* in *Works*, 19:437: "1. As to their natural condition, that he did partake of it, he was so to do: 'He also himself did partake of the same.' 2. As to their moral condition, he freed them from it: 'And deliver them.'"

9) Owen, *Hebrews,* in *Works*, 19:438.

10) Owen, *Hebrews,* in *Works*, 19:439.

11) Owen, *Hebrews,* in *Works*, 19:439.

12) Owen, *Hebrews,* in *Works*, 19:439.

13) Owen, *Hebrews,* in *Works*, 19:440: "And all these things concur in the bondage here intended; which is a dejected, troublesome state and condition of mind, arising from the apprehension and fear of death to be inflicted, and their disability in whom it is to avoid it, attended with fruitless desires and vain attempts to be delivered from it, and to escape the evil feared."

14) Owen, *Hebrews,* in *Works*, 19:440.

15) Owen, *Hebrews*, in *Works*, 19:441.

16) Owen, *Hebrews*, in *Works*, 19:441.

17) Owen, *Hebrews*, in *Works*, 19:441.

18) Owen, *Hebrews*, in *Works*, 19:442: "This estate, then, befalls men whether they will or no. And this is so if we take bondage passively, as it affects the soul of the sinner; which the apostle seems to intend by placing it as an effect of the fear of death."

19) Owen, *Hebrews*, in *Works*, 19:446.

20) Owen, *Hebrews*, in *Works*, 22:502.

21) Owen, *Hebrews*, in *Works*, 19:449.

22) Owen, *Hebrews*, in *Works*, 19:449: "All sinners out of Christ are

under the power of Satan. They belong unto that kingdom of death where of he is the prince and ruler."

23) Owen, *Hebrews*, in *Works*, 19:450: "The destruction, then, here intended of 'him that had the power of death,' is the dissolution, evacuation, and removing of that power which he had in and over death, with all the effects and consequences of it."

24) Owen, *Hebrews*, in *Works*, 19:452: "The fear of death being taken away, the bondage that ensues thereon vanisheth also. And these things, as they are done virtually and legally in the death of Christ, so they are actually accomplished in and towards the children, upon the application of the death of Christ unto them, when they do believe."

25) 예를 들어서 그의 『멸망될 마지막 원수인 죽음에 대한 논고』(*A Treatise of Death, the Last Enemy to de Destroyed*)라는 94쪽에 걸친 논의를 보라(*The Practical Works of Richard Baxter*, vol. 17, 510-604).

26) 이 어귀는 1879년에 나온 『성공회 찬송가』(*A Church of England Hymn Book*, 1879) 256장에 나오는 어귀이기도 하다. "죽음에서 생명으로 옮겨졌네. 그런데 죽기를 싫어하네" - "Dead to life, yet loath to die.")

27) Richard Baxter, *A Treatise on Self Denial* (London, 1675).

28) Richard Baxter, *The Practical Works of Richard Baxter*, vol. 3, 420-33.

29) Direction II, in Baxter, Directions for a Peaceful Death.

30) 죽음의 기술에 대한 많은 문헌에 대한 소개로 다음을 보라: Austra Reinis, *Reforming the Art of Dying: The Ars Moriendi in the German Reformation (1519-1528)* (Aldershot: Routledge, 2007), 1-6. See also Luise Schottroff, Die Bereitung zum Sterben- Studien zu den frühen reformatorischen Sterbebüchern, vol. 5 of Refo500 Academic Studies, ed., Herman J. Selderhuis (Göttingen: Vandenhoeck & Ruprecht, 2012).

31) Direction I.

32) Direction II.

33) Direction III.

34) Direction IV.

35) Direction IV.

36) 요 3:16; 행 13:39; 히 8:12; 사 40:11; 갈 5:17; 요 6:37; 눅 17:5; 고후 5:1-6, 8; 빌 1:23; 계 14:13; 고전 15:55; 행 7:59.

37) Direction VI.

38) "But having spoken of this so largely in my Saints' Rest, I must stop here, and refer you thither."(Direction VI).

39) Direction VII.

40) Direction VII.

41) Direction VII: "그들과 함께 함을 원하지 않는가? 그들의 지복이 갈망스럽지 아니한가?"("Is not their company desirable? And their felicity more desirable?")

42) Direction VII: "Though it must be our highest joy to think that we shall dwell with God, and next that we shall see the glory of Christ, Yet is it no small part of my comfort to consider, that I shall follow all those holy persons, whom I once conversed with, that are gone before me."

43) Direction VII: "나는 나 자신의 기쁨과 위로를 위해 이 명단을 제시한다. 내가 하늘에서 어떤 분들과 함께 할 것이지를 아는 것은 기쁨을 준다"("I name these for my own delight and comfort; it being pleasant to me to remember what companions I shall have in the heavenly joys and praises of my Lord.")

44) Direction VIII: "If you say, I fear I have not this earnest of the Spirit; whence then did your desires of holiness arise. what weaned you from the world, and made you place your hopes and happiness above? Whence came your enmity to sin, and opposition to it, and your earnest desires after the glory of God, the prosperity of the gospel, and the good of souls? The very love of holiness and holy persons, and your desires to know God and

perfectly love him, do show that heavenly nature or spirit within you, which is your surest evidence for eternal life: for that spirit was sent from heaven, to draw up your hearts, and fit you for it; and God does not give you such natures, and desires, and preparations in vain."

45) Direction IX: "Look also to the testimony of a holy life."

46) Direction IX.

47) Direction IX: "Seeing therefore the Spirit has given you these evidences, to difference you from the wretched world, and prove your title to eternal life, if you overlook these, you resist your Comforter, and can see no other ground of comfort, than every graceless hypocrite may see."

48) Direction XI.

49) Direction XII.

50) Direction XIII.

51) Direction XIV: "Remember both how vile your body is, and how great an enemy it has proved to your soul; and then you will the more patiently bear its dissolution. It is not your dwelling-house, but your tent or prison, that God is pulling down."

52) Direction XV.

53) "Settle your estates early, that worldly matters may not distract or discompose you."

54) "And if God has endowed you with riches, dispose of a due proportion to such pious or charitable uses, in which they may be most serviceable to him that gave them you."

55) Direction XVIII.

56) © Historical Museum of the Reformation. Exposed at the International Museum of the Reformation (Geneva).

57) Peter Toon, ed., *The Correspondence of John Owen* (Cambridge: James Clarke, 1970), 174: "I am going to him whom my soul hath loved, or rather hath loved me with an everlasting love; which is the whole ground of all my consolation."

| 4장 |

1) William Perkins, *Prophetica, sive de Sacra et unica ratione concionandi tractatis* (Cambridge: Johannis Legate, 1592), A2; Ibid., *The Arte of Prophecying or Treatise concerning the sacred and onely true manner and method of Preaching* (London: Felix Kyngston, 1607), A4.

2) 퍼킨스 저작에 대한 개략적인 설명에 대해서는 다음을 보라. *The Works of William Perkins*, Joel R. Beeke, Derek W.H. Thomas (eds.) (Grand Rapids: Reformation Heritage Books, 2014), vol. I, "Contents of the Ten Volumes…"

3) William Perkins, *A Treatise Tending Vnto a Declaration Whether a Man be in the Estate of Damnation or in the Estate of Grace: And If he be in the First, How he may in Time Come out of it: if in the second, how he maie discerne it, and perseuere in the same to the end. The points that are handled are set downe in the page following* (1590); *Armilla aurea, id est, Miranda series causarum et salutis & damnationis iuxta verbum Dei: Eius synopsin continet annexa tabula* (1590); *A golden chaine, or the description of theologie: containing the order of the causes of saluation and damnation, according to Gods woord. A view of the order wherof, is to be seene in the table annexed* (1591); *The foundation of Christian religion: gathered into sixe principles. And it is to bee learned of ignorant people, that they may be fit to hear sermons with profit, and to receiue the Lords Supper with comfort* (1591); *Prophetica, sive, De sacra et vnica ratione concionandi tractatus* (1592); *A case of conscience : the greatest that euer was; how a man may know whether he be the child of God or no. Resolued by the word of God. Whereunto is added a briefe discourse, taken out of Hier. Zanchius* (1592); *An exposition of the Lords prayer : in the way of catechising seruing for ignorant people* (1592); *Tvvo treatises·: I. Of the nature and practise of repentance. II. Of the combat of the flesh and spirit* (1593); *A direction for the government of the tongue according to Gods word* (1593); *An exposition of the Symbole or Creed of the Apostles: according to the tenour of the Scriptures, and the consent of orthodoxe Fathers*

of the Church (1595).

4) William Chappell (1582-1649), *Methodus concionandi* (London: M.F. sumptibus Timoth. Garthwaite, 1648); *Ibid.*, *The preacher, or the art and method of preaching: shewing the most ample directions and rules for invention, method, expression, and books whereby a minister may be furnished with such helps as may make him a useful laborer in the Lords vineyard* (London: M.F. sumptibus Timoth. Garthwaite, 1648); *Ibid.*, (London: Printed for Edw. Farnham, and are to be sold at his shop in Popes-head Palace neer Corn-hill, 1656). Oliver Bowles, *De pastore evangelico tractatus: in quo universum munus pastorale; tam quoad pastoris vocationem, & praeparationem; quàm ipsius muneris exercitium: accuratè proponitur* (London: Samueleum Gellibrand, 1649), book II De dispensatione verbi pastorali (De Methodo concionandi); *Ibid.*, (London: Sa. Gellibrand, 1655); (London: Sa. Gellibrand, 1659); *Ibid.*, (Geneva: Johannis H. Widerhord, 1667). Other works: John Barecroft, *Ars concionandi: or an instruction to young students in divinity* (London: printed [by E.P.] for Jonas Browne, 1715, 4th edition); Granger, Thomas, b. 1578, *Syntagma logicum. Or, The diuine logike Seruing especially for the vse of diuines in the practice of preaching, and for the further helpe of iudicious hearers, and generally for all.* By Thomas Granger preacher of Gods Word., (London: Printed by William Iones, and are to be sold by Arthur Iohnson, dwelling in Pauls Church-yard at the signe of the white Horse, 1620); and Wilkins, John, 1614-1672, *Ecclesiastes, or, A discourse concerning the gift of preaching as it fals under the rules of art. Shewing the most proper rules and directions, for method, invention, books, expression, whereby a minister may be furnished with such abilities as may make him a workman that needs not to bee ashamed. Very seasonable for these times, wherein the harvest is great, and the skilfull labourers but few. / By John VVilkins. M.A. Ecclesiastes, or, The gift of preaching Ecclesiastes, or, The gift of preaching* (London: Printed by M.F. for Samuel Gellibrand, and are to be sold at the sign of the Brazen Serpent in Pauls Church-yard., 1646). Other editions were published in 1647, 1651, 1653, 1656, 1659, 1675, 1679, 1693,

and 1699.

5) 다비드 니베는 레이든의 목사였다. 그는 설교에 관한 종합적이고 대중적이며 국제적으로 알려진 매뉴얼을 출판하였다. Cf. David Knibbe, *Manuductio ad oratoriam sacram* (Leiden,: J. Luchtmans, 1675; Lausanne: David Gentil, 1682, 3rd edition; Leiden: Jordaan Luchtmans, 1697, 6th edition) of which a summary in Dutch is found in Een Kort Onderwys, *om een Predikatie ordentelijk te hooren en te herhaalen in David Knibbe, De leere der Gereformeerde kerk, volgens de order van de Heydelbergse Katechismus: verklaard, bevestigt, en tot oeffening der Godfaligheyd toegepast ; vermeerderd, verbeeterd, en voor yder Sondag met een ontleedende tafel verrijkt.* (Leiden: Samuel Luchtmans, 1713); Melchior Leydekker, *Analysis Scripturae, et de ejus interpretatione in concionibus, cum methodo concionandi* (Utrecht Meinardi a Dreunen, 1683). 레이데커는 신학생으로 하여금 설교 사역을 잘 감당하도록 실천적으로 훈련시키기 위한 목적으로 본서를 저술하였다. 레이데커는 영국인들, 곧 퍼킨스와 에임스의 방법론에 대해 감사를 표했다. 살로몬 반 틸의 저서는 그가 사망한 후 1727년에 출판되었다. Salomon van Til, *Methodus concionandi juxta praecepta artis hermeneuticae et oratoriae concinnata.* (Dordrecht, 1688), and in niederländisch: *Predikordre, geschikt naar de leerregelen der uitleg en redeneerkunde* (...). (Haarlem 1705); Ibid., *Methodus concionandi: illustrata commentariis et exemplis. Quibus additae sunt Eiusdem auctoris bibliotheca theologica, et aliae dissertat* (Utrecht: Jacob van Poolsum, 1727); 마스트리히트 이전에 출판된 주목할만한 또다른 저서로는 요하네스 마르시우스(Johannes Martinus, 1603-1665)의 다음 저작을 보라. *Praxeos populariter concionandi rudimenta*, and after Mastricht's publication, Friedrich A. Lampe (1683-1729) *Institutionum homileticarum breviarum* ···. *Johannis van der Waeyen, Methodus concionandi. Quam in gratiam studiosæ juventutis* (Franeker: Adrianum Heinsium, 1704).

6) Lucas Trelcatius Jr., *Ecclesiastes sive Methodus & ratio formandi sacras Conciones, Opuscula Theologica Omnia* (Leiden 1614), 392-428. Cf. Brienen, *De eerste Nederlandse Homiltiek*, 16-18; Chr. Sepp, *Het Godgeleerd Onderwijs in Nederland, gedurende de 16e en 17e eeuw* (Leiden: De Breuk

en Smits, 1873), I:100; Willem Teelinck, *Den Spieghel der Zedicheyt* (Hans vander Hellen, voor Geeraert vande Vivere, 1620); Antonius Walaeus, *Methodus formandarum concionum rationem tradens...Opera Omnia.* Johannes Martinus, *Praxeos populiter concionandi rudementa*; David Knibbe, *Manuductio in oratoriam sacram*; Friedrich A. Lampe, *Institutionum homileticarum breviarum.* 여기에서 브리에넨 역시 윌리엄 에임스의 설교에 관한 생각을 논의한다. (Medulla and De Conscientia).

7) Samuel Maresius, *Systhema theologiae* (Groningen: Franciscus Bronchorst, 1645), 615-623, Brevis Methodus Sacrarum Concionus ad populum habendarum, per aphorismos digesta. Exordium (615), narratio (616), distributio (617), confirmatio (conclusio tum doctrinales tum morales, 618), refutation (rephrehensiones, 619), and conclusion (619-620). 마레시우스는 설교론에 관한 자신의 짧은 논문을 시작하면서, 설교학의 또 다른 핸드북에 해당하는 길욤 뷰케너스의 다음 저작을 언급한다. Gulielmus Bucanus (1603†), Ecclesiastes: seu de formandis sacris concionibus, in duos tractatus tributus (1602); Johannes Martinus, Praxeos populariter concionandi rudimenta, quæ exhibent præcepta, imprimis de modo analysin, observationes & applicationes genuinè (Groningen: Franciscus Bronchorstius, 1657).

8) Mastricht, *Theoretico-practica theologia,* 1225, "eque enim mea methodus est; sed quam, non modo viri magni: Perkinsus, Amesius in *Medulla,* Oliv. Boules, Gulielmus Saldenus in nitidissimo suo Ecclesiaste, & imprimis Celeb. Hoornbekius..." 또한 다음 저작을 보라. Petrus van Mastricht, *Optima Concionandi Methodo παραλειπόμενα In usum Theologiae Theoretico-Practicae Qua Duabus Disputationibus* (Utrecht: Meinardi à Dreunen, 1681).

9) William Ames, *Medulla S. S. Theologiæ* (Amsterdam: J. Janssonium, 1634), 163, xxxv "De Ministris ordinariis et eorum officio in concionano"; Oliver Bowles'*De Pastore Evangelico Tractatus* (London: Samuel Gellibrand, 1649); Guilielmus Saldenus, *Concionator sacer, sive de concionibus ecclesiasticis* (The Hague: Willem Eyckmans, 1678); Johannes Hoornbeeck,

De Ratione Concionandi.

10) Joseph Pipa, "William Perkins and the Development of Puritan Preaching" (PhD diss., Westminster Theological Seminary, 1985).

11) Perkins, *Prophectica* (1602), A4. Cf. Perkins, *The Arte of Prophecying*, 148. The quoted text is absent in William Perkins, The Art of Prophesying (Edinburgh: The Banner of Truth Trust, 1996).

12) Aurelius Augustinus, *De doctrina christiana, libri IV* (for example, Lipsia / Leipzig, 1520): Note, Book I-III published in 397, and Book IV in 426; Niels Hemmingsen, *The preacher, or Methode of preaching* (London: Thomas Marine,1574); Ibid., *De methodis libri duo* (Wittenberg: J. Crato, 1559) II: *Ecclesiastes sive Methodus Concionatoria;* Andreas Hyperius, *De formandis concionibus sacris, seu de interpretatione scriptuarum populari* (Marburgi: Colbius, 1553); Ibid., *Topica theologica* (Wittenberg: Seitz, Peter d.J., 1565 [1561 = 1st edition]); Desiderius Erasmus, *Ecclesiastae Sive De Ratione Concionandi* (Basel, 1536); Matthias Flacius Illyricus, *Clavis Scripturae S. seu de sermone sacrarum literarum*, Vol. I, II (Basel, Joannem Oporinum, 1567); Johann Wigand, *Syntagma seu corpus doctrinae veri & omnipotentis dei: ex veteri testamento tantum, methodica ratione, singulari studio, fide & diligentia collectum, dispositum & concinnatum* (Oporinus & Hervagius, 1564); Jacobus Matthias = *Doctrina De Concionandi Ratione, Et Cavssis Eloqventiae: Seu potius Ratio Discendi, Docendique in Scholis & Ecclesiis: Pvblice Praelecta In Academia Hafniensi, in Dania* (Basel: Henricpetrus 1589) or Jacob Madsen (1538-1586, Lutheran), *Doctrina De Ratione Docendi, Discendiqve Artes Et Disciplinas* (Basileae, 1590).

13) 상기한 저작들은 "평이한 스타일"에 기여했을 수 있다. Cf. Pipa, "William Perkins and the Development of Puritan Preaching," 127-132.

14) David M. Barbee, "A Reformed Catholike: William Perkins's Use of the Church Fathers" (PhD diss., Philadelphia: University of Pennsylvania, 2013).

15) Perkins, *Prophectica* (1602), 5. Cf. Perkins, *The Arte of Prophecying,*

[iii].

16) Richard Leo Enos, Roger Thompson (eds.), *The Rhetoric of St. Augustinus of Hippo. De Doctrina Christina & the Search for a Distinctly Christian Rhetoric* (Waco: Baylor University Press, 2008); W. J. Vashon Baker and Cyril Bickersteth, translated with three introductory essays, *Preaching and teaching according to S. Augustinus: being a new translation of his De doctrina Christiana, book IV, and De rudibus catechizandis* (London: A.R. Mowbray, 1907); Ken Simpson, "Rhetoric and Revelation: Milton's Use of Sermo in 'De Doctrina Christiana,'" Studies in Philology, 96 no. 3, (Summer 1999): 334-47; Andrew James, "Why Theological Hermeneutics Needs Rhetoric: Augustinus's *De doctrina Christiana*," *International Journal of Systematic Theology* (Apr. 2010), Vol. 12 Issue 2, 184-200; John D. Schaeffer, The dialectic of orality and literacy: The case of book 4 of Augustinus's De doctrina Christiana," *Publications of the Modern Language Association of America* 111.5 (Oct. 1996): 1133-45.

17) John W. O'Malley, S.J, "Erasmus and the History of Sacred Rhetoric: *The Ecclesiastes of 1535*," *Erasmus of Rotterdam Society Yearbook Five* (1985):4.

18) Harry Caplan, "Classical Rhetoric and the Mediaeval Theory of Preaching." *Classical Philology* 28, no. 2 (1933): 73-96; Ibid., *Mediaeval artes praedicandi* (Ithaca, N.Y., Cornell University Press, 1934); T.M. Charland, *Artes praedicandi: Contribution à l'histoire de la rhétorique au moyen âge* (Paris: J.Vrin, 1936); Thomas L. Amos, Eugene A. Green, Beverly Mayne Kienzle (Eds.), *De Ore Domini: Preacher and Word in the Middle Ages* (Kalamazoo, Mich.: Medieval Institute Publications, 1989); Marianne G. Briscoe, *Artes praedicandi* (Turnhout: Brepols, 1992); Jacqueline Hamesse, Xavier Hermand (eds.), *De l'homélie au sermon: histoire de la prédication médiévale* (Louvain-la-Neuve: Institut d'études médiévales de l'Université catholique de Louvain, 1993); Alan of Lille, *The Art of Preaching*, trans. Gillian R. Evans (Kalamazoo, 1981), 18-19. "Praedicatio enim in se, non debet habere verba scurrilia, vel puerilia, vel rhythmorum melodias et

consonantias metrorum, que potius fiunt ad aures demulcendas, quam ad animum instruendum, quae praedicatio theatralis est et mimica et omnifarie contemnenda . . . praedicatio enim non debet splendere phaleris verborum, purpuramentis colorum," Summa de arte praedicatoria (PL 210:111-98, at col. 112). In his *Summa de arte prædicatoriâ* he defines preaching, as "Manifesta et publica instructio morum et fidei, informationi hominum deserviens, ex rationum semitâ et auctoritatum fonte proveniens." Furthermore, his emphasis on the explanation and use of Scripture, together with the insertion of verba commotiva, should not be overlooked.

19) 중세의 스콜라주의와 설교학에 대해서는 다음의 예를 보라. Harry C. Hazel, Jr., "The Bonaventuran 'Ars concionandi,'" *Western Speech* 36.4 (1972): 241-250.

20) John W. O'Malley, S.J, "Erasmus and the History of Sacred Rhetoric: The Ecclesiastes of 1535," 5.

21) Siegfried Wenzel, *Medieval 'Artes Praedicandi': A Synthesis of Scholastic Sermon Structure* (Toronto: University of Toronto Press, 2015); Francis P. Kilcoyne, and Margaret Jennings. "Rethinking "Continuity": Erasmus's "Ecclesiastes" and the "Artes Praedicandi"" *Renaissance and Reformation/Renaissance et Réforme* 21, no. 4 (1997): 5.

22) Amy N. Burnett, "How to Preach a Protestant Sermon: A Comparison of Lutheran and Reformed Homiletics," Theologische Zeitschrift 63.2 (2007): 109-119. See footnote 5. Virginia Cox, John O. Ward (eds.), The Rhetoric of Cicero in its Medieval and Renaissance Commentary Tradition (Leiden, Boston: Brill, 2006).

23) Encyclopedia of the Early Modern World, Gale Encyclopedia of the Early Modern World, "Preaching and Sermons."

24) Amy N. Burnett, "How to Preach a Protestant Sermon: A Comparison of Lutheran and Reformed Homiletics," *Theologische Zeitschrift* 2007 no. 63.2, 109-119. See footnote 5. For a comprehensive assessment of Erasmus's Ecclesiastes see John W. O'Malley, S.J, "Erasmus and the History of

Sacred Rhetoric: The Ecclesiastes of 1535." Note, the work of Reuchlin preceded Erasmus's work, Johannes Reuchlin, *Liber Congestorum De Arte Praedicandi* (Pforzheim, 1508); G. R. Evans, "The Ars Praedicandi of Johannes Reuchlin (1455-1522)," Rhetorica: A Journal of the History of Rhetoric, Vol. 3, No. 2 (Spring 1985), 99-104); *The Catholic Encyclopedia*, Charles G. Herbermann et al (eds.) (New York: Robert Appleton Co., 1910), VII: 445-6.

25) Diego Valadés, *Rhetorica christiana: ad concionandi et orandi vsvm accommodata, vtrivsq facvltatis exemplis svo loco insertis; qvae qvidem ex Indorvm maximè deprompta svnt historiis. Vnde praeter doctrinam, svma qvoqve delectatio comparabitvr (Perugia: Petrumiacobum Petrutium, 1579); Luis de Granada, Ecclesiasticae rhetoricae, sivè, de ratione concionandi* (Colongne: Birckmannica, 1582), 139-174; Juan de Jesús Maria, *Ars Concionandi Compendio Scripta* (Cologne: Joanne, Crithium, 1610); Diego Pérez de Valdivia, *De sacra ratione concionandi* (Barcelona: Petru Mail, 1588); Diego de Estella, *De modo concionandi liber* (Cologne: Arnold Mylij, 1586), 1-80; Agostino Valiero, *De rhetorica ecclesiastica, sive de modo concionandi, libri tres. Unà cum tribus praelectionibus eiusdem, & pulcherrima ecclesiasticae huius rhetoricae synopsi* (Cologne: Gervinum Calenium, & haeredes Quentelios, 1575).

26) Luis de Granada, *Ecclesiasticae rhetoricae, sivè, de ratione concionandi* (Colongne: Birckmannica, 1582), 140, "Sunt igitur plenissimae atq; perfectae orationis sex partes...De Exordium I...(141) De Narratione II... (147) De propositione & partione III...(148) DE confirmatione & confutatione IIII... (149) De Conclusione seu peroratione VI..."

27) *On the Making of Sacred Discourses. Andreas Hyperius Topica Theologica.*

28) T. Brienen, *De Prediking van de Nadere Reformatie* (Amsterdam: Uitgeverij Ton Bolland, 1981).

29) Cf. P. Biesterveld, *Andreas Hyperius voornamelijk als Homileet*

(Kampen: G. Ph. Zalsman, 1895), 35.

30) T. Brienen, *De Prediking van de Nadere Reformatie* (Amsterdam: Uitgeverij Ton Bolland, 1981), 167. [역자 주] 히페리우스의 원작(*De formandis concionibus sacris*, 1553)에 따라 인용문의 라틴어 표기를 교정하였다.

31) Translated into English as *The Practise of Preaching* (1577), and *A Speciall Treatise of Gods Providence* (c. 1588); *The practis of preaching, otherwise called The pathway to the pulpet: conteyning an excellent method how to frame diuine sermons, & to interpret the holy Scriptures according to the capacitie of the vulgar people.* / First written in Latin by the learned pastor of Christes Church, Andreas Hyperius: and now lately (to the profit of the same church) Englished by Iohn Ludham, vicar of Wethersfield. 1577. *Of framing of divine sermons. Populer interpretation of the Scriptures* (London: by Thomas East., 1577).

32) Perkins, *Prophetica*, 4-5, "Prædicationis objectum adæquatum est verbum Dei...verbum est in sacra Scriptura."

33) Perkins, *Prophetica*, 21-22, "Apparatus concionis & Promulgatio... Grammatica, & Rhetorica, & Logica Analysis." Ibid., 65

34) Perkins, *Prophetica*, 56. A discussion of the use of ellipse, pleonasm, trope, repetition, concession,

35) Perkins, *Prophetica*, 110, De reminscientia in concionando "Quià receptum est, vt me | moritèr coram populo dicant Concionatores, de Reminiscentia hîc a | liquid attexendum."

36) Perkins, *Prophetica*, 112-123.

37) Shuger, *Sacred Rhetoric*, 69.

38) Shuger, *Sacred Rhetoric*, 71.

39) Wilhelmus Zepperus, *Ars habendi et audiendi conciones sacras* (Siegen: Christoph Rab, 1598); Bartholomaeus Keckermann, *Rhetoricæ ecclesiaticæ sive artis formandi et habendiconciones sacras* (Hannover;

Antionia, 1606; Johann Heinrich Alsted, *Theologia Prophetica* (Hanover: Eifrid, 1622). Debora K. Shuger, *Sacred Rhetoric: The Christian Grand Style in the English Renaissance* (Princeton, NJ: Princeton University Press, 1988).

40) Debora K. Shuger, *Sacred Rhetoric: The Christian Grand Style in the English Renaissance* (Princeton, NJ: Princeton University Press, 1988), 89. On page 115 Shuger shows the wide availability of continental works in English libraries.

41) Cf. Shuger, *Sacred Rhetoric*, 69.

42) *The Art of Prophesying*, 2, and 145.

43) *The Art of Prophesying*, 146-147.

44) *The Art of Prophesying*, 4-20.

45) *The Art of Prophesying* 25-26.

46) *The Art of Prophesying*, 26.

47) *The Art of Prophesying*, 27.

48) *The Art of Prophesying*, 28.

49) *The Art of Prophesying*, 34-35.

50) *The Art of Prophesying*, 92-94, and 99.

51) *The Art of Prophesying*, 102-103.

52) *The Art of Prophesying*, 105.

53) *The Art of Prophesying*, 106.

54) *The Art of Prophesying*, 109.

55) *The Art of Prophesying*, 110.

56) Martyn McGeown, "The Notion of Preparatory Grace in the Puritans, *Protestant Reformed Theological Journal* (Retrieved 10 February 2013). See also, Norman Pettit, *The Heart Prepared: Grace and Conversion in Puritan Spiritual Life* (New Haven and London: Yale University Press, 1966),

3; Young Jae Timothy Song, *Theology and Piety in the Reformed Thought of William Perkins and John Preston* (Lewiston, NY: The Edwin Mellen Press, 1998), 132.

57) Michael J. McClymond, "Theology of Revival," *The Encyclopedia Of Christianity* (Grand Rapids: William B. Eerdmans Publishers, 2008) 5:434.

58) *The Confession of Faith, and the Larger and Shorter Catechisme: first agreed upon by the Assembly of Divines at Westminster···* (Edinburgh, London for the company of Stationers, 1651), 24, Ix.3.

59) *The Art of Prophesying*, 111.

60) *The Art of Prophesying*, 115.

61) *The Art of Prophesying*, 120.

62) *The Art of Prophesying*, 124.

63) Perkins, A Golden Chain, Chap. I Of the bodie of Scripture and Theology, A3.

64) William Perkins, *How to liue, and that well in all estates and times, specially when helps and comforts faile.* ([Cambridge, England]: Iohn Legat, printer to the Vniuersitie of Cambridge, and are to be sold at the Crowne in Pauls Churchyard by Simon Waterson, 1601).

65) Petrus Ramus, *Commentariorum De Religione Christiana* (Frankfurt: A. Welchem, 1576), Cap. I Quid Theologia sit, 6.

66) Cf. See Aristotle's *Ethics*, https://plato.stanford.edu/entries/aristotle-ethics/ (accessed Sept. 30, 2018), "Aristotle thinks everyone will agree that the terms "eudaimonia" ("happiness") and "eu zên" ("living well") designate such an end. The Greek term "eudaimon" is composed of two parts: "eu" means "well" and "daimon" means "divinity" or "spirit". To be eudaimon is therefore to be living in a way that is well-favored by a god."

67) William Ames, *Medulla S.S. Theologiae* (1627), Cap. I De Theologiae definitione vel natura, 1; Ibid., *Marrow of Sacred Divinity* (1642), Chap. I Of the Definition, or Nature of Divinity, 1.

68) Mastricht, *Theoretico-practica theologia*, Cap. I.iii *De Definitione Theologiae*, 12, "Theologia ista Christiana, theoretico-practica, non est, nisi doctrina vivendi Deo per Christum."

69) Jonathan Edwards, *Practical Sermons, never before published* (Edinburgh: M. Gray, 1788),5. The words in italic are in the printed text.

70) *The Art of Prophesying*, 124.

71) *The Art of Prophesying*, 135, 136.

72) *The Art of Prophesying*, 143.

73) William Perkins, *Prophetica, dat is, Een heerlijck tractaet van de heylighe ende eenighe maniere van prediken ...* (Amsterdam: Jan Evertsz. Cloppenburch, 1609).

74) For a re-write, see William Perkins, *The Art of Prophesying* (Edinburgh: The Banner of Truth Trust, 1996). For translations see, for example, William Perkins, El *Arte de Profetizar. Una Guia de Homeletica Puritana*, Anderson Caviedes (transl.) (Ibagué, Colombia, n.d).

75) Perkins, The Art of Prophesying (Banner of Truth edition), [3].

76) Cf. https://banneroftruth.org/us/resources/articles/2017/williams-perkins-conference/ Lecture J. Stephen Yuille (Accessed September 30, 2018).

5장

1) Matthew Poole, *Quo warranto, or, A moderate enquiry into the warrantablenesse of the preaching of gifted and unordained persons where also some other questions are discussed: viz. concerning [brace] ministerial relation, election, ordination: being a vindication of the late Jus divinum ministerii evangelie,* (1658).

2) Thomas Harley, *Matthew Poole: His Life, His Times, His Contributions Along with His Argument Against The Infallibility of the Roman Catholic Church* (New York: iUniverse, 2009), 87; *WJE* 24:60-61. *The Works of Jonathan Edwards* (New Haven, London: Yale University Press, 1957—). Cited as WJE vol. no: page no.

3) Matthew Poole, *Mr. Matthew Pool, author of that elaborate work, Sinopsis critticorum: his late sayings a little before his death, concerning the material points of the popish party, charged against the Protestants, wherein the desperate tenets of popish Jesuitical principles are detected and sollidly censured: for the settlement of all real professors, and practical opposers of those demnable delusions, in a few words to the wise: he dyed the 12th of this instant stilo nova, at Amsterdam* ([London]: Printed for P. Brooksby, [1679]).

4) Poole, *Synopsis*, præfatio, (VII), "æquissimim est eos gratà mente recolam qui vel consiliis, vel sumptibus, vel aliis modis, mihi adjumento suerent. Primò autem honoris gratiâ nominandi sunt Reverendi illi & doctissimi Theologi, nostrates atque exteri…Professores autem Exteri; Abrahamus Heydanus, S.T.P. Senior Lugd., Johannes Coccejus, S.T.P & p.t. Academiæ Lugd. Rector, Gisbertus Voetius, S.T.P., Andreas Essenius, S.T.P., Fran. Burmannus, S.T.P.} Ultraject."

5) Matthew Poole, *Annotations upon the Holy Bible: wherein the sacred text is inserted, and various readings annex'd, together with parallel scriptures,*

the more difficult terms in each verse are explained, seeming contradictions reconciled, questions and doubts resolved, and the whole text opened (London: Printed by John Richardson, 1683-85), 2 vols. At his death, Poole had completed this work up to Isaiah 58:1-14. "The remainder [of the Annotations, after Poole's death] was supplied by several other persons, viz. Mr Jackson, Dr Collins, Mr Hurst, Mr Cooper, Mr Vinke, Mr Mayo, Mr Veal, Mr Adams, Mr Barker, Mr Ob. Hughes, and Mr Howe." Lives of Eminent and Illustrious Englishmen, from Alfred the Great to the Latest Times, on an Original Plan, George Cunningham (ed.), 3:175,

6) Muller distinguishes the Post-reformation Reformed era in (1) early orthodoxy (ca. 1565-1618-1640), (2) high orthodoxy (ca 1640-1685-1725), and (3) late orthodoxy (after 1725-), Richard A. Muller, *Post-Reformation Reformed Dogmatics. The Rise and Development of Reformed Orthodoxy, ca. 1520 to ca. 1725* (Grand Rapids: Baker Academic, 2003), I:30-32.

7) This is also true for Edwards studies, Stein and Kimnach excepted.

8) Richard A. Muller, "Biblical Interpretation in the Sixteenth and Seventeenth Centuries," Donald K. McKim (ed.), *Dictionary of Major Biblical Interpreters* (Downers Grove: IVP Academic / Nottingham: Inter-Varsity Press, 2007), 31.

9) Poole, *Synopsis*, I:2.61,3: 62,4.43, 7.25, 14.3-5, 23.37, 26.38,29.46, 30.72,34.46.

10) Muller, "Biblical Interpretation in the Sixteenth and Seventeenth Centuries," 35.

11) On sixteenth-century Protestant exegesis see, David C. Steinmetz (ed.), *The Bible in the Sixteenth Century* (Durham, London: Duke University Press, 1990); Donald K. McKim (ed.), *Calvin and the Bible* (Cambridge: Cambridge University Press, 2006); Richard A. Muller and John L. Thompson, eds., *Biblical Interpretation in the Era of the Reformation, Essays Presented to David C. Steinmetz in Honor of His Sixtieth Birthday* (Grand Rapids: William B. Eerdmans Publishing Company, 1996); I. D. Backus and

F. M Higman, *Théorie et practique de l'exégèse: Actes du troisieme Colloqui international sur l'histoire de l'exégèse biblique au XVI e siècle* (Geneve: Droz, 1990); Gerald Bray, *Biblical Interpretation Past & Present* (Downers Grove: Intervarsity Press, 1996). For Calvin studies in particular see H. Henry Meeter Center, *The John Calvin Bibliography*, http://www.calvin.edu/meeter/publications/calvin-bibliography.htm (accessed January 18, 2011). On seventeenth-century Reformed Protestant biblical interpretation see Muller, "Biblical Interpretation in the Sixteenth and Seventeenth Centuries," 123-152; W. Perkins, A Commentary on Galatians, G. T. Sheppard (ed.) with introductory essays by B. S. Child, G. T. Sheppard, and J. H. Augustine, Pilgrim Classic Commentaries (New York: Pilgrim, 1989), vol. II; David C. Steinmetz, "The Superiority of Pre-Critical Exegesis," *Theology Today* 37 (1980): 27–38, reprinted in Donald K. McKim, ed., *A Guide to Contemporary Hermeneutics* (Grand Rapids: Wm. Eerdmans, 1986), 65–77; Henry M. Knapp, "Understanding the Mind of God: John Owen and Seventeenth-Century Exegetical Methodology" (Ph.D. diss., Calvin Theological Seminary, 2002); Brian Lee, "J. Cocceius's Exegesis of the Epistle of the Hebrews" (Ph.D. diss., Calvin Theological Seminary, 2002); and Adriaan C. Neele, *Petrus van Mastricht (1630-1706). Reformed Orthodoxy: Method and Piety* (Leiden, Boston: Brill, 2009), 141-170.

12) L. Berkhof, *Principles of Biblical Interpretation* (Grand Rapids: Baker Books, 1950), 29, "exegesis became the handmaid of dogmatics and degenerated into a mere search of proof-texts;" K. O'Dell Bullock, "Post-Reformation Protestant Hermeneutics," *Biblical Hermeneutics: A Comprehensive Introduction to Interpreting Scripture*, ed. Bruce Corley, Steve Lemke, Grant Lovejoy, 2d ed. (Nashville: Broadman & Holman Publishers, 2002), 129, "the [post-Reformation] Scholastics often superimposed their own sets of rationalistic guidelines upon its [the text of Holy Writ] pages, with the result that the simple message was often lost in the search for methodological and doctrinal correctness;" C. Graafland, "Schriftleer en Schriftverstaan in de Nadere Reformatie," *Theologische aspecten van de*

Nadere Reformatie, ed. T. Brienen et al. (Zoetermeer: Boekencentrum, 1993), 35: "We krijgen niet zelden de indruk, dat de leer al lang vastaat, en dat ze alleen nog maar achteraf uit de Schrift moet worden bevestigd. Dat secundaire karakter van het Schrifbewijs is bij Voetius opvallend;" Greijdanus argued that the development of exegesis in the period 1600–1750 was further hindered by the strong adherence to the confessions, S. Greijdanus, *Schrifbeginselen ter Schrifverklaring en Historisch overzicht over theorieën en wijzen van Schriftuitleggingen* (Kampen: Kok, 1946), 193.

13) Augustin Calmet, *Commentaire littéral sur tous les livres de l'Ancien et du Nouveau Testament* (Paris: Emery, Saugrain, Pierre Martin, 1707).

14) See for bibliographical information, Michael E. Moody, "Ainsworth, Henry (1569–1622)" *Oxford Dictionary of National Biography*, (Oxford University Press, 2004) [http://www.oxforddnb.com/view/article/240, accessed January 21, 2011].

15) G. Schrenk, *Gottesreich und Bund im Älteren Protestantismus vornehmlich bei Johannes Coccejus* (1923, reprint Darmstadt: Wissenschaftliche Buchgesellschaft, 1967); W. J. van Asselt, *The Federal Theology of Johannes Coccejus* (Leiden-New York: Brill, 2001); Ibid., *Coccejus*, [Serie Inleidingen met Kernteksten] (Kampen: De Groot Goudriaan, 2008); Ibid., "Hoop op betere tijden. Spirituele dimensies in de theologie van Johannes Coccejus (1603-1669)" H.J Lam, P.J. Vergunst en L. Wüllschleger (red.), Kerk rond het heilgeheim. Opstellen aangeboden aan prof. dr. A. de Reuver, Boekencentrum/Zoetermeer 2007, 64-79; Ibid., "Christus Sponsor. Een bijdrage tot de geschiedenis van het coccejanisme", Kerk en Theologie 53 (2002); Ibid., "Coccejus antischolasticus? Johannes Coccejus en de scholastieke traditie", *Theologia Reformata* 44 (2001) 31-48; Ibid., "Structural Elements in the Eschatology of Johannes Coccejus", *Calvin Theological Journal* 35 (1999) 76-104; Ibid., Amicitia Dei as Ultimate Reality: An Outline of the Covenant Theology of Johannes Coccejus (1603-1669)", Ultimate Reality and Meaning. *Interdisciplinary Studies in the Philosophy of Understanding* 21 (1998) 35-47; Ibid., "Ultimum tempus nobis imminet.

Eschatologische structuren van de theologie van Johannes Coccejus", *Nederlands Archief voor Kerkgeschiedenis/ Dutch Review of Church History* 76 (1996) 189-226; Ibid., Amicitia Dei. Een onderzoek naar de structuur van de theologie van Johannes Coccejus (1603-1669), Ede 1988.

16) Peter Korteweg, *De Nieuwtestamentische commentaren van Johannes Drusius (1550-1616)* (Melissant, 2006).

17) Robert M.M. Gerth, "The Interpretation of Genesis 6:6—And the Lord Repented—in Early Rabbinic and Patristic Tradition" (Cincinnati: Ph.D. thesis, Hebrew Union College, 2002); W. J. van Asselt, "Hebraica Veritas: zeventiende-eeuwse motieven voor de bestudering van het Hebreeuws door predikanten," *Kerk en Theologie* 46 (1995): 309–324; P. T. van Rooden, *Theology, Biblical Scholarship and Rabbinical Studies in the Seventeenth Century: Constantijn L'Empereur (1591–1648) Professor of Hebrew and theology at Leiden* (Leiden: E. J. Brill, 1989).

18) Thomas Plassmann, "Nicholas of Lyra," *The Catholic Encyclopedia*, Vol. 11 (New York: Robert Appleton Company, 1911), http://www. newadvent.org/cathen/11063a.htm (accessed January 14, 2011); *Nicholas of Lyra: the senses of Scripture*, Philip D.W. Krey and Lesley Smith (eds.) (Leiden; Boston: Brill, 2000).

19) The following is a review of Genesis 1-5. Poole, *Synopsis*, I: 2.65, "K. &AE. in F.A."; Ibid., 3.75, "K. in F."; 4.3, "Onk. in F."; Ibid., 8.26, "R.S. in F."; Ibid., 18.53, "K. in F., AE. in D."; Ibid., 19.10, "AE. in F."; Ibid., 19.48, "AE in F."; Ibid., 26.12, "R.S. in F."; Ibid., 26.53, "AE. in F."; Ibid., 27.48, "K. in F."; Ibid., 28.75, "R.S. in F."; Ibid., 29.23, "K. & alii in F."; Ibid., 30.28, "AE. in F.," 57, "R.S. in F. A.; Ibid., 33.26, "K. aliiq. He in F.," 44, "K. in F."; Ibid., 35.1, "He. in F."; 45.9, "AE. & K. in Helv"; Ibid., 46.48, "F. ex. K."; Ibid., 47.3, "F. ex. AE.," 53, "Di. ex. R.S.," 70, "AE. in F."; Ibid., 50.24, "K. in F."; Ibid., 52.35, "R. Juda in D."; Ibid., 53.46, "RR. in A."; Ibid., 57.23, "Onk. in F"; Ibid., 58.39, "AE. in F. M."; Ibid., 60.71, F ex. K."; Ibid., 65.67, "R.S. in D."; Ibid., 66.26, "AE. in Mu." This observation differs with Clyde A. Holbrook, *WJE* 3:84, "Poole delved

into Rabbinic and Roman Catholic sources as well as relatively obscure commentators," and Stephen J. Stein, *WJE* 5:59-60, "[Poole] incorporated studies by English Protestants, continental scholars, Roman Catholic commentators, and Jewish rabbis."

20) Poole, *Synopsis*, I, A3, "Commentaria in Sacrum Codicem apud Illustres multos Authores late dissusa cum delectu colligere, & modicis voluminibus concludre, institui."

21) Ibid., I, A4, "Porrò, cùm multi Theologiæ candidati destituantur vel notitiâ quâ optimos INterpretes dignoscant, vel judicio quo seligant, vel censu quo emant, vel tempore, sive animo, quo illos diligenter ac fructuosà legant."

22) Matthew Poole, A model for the maintaining of students of choice abilities at the university, and principally in order to the ministry: together with a preface before it, and after it a recommendation from the university, and two serious exhortations recommended unto all the unfeigned lovers of piety and learning, and more particularly to those rich men who desire to honour the Lord with their substance (1658). Cf. Harley, 39.

23) Poole, *Synopsis*, I, præfatio (I), "[…] si quis par negotio melioris notae Interpretes (cum Criticos, qui verba & phrases ac idiotismos sagaciùs indagant, tum alios, qui materias ac senses Scripturae enucleatiùs tractant)."

24) Ibid., præfatio (III), "verba & phrases enucleant (in quibus præcipuè versatur Synopsis)."

25) Ibid., præfatio (I),"in compendium redacta, congruâ methodo digereret, additis insuper, ubi opus esset, ad supplendas ipsorum lacunas, doctis variorum Sacra Textû locorum Interpretationibus."

26) *Critici sacri, sive, Doctissimorum vivorum in ss. Biblia annotationes, & tractatus: opus summâ curâ recognitum, & in novem tomos divisum, quid in hoc opere præstitum sit præfatio ad lectorem ostendit*, John Pearson, Anthony Scattergood, Francis Gouldman (eds.) (London: Jacobus Flesher, 1660), 9

vols. v. 1. Annotatores in pentateuchum; v. 2. Annotata ad libros historicos Veteris Testamenti, sive, Criticorum sacrorum; v. 3. Annotata ad libros hagiographos, sive, Criticorum sacrorum; v. 4. Annotata ad libros propheticos Veteris Testamenti, sive, Criticorum sacrorum; v. 5. Annotata ad libros apocryphos item Joannis Prici annotata ad nonnullos Novi Testamenti libros, & ad librum Psalmorum, sive, Criticorum sacrorum; v. 6. Annotata ad ss. Euangelia, sive, Criticorum sacrorum; v. 7. Annotata ad Actus Apostolicos, epistolas & apocalypsin, sive, Criticorum sacrorum; v. 8. Tractatuum Biblicorum volumen prius, sive, Criticorum sacrorum; v. 9. Tractatuum Biblicorum volumen posterius, sive, Criticorum sacrorum. See also *WJE* 5:60.

27) Poole, *Synopsis* I, præfatio (II),"Hi autem sunt Libri &Authores ex quibus præcipuè hanc Synopsin composui. 1. Novem Criticorum in S. Scripturam Interpretim, nuper Londini excusorum...2. Biblia Maxima novendecim voluminibus distincta, Parisiis An.D. 1660. Edita, concinnante Joanne de la Haye...3. Commentaria in S. Scripturam à Genesi ad Ezechielem Thomæ Malvendæ...4. Francisci Junii Scholalia...[præfatio (III)] 5. Joannis Piscatoris Scholia Critica...6. Joannis Marianæ Scholia...7. Lucæ Osiandri Explicationes...8. Corn. à Lapide...9. Tostati ingentia volumina...." In the Advertisement concerning the Fourth and Last Part of Mr. Poole's *Synopsis* Poole mentions the sources used for the New Testament commentary, that include, besides those mentioned in the Catalogus Auctorum, Valla, Revius, Erasmus, Zegurus, Camero. Cf. Matthew Poole, *An advertisement concerning the fourth and last part of Mr. Poole's Synopsis criticorum aliorumque S. Scripturæ Interpretum* (London: s.n., 1676]). See for the biographical information, Thomas Plassmann,. "Jean de La Haye." *The Catholic Encyclopedia*, vol. 8; Ewan Macpherson, "Thomas Malvenda," *The Catholic Encyclopedia*, vol. 9; Michael Plathow, "Junius Franciscus" *Biographisch-Bibliographische Kirchenlexikon* (T. Bautz, Hamm, 1992), vol. 3, 885-886; Friedrich W. Cuno "Piscator, Johannes," *Allgemeine Deutsche Biographie* (Duncker, Humblot: Leipzig 1888), vol. 26, 180-181; Theodor

Schott, "Osiander, Lucas (Professor der Theologie in Tübingen)," *Allgemeine Deutsche Biographie* (1886), vol. 24, 495–496; John P. van Kasteren, "Cornelius Cornelii a Lapide," *The Catholic Encyclopedia*, vol. 4. Florentine Bechtel, "Alonso Tostado," *The Catholic Encyclopedia*, vol. 14.

28) Andreas Rivetus, *Commentarii in librum secundum Mosis, qui Exodus apud Graecos inscribitur: in quibus praeter scholia, analysim, explicationem et observationes doctrinarum ... variae quaestiones theoreticae et practicae discutiuntur et solvuntur* (Leiden: Franciscum Hegerum, 1634).

29) Johannes Drusius, *Historia Ruth. Ex Ebræo Latinè conversa, & commentario explicata. Ejusdem historiæ tralatio Graeca ad exemplar Complutense, & notæ in eandem* (Amsterdami: Joannem Janssonium, 1632).

30) Poole could mean the *London Polyglot Bible, Biblia sacra polyglotta, complectentia textus originales, Hebraicum, cum Pentateucho Samaritano, Chaldaicum, Graecum, Arabicae, Aethiopicae, Persicae* (London: Thomas Roycroft, 1657), the *Paris Polyglot Bible* (1645) or *Antwerp Polyglot*. See also Edwards copy of the *Antwerp Polyglot, WJE* 5:9; Ibid., 24:598 and *WJE* 26:95.

31) Poole, *Synopsis*, I:32.53; I:80.26, I:215.17, I:231.63, I:321.21 (Calv. in Riv.), I:227.24, I:389. (Riv[etus]. ex Calv.), I.385.68, I:490.64 (Calv. in Wil[let]), I:537.65 (Calv. in Wil[let]), I:709.12, I:764.26, I:806.60, I:862.38, I:889.28 (Calv. Inst.), I:929.56, I:950.67, I:958.19, I:1023.51; I (pars posterior): 32.42, I (pars posterior): 82.53, I (pars posterior): 68.20, I:208.23.

32) Poole, *Synopsis*, præfatio (III), "Mirentur forsan nonnulli, in Auctorum catalogo non comparere Joannem Calvinum, Interpretem...1. Ex eo nonnulla, ubi opus suerat, subindè delibavi...2. Calvini Commentaria non tam Critici sunt...quàm materias Theologicas solidè tractant, & ad praxin accommodant. 3. Ex Calvino pleraque decerpserunt qui post eum scripserunt...4. Calvinum sere omnes in minibus & bibliothecis habent...."

33) See for instance, the exegetical works of Cocceius and Campegius Vitringa (1659–1722), or the theological works of Petrus van Mastricht (1630-1706) and Francis Turretin (1623-1687). On the use of Calvin's work

by Mastricht see Adriaan C. Neele, "The Reception of John Calvin's Work by Petrus van Mastricht (1630-1706)," Andreas Beck, William de Boer (eds.), *The Reception of Calvin and his Theology in Reformed Orthodoxy* (Leiden, Boston: Brill, forthcoming).

34) Poole, *Synopsis*, præfatio (IV).

35) Ibid., præfatio (V), "in verbis tantùm & phrasibus vel dubiis, vel obscuris, vel quæ semel aut rarò occurrunt; vel ubi rei momentum curiosiorem indagninem postuler."

36) *WJE* 15:159,20:422, 24:277, 727, 849, 893, 26:131 (Lightfoot); *WJE* 15:582, 21:412, 24:1123, 26:277, 292, 305 (Vitringa); *WJE* 12:333, 347, 20:156, 160, 161, 165, 168, 327, 24:270, 680, 688, 1139, 30:n.p (Charnock)

37) Gisbertus Voetius, *Exercitia et bibliotheca studiosi theologæ* (Utrecht: Wilhelmum Strick, 1644). The *Exercitia* is a comprehensive 700-page introduction to theological literature and a four-year program of theology; Thomas Barlow, Αὐτοχεδιασμαγα, *De Studio Theologiæ: or Directions for the Choice of Books in the Study of Divinity* (Oxford: Leon. Lichfield, 1699); *Bibliotheca Charnockiana, sive, Catalogus librorum selectissimae bibliothecae clarissimi, doctissimiq; viri domini Steph. Charnock, S.T.B. nuperrime defuncti. Quorum auctio habebitur Londini apud insigne Agni in vico vulgo dicto Cornhill, quarto die Octobris, 1680*. (These Catalogues are Distributed Gratis at the above-mentioned Sign of the Lamb in Cornhill an Upholsterers Shop, and at the Sign of the Three Legs in the Poultrey, a Booksellers Shop [London]: 1680); Cotton Mather, *Manuductio ad Ministerium. Directions for a candidate of the ministry: Wherein, first, a right foundation is laid for his future improvement; and, then, rules are offered for such a management of his academical & preparatory studies; and thereupon, for such a conduct after his appearance in the world; as may render him a skilful and useful minister of the Gospel* (Boston: Thomas Hancock, 1726), 83, "What is done by Pool and his Continuators, is highly Valuable; and may be of Use, not only for Occasional Inspection, but also for Diurnal Mediation." Mather may have in mind

Poole's *Synopsis* and/or the Annotations.

38) Thomas Cole, *Discourse of Christian religion, in sundry points preached at the merchants lecture in Broadstreet* (London: Printed by R.R. for Thomas Cockerill, 1692), back page, "THOMAS COCKERIL, at the Three Legs ever-against the Stocks-Market. A Dialogue between a Romish Priest, and an English Protestant; wherein the Principal Points and Arguments of both Religions are truly proposed, and fully examined; by Matthew Pool, Author of *Synopsis Criticorum*, in Twelves;" John Owen, *Gospel grounds and evidences of the faith of God's elect* (London: Printed by John Astwood for William Marshal, 1695), back page, "William Marshal at the Bible in Newgate-street...Pool's Synopsis in Latine. Five Volumes. With the Index's. Pool's *Synopsis* on the New Testament. In Two Volumes, in Latine, with the Index, is sold very Cheap, for 20 s. in Quires, and 30 s. Bound;" Daniel Williams, *The excellency of a publick spirit set forth in a sermon preach'd (since much enlarged) at the funeral of that late reverend divine Dr. Samuel Annesley, who departed this life Dec. 31, 1696 in the 77th year of his age: with a brief account of his life and death* (London: Printed for John Dunton, 1697), 147, "A COMPLEAT HISTORY of the most Remarkable Providences both of Iudgment and Mercy...The whole digested into one Volume under proper Heads, being a Work set on foot 30 Years ago, by the Reverend Mr. Pool, Author of the *Synopsis* Criticorum, and since undertaken and finished by William Turner, M. A. Vicar of Walberton in Sussex Recommended as Useful to Ministers in furnishing Topicks of Reproof and Exhortation, and to private Christians, for their Closets and Families."

39) Richard Baxter, *A defence of the principles of love, which are necessary to the unity and concord of Christians and are delivered in a book called The cure of church-divisions* (London: Printed for Nevil Simmons, 1671), 42; Ibid., *The certainty of Christianity without popery, or, Whether the Catholick-Protestant or the papist have the surer faith being an answer to one of the oft canted questions and challenges of the papists, sent to one who desired this: published to direct the unskilful, how to defend their faith against papists and*

infidels, but especially against the temptations of the Devil, that by saving their faith, they may save their holiness, their comfort and their souls (London: Printed for Nevil Simons, 1672), 60; Ibid., *Church-history of the government of bishops and their councils abbreviated including the chief part of the government of Christian princes and popes, and a true account of the most troubling controversies and heresies till the Reformation* (London: Printed by B. Griffin for Thomas Simmons, 1680), preface; Ibid., *An apology for the nonconformists ministry containing... written in 1668 and 1669* (London: Printed for T. Parkhurst and D. Newman, 1681), 116; Ibid., *A Christian directory: or, a summ of practical theology, and cases of conscience. Directing Christians, how to use their knowledge and faith; how to improve all helps and means, and to perform all duties; how to overcome temptations, and to escape or mortifie every sin. In four parts* (London: Thomas Parkhurst, Jonathan Robinson, and John Lawrence, 1707, 83 § 4.

40) John Flavel, *Planelogia, a succinct and seasonable discourse of the occasions, causes, nature, rise, growth, and remedies of mental errors written some months since, and now made publick, both for the healing and prevention of the sins and calamities which have broken in this way upon the churches of Christ, to the great scandal of religion, hardening of the wicked, and obstruction of Reformation: whereunto are subjoined by way of appendix: I. Vindiciarum vindex, being a succinct, but full answer to Mr. Philip Cary's weak and impertinent exceptions to my Vindiciae legis & faederis, II. a synopsis of ancient and modern Antinomian errors, with scriptural arguments and reasons against them, III. a sermon composed for the preventing and healing of rents and divisions in the churches of Christ* (London: Printed by R. Roberts, for Tho[mas] Cockerill, 1691), 197; Ibid., *Pneumatologia, a treatise of the soul of man wherein the divine original, excellent and immortal nature of the soul are opened, its love and inclination to the body, with the necessity of its separation from it, considered and improved, the existence, operations, and states of separated souls, both in Heaven and Hell, immediately after death, asserted, discussed, and variously applyed, divers knotty and difficult questions*

about departed souls, both philosophical, and theological···(London: Printed for Francis Tyton, 1685), 165.

41) Samuel Annesley, *The morning exercises at Cripplegate, St. Giles in the Fields, and in Southwark: being divers sermons, preached A.D. MDCLIX-- MDCLXXXIX. By several ministers of the Gospel in or near London* (London: Thomas Cockerill, 1674), 616; Richard Gilpin, *Demonologia sacra, or, A treatise of Satan's temptations in three parts* (London: Printed by J.D. for Richard Randal and Peter Maplasden, 1677), 10, 30, 49, 62, 75, 155; Sir Matthew Hale, *The primitive origination of mankind, considered and examined according to the light of nature* (London: Printed by William Godbid for William Shrowsbery, 1677), 189; John Williams, *A vindication of the sermons of His Grace John Archbishop of Canterbury concerning the divinity and incarnation of our B. Saviour: and of the Lord Bishop of Worcester's sermon on the mysteries of the Christian faith, from the exceptions of a late book, entituled, Considerations on the explications of the doctrine of the Trinity: to which is annexed, a letter from the Lord Bishop of Sarum to the author of the said vindication, on the same subject.* (London: Printed for Ric. Chiswell, 1695), 35; Edwards, *A preservative against Socinianism*, 60; John Adamson, *The duty of daily frequenting the publick service of the church recommended in a sermon preached in a chapel at Wragby in Lincoln-shire erected to that purpose by Sir Edmund Turnor, Kt., and consecrated by the Lord Bishop of Lincoln the 18th day of July, 1697* (London: Printed by Ben. Griffin for Sam Keble, 1698), 2; Thomas Edwards, *The paraselene dismantled of her cloud, or, Baxterianism barefac'd drawn from a literal transcript of Mr. Baxter's, and the judgment of others, in the most radical doctrines of faith, compar'd with those of the Orthodox, both conformist and nonconformist, and transferr'd over by way of test, unto the Papist and Quaker* (London: Printed, and sold by Will. Marshal, and John Marshal, 1699), 94.

42) Johann Olearius, *De stylo Novi Testamenti dissertatio phylologico-theologica, d. 17. Sept. anno 1668. pro licentia consequendi supremum in theologia gradum habita* (Schwabach: Christoph. E. Buchtae, 1690), 54;

August Pfeiffer, *Thesaurus hermeneuticus sive de legitima scripturae sacrae interpretatione tractatio luculenta, pridem editam hermeneuticam sacram, quae & integra hic repetitur, notis, quaestionibus & canonibus, adiiectisque praxeos exemplis illustrans* (Leipzig: Godofredi Leschii, 1726), 435."

43) Petrus van Mastricht, *De optima concionandi methodo paraleipomena: in usum theologiæ theoretico-practicæ, Henricus Wagardus resp.* (Utrecht: Meinardus à Dreunen, 1681), [5], "A Commentatoribus praestantissimis, cum criticis & verbalibus; tum analyticis ac realibus, Calvino, Piscatore, Polo &c." Cf. Mastricht, *Theoretico-Practica Theologia*, 1228.

44) Matthew Poole, *Synopsis criticorum aliorumque Sacrae Scripturae interpretum et commentatorum, ex recencione Johannis Leusden* (Utrecht: Johannis Rabbi, Johannis van de Water & Francisci Halma, 1684-1686), 5 vols. Leusden also redacted Lightfoot's *Opera Omnia*, (Utrecht: Guilielum Broedelet, 1699, ed. sec.). Leusden's Calvis Hebraica was at the library of Yale College, A catalogue of the library of Yale-College in New-Haven (N[ew] London: T Green, 1743), 4.

45) Robert Burscough, *A discourse of schism address'd to those dissenters who conform'd before the toleration, and have since withdrawn themselves from the communion of the Church of England* (London: Printed for Tho. Bennet, 1699), 90; Anthony à Wood, *Athenae Oxonienses an exact history of all the writers and bishops who have had their education in the most ancient and famous University of Oxford, from the fifteenth year of King Henry the Seventh, Dom. 1500, to the end of the year 1690 representing the birth, fortune, preferment, and death of all those authors and prelates, the great accidents of their lives, and the fate and character of their writings: to which are added, the Fasti, or, Annals, of the said university, for the same time* ... (London: Printed for Tho. Bennet at the Half-Moon in S. Pauls Churchyard, 1691), I:291; Pierre Allix, *Remarks upon the ecclesiastical history of the antient churches of the Albigenses* (London: Printed for Richard Chiswell, 1692), xiii.

46) *Catalogus variorum & insignium librorum instructissimae bibliothecae clarissimi doctissimiq; Viri Thomae Manton, S.T.D. Quorum auctio habebitur Londini in in aedibus defuncti in vico regio prope Covent-Garden, Martis 25. Per Gulielmum Cooper, bibliopolam, [London: s.n.], Catalogi Gratis distribuentur ad insigne pelicani in Vico Vulgo dicto Little-Britain, 1678, 2; The library of the late Reverend and learned Mr. Samuel Lee. Containing a choice variety of books upon all subjects; particularly, commentaries on the Bible; bodies of divinity. The works as well of the ancient, as of the modern divines; treatises on the mathematicks, in all parts: history, antiquities; natural philosophy physick, and chymistry; with grammar and school-books. With many more choice books not mentioned in this catalogue. Exposed at the most easy rates, to sale* (Duncan Cambell, bookseller at the dock-head over-against the Conduit, 1693), 1; *Bibliotheca selecta, sive, Catalogus variorum librorum tum in theologia tum & coeteris facultatibus miscellaneis insignium: ex variisq; nuperrime bibliothecis selectorum: quorum auctio habebitur Londini ad insigne cervi albi ex adverso ecclesiae D. Augustini, prope australem coemeterii Paulini plagam, 21 die mensis Maij, a.d. 1688* (Catalogues are distributed gratis at Mr. Nott's ... [and 3 others] and at the place of sale, [London] 1688), 1.13. *A catalogue of a very large assortment of the most esteemed books in every branch of polite literature, arts and sciences...N.B. All new books of merit, magazines and reviews, imported by every opportunity from London* (Cox & Berry at their store in King-Street, Boston), 22;... The Annotations of Poole were also part of the inventory of Timothy Edwards's estate. See *WJE* 26:382 [B1].

47) *Catalogus librorum Bibliothecae Collegij Harvardini quod est Cantabrigiae in Nova Anglia* (Boston: B. Green, 1723), 25, Poli (Matth) *Synopsis Criticorum* Tom 1-5;" A catalogue of the library of Yale-College in New-Haven (N[ew] London: T Green, 1743), 23, "V. Annotations on the Bible, Poli Synopsis 5. Vol.; Catalogue of books in the library of the College of New-Jersey, January 29, 1760. Published by order of the trustees (Woodbridge: James Parker, 1760), 25, "540. Poole, Synopsis Criticorum 5

vols."

48) *The library of the late Reverend and learned Mr. Samuel Lee. Containing a choice variety of books upon all subjects; particularly, commentaries on the Bible; bodies of divinity. The works as well of the ancient, as of the modern divines; treatises on the mathemeticks, in all parts: history, antiquities; natural philosophy physick, and chymistry; with grammar and school-books. With many more choice books not mentioned in this catalogue. Exposed at the most easy rates, to sale* (Duncan Cambell, bookseller at the dock-head over-against the Conduit, 1693), 1, "Pools *Synopsis* Critic. 5 vol.;" *A catalogue of curious and valuable books, belonging to the late reverend & learned, Mr. Ebenezer Pemberton, consisting of divinity, philosophy, history, poetry, &c. Generally well bound, to be sold by auction, at the Crown Coffee-House in Boston, the second day of July 1717. Beginning at three a clock afternoon, and so, de die in diem, until the whole be sold. Also a valuable collection of pamphlets will then be exposed to sale. The books may be viewed from the 25th day of June, until the day of sale, at the house of the late Reverend Mr. Pemberton, where attendance will be give* (Boston: B. Green, 1717), [1], "Poli Synopsis 5 vol." Timothy Edwards's library included Ebenezer Pemberton, *A funeral sermon on the death of that learned & excellent divine the Reverend Mr. Samuel Willard* (Boston, 1707). See further on Pemberton *WJE* 7:39-42; *WJE* 16:113-115.

49) Cotton Mather, *Biblia Americana*, vol. I: Genesis (Reiner Smolinski, ed.) (Tübingen: Mohr Siebeck / Grand Rapids: Baker Academic, 2010). Hereafter BA, page no.

50) Mather Increase, *An essay for the recording of illustrious providences wherein an account is given of many remarkable and very memorable events which have hapned this last age, especially in New-England* (Boston: Samuel Green, 1684), preface, "About six and twenty years ago, Design for the Recording of illustrious Providences, was under serious consideration among some eminent Ministers in England and in Ireland. That motion was principally set on foot by the Learned Mr. Matthew Pool, whose *Synopsis*

Criticorum and other Books by him emitted, have made him famous in the World."

51) Joseph Fish, *Angels ministering to the people of God, for their safety and comfort in times of danger and distress. A sermon preached at Westerly, in the colony of Rhode-Island, Aug. 27. 1755* (New Port: J. Franklin, n.d), 18; Timothy Stone, *The nature and evil of selfishness, considered and illustrated, in a sermon, preached in the Second Society of Norwich, September 21, 1777* (Norwich: J. Trumbull, 1778), 5; Thomas-Wells Bray, *A dissertation on the sixth vial; in five parts. With an introduction upon the design of prophecy in general, and the book of Revelation in particular. Pastor of a church in Guilford* (Hartford: Hudson & Goodwin, 1780), 55; Charles Inglis, *An essay on infant baptism: in which the right of infants to the sacrament of baptism, is proved from Scripture, vindicated from the usual objections, and confirmed by the practice of the four first centuries* (New York: H. Gaine, 1768), 153 (Gen. 17:14); James Blake, *Six sermons on divers subjects, preach'd at Weymouth* (Boston: J. Kneeland, for J. Edwards in Corn-Hill, 1772), 40 (Eph. 2:8); *Divine glory, brought to view, in the condemnation of the ungodly: or The doctrine of future punishment, illustrated and vindicated, as rational and true. In reply to a late pamphlet, entitled, Salvation for all men. By a friend to truth* (Boston: Robert Hodge, 1782), Appendix, 5. In addition Poole's Annotations were also widely used by the revivalist, Gilbert Tennent (1703-1764). Gilbert Tennent, *Twenty three sermons upon the chief end of man. The divine authority of the sacred Scriptures, the being and attributes of God, and the doctrine of the Trinity, preach'd at Philadelphia Anno Dom. 1743* (Philadelphia: William Bradford, 1744), sermon XI (Gen. 17:1), 213; Ibid., *Discourses, on several important subjects (Philadelphia: William Bradford, 1745), 100; Ibid., The danger of spiritual pride represented. A sermon preach'd at Philadelphia, December the 30th, 1744. On Romans XII. 3. With some enlargements* (Philadelphia: William Bradford, n.d), 7; Ibid, *The late association for defence farther encouraged: or, Defensive war defended; and its consistency with true Christianity represented. In a reply to some exceptions*

against war, in a late composure, intituled, *The doctrine of Christianity, as held by the people called Quakers, vindicated* (Philadelphia: Benjamin Franklin, David Hall, 1748), 4. *Others who cite his work include John Smith, The doctrine of Christianity, as held by the people called Quakers, vindicated: in answer to Gilbert Tennent's sermon on the lawfulness of war* (Philadelphia: Benjamin Franklin, David Hall, 1748), 27 (not clear Annotations or Synopsis); Sophia Hume, *An exhortation to the inhabitants of the province of South-Carolina, to bring their deeds to the light of Christ, in their own consciences. In which is inserted, some account of the author's experience in the important business of religion* (Philadelphia: Benjamin Franklin, David Hall, 1748), 10, 54; Abel Morgan, *Anti-Paedo-Rantism defended: a reply to Mr. Samuel Finley's Vindication of the Charitable plea for the speechless. Wherein his repeated objections against the baptism of believers only, and the mode of it by immersion, are again examined and refuted, at Middletown, in East-Jersey* (Philadelphia: Benjamin Franklin, David Hall, 1748), 105. Edward Young, *The complaint; or Night-thoughts on life, death, and immortality* (Philadelphia: Robert Bell, 1777), back page advertisement of William Young's catalogue for 1787 (Philadelphia: Young and McCulloch, 1786) 4, "Annotations on the Bible by Poole folio." This poem is noted in the Account Book of Jonathan Edwards. See *WJE* 26:356.

52) BA, 409. Cf. *WJE* 24.1:124.

53) Francis Turretin, *Institutio Theologicæ Elencticæ* (Leiden: Fredricum Haring; Utrecht: Ernestum Voskuyl, 1696), I:485, "Qua anni tempestate Mundus conditus sit? An Vere, an Autumno."; Mastricht, Theorecto-practica theologia, III.5.xvii, 314; Wilhelmus à Brakel, *Logikē latreia, dat is Redelyke godtsdienst, in welke de goddelyke waerhedenm* I:216-217; Francisci Burmanni *Synopsis theologiae: et speciatim oeconomiae foederum dei* (Amsterdam: Joannem Wolters, 1699), I:I.41.xxviii, 279; Johannes Braun, *Doctrina foederum, sive systema theologiae didacticae & elencticae* Amsterdam: Apud Henricum Wetstenium, 1702), V.ix, 163; Leydekker, Melchior, *Medulla Theologica* VI.xlix, 98; Thomas Stackhouse, *A Complete*

Body of Divinity (London: J. Batley, 1729), 202; Henry Ainsworth, *Annotations on the Pentateuch or the five books of Moses; the Psalms of David and the Song of Solomon* (London: John Bellamie, 1627), 5; Samuel Bochart, *Trois sermons préliminaires: a l'explication du livre de la Genese* (Amsterdam: Henry Desbordes, 1705), 36-38.

54) BA, 825. Cf. *WJE* 24.1:151.

55) BA, 814. Cf. *WJE* 24.1:153.

56) BA, 835. Cf. *WJE* 24.1:154.

57) BA, 892. Cf. *WJE* 24.1:156.

58) BA, 941. Cf. *WJE* 24.1:159.

59) BA, 1067. Cf. *WJE* 24.1:185.

60) *WJE* 24:201.

61) Ibid., 5:344-347, "The "whole creation" is, as it were, earnestly waiting for that day, and constantly groaning and travailing in pain to bring forth the felicity and glory of it....'Tis the language of the church of God, and the breathing of the soul of every true saint...Genesis 49:18, "I have waited for thy salvation, O Lord."; Ibid. 11:279, "So the church is often represented as waiting for the fulfillment of God's promises with respect to the benefits of the Messiah's kingdom (Genesis 49:18...)"; Ibid., 21:400-401, "It is not credible that there should be so much revealed to the church of God from the beginning of the world about the Messiah for the comfort of the church, so that he seems to have been all along the main subject of divine promises and promises given to his people....It was earnestly desired and waited for by Jacob. Genesis 49:18, "I have waited for thy salvation, O Lord." The same was the language of the hearts of God's church in all times of the old testament." Cf. *WJE* Online 27 "Controversies" Notebook" Part II a Controversies 2a; Ibid., 21:449, "They that seek God are spoken of as those that LOVE GOD'S SALVATION....and hoping in Gods salvation...and waiting for God's salvation. Genesis 49:18, "I have waited for thy salvation, O God"; Ibid., 451,

"[113.] WAITING on the Lord, waiting for his salvation, and the like are terms used as being equivalent to trusting in God in the Scripture...Genesis 49:18, "I have waited for thy salvation, O God." Ibid., 31, I:n.p, "if he reflected upon it must needs be a Confirmation of the promise made that in his seed all nations should be blessed which Jacob bore much in his mind and set his Heart upon as appears by those words I have waited for thy salvation O Lord. a more particular Promise w Revelation was made to Jacob concerning this seed that it should come from Judah."

62) Hieronymus Oleastro, *Commentaria in Pentatevchvm Mosi: hoc est, in qvinqve primos Bibliorvm libros: quibus iuxta M. Sanctis Pagnini Lucensis ... interpretationem, Hebraica veritas cum ad genuinum literae sensum, tum ad mores informandos, ad vnguem enucleatur* (Lyon: Petrum Landry, 1588).

63) Poole, *Synopsis*, I:306.64-307.27, "anhelans auxilium Divinium implorat...Alii referunt ad Samsonem... servaturus populum i.e. defensurus & vindicarus...Alii dicta volunt ad Dan...Indicat se non fidere his artibus, u tab iis exspectaret posterum suorum salutem; sed ema à Deo expetere...etc."

64) *WJE* 15:89. Cross-referenced by Edwards in the Blank Bible entry on Gen. 28:18.

65) Ibid., 53. Sermon on Matt. 25:1-12, especially vv. 3-4, "Like that you Rest on by faith as Jacob anointed the pillow stone that he had rested on while he slept & anoint X to be King over you Joyfully yielding your self up to him to be his willing subject." *WJE* 24:175, "Jacob's sleeping or resting on this stone (for this stone, we are told, was his pillow) typifies God's people's believing in or resting on Christ. Christ invites the weary to come to him, and promises that in him they shall have rest." See othe examples, 24:201 [Gen. 49:21]...on Naphtali....Poole....This is a prophecy concerning Barak (Me) or the whole tribe (Rivet); 5:127, "Barak is a type of Christ, who fights for his church and overcomes her enemies for her. Barak dwelt at Naphtali, the place where Christ chiefly resided..." Ibid., 24:315, "This probably has respect to Christ's dwelling in this tribe." Where Poole applies the text to

Barak or the tribe of Naphtali, Edwards extends this to Christ's work and dwelling place in earth. Ibid., 24:198 [Gen. 49:9 Gone up, Or hast ascended. This has its greatest fulfillment in Christ's ascension]. Poole, *Synopsis*, I:294, and *WJE* 11:256, "Samson rent the lion as the lion would have rent the kid, which is agreeable to the prophecies which represent the Messiah destroying his enemies as a strong lion devouring his prey (Genesis 49: 9–33)." Ibid., 19:564, He is called a lion. "Behold the Lion of the tribe of Judah." He seems to be called the Lion of the tribe of Judah, in allusion to what Jacob said, in his blessing of the tribes on his deathbed, who when he came to bless Judah, compares him to a lion, *Genesis* 49:9, "Judah is a lion's whelp: from the prey my son art thou gone up" Poole, *Synopsis*, I:294.13, "Catulus leonis ...Hoc initium est excellentiæ" the beginning of his excellency (Grotius)...Ad posteros Judæ hoc referendum est referring to the descendants of Judah (Vatablus)...like a lion...formidabilis hostibus frightening his enemies (Vatablus)... 22 Ad prædam ascendisti...refers to the advancement of the tribe of Judag especially in the tomes of David (Lyra, Me)... will grow into a proper kingdom (Fagius). Note that Poole's *Annotations* include the Messiah rising up in victory. Cf. *Annotations upon the Holy Bible*, Gen. 49:9, "it [Judah] should ascend to the height of honour, and power, and happiness in David, and especially in the Messiah, who should conquer all nations." Thus, Edwards's comments resonate with various observations of Poole including his *Annotations*. *WJE* 15:414.... "From hence the heathen *Baetylia*, mentioned by Philo Biblius..." (Gale's *Court of the Gentiles*, Pt. 1, Bk. 2, ch. 7, pp. 89) Cf. Poole, *Synopsis*, I:213.39-40, "βαιτύλια...sive deos specie lapidis adorabant, ait Philo Bybliensis." Edwards typological intepretation

66) *WJE* 24:199. See also Stephen J. Stein, "The Biblical Notes of Benjamin Pierpont," The Yale University Library Gazette 50 (1976), 195–218; *WJE* 24:1249; Poole, *Synopsis*, I: 294.61-304.2.

67) *WJE* 9:345, (sermon 18).

68) Ibid., 11:208. Edwards refers to Kidder's Demonstration of the Messiah...[74] ..."And I shall begin with the words of Jacob: The sceptre

shall not depart from Judah, nor a lawgiver from between his feet, untill Shiloh come, Genesis 49:10. That those words are to be understood of the Messias the ancient writers of the Jews do confess, and the modern Jews know this very well: And several of them have also interpreted the place of the Messias." Thus, Edwards argument is that from the OT the Messiah can be shown, and finds support by Kidder explaining that the Jews applied this to the coming of the Messiah.

69) *WJE* 9:303 (sermon 14), 385 (sermon 20).

70) *WJE* 20:261, "no. 972. Christian Religion. That Jesus Truly had the Spirit of Prophecy appears by the following Facts···according to the prophecy of Jacob, Genesis 49:10, which puts these two signs together, that 'the scepter shall not depart from Judah, nor a lawgiver from between his feet, until Shiloh come; and unto him shall the gathering of the people be."

71) *WJE* 24:842, "Matthew 11:3. 'Art thou he that should come?'] This title taken from Genesis 49:10" Note that Edwards follows here Poole's rendering of the text ("until he comes." Cf. Poole, *Synopsis*, I:296.65, Donec veniat...") and not the King James Version (until Shiloh come).

72) *WJE* 15:147, "216. 2 Samuel 23:1–5. These last words of David seem to be wholly a prophecy of the Messiah... He is called "He that is to rule over men," rather than "He that is to rule over Israel," because when he comes, his kingdom should not be confined to that one people, but he should reign over all nations, and to the utmost ends of the earth; to him the gathering of the people should be [Genesis 49:10 supplied by editor!]; Ibid., 411, "403. Genesis 49:10. Edwards, here, makes use of Gale's Court of the Gentiles, besides the Synopsis, whereby Gale relied strongly on one of Poole's sources, namely, Bochart, and not Drusius to whom Poole refers.

73) *WJE* 24:123, "Genesis 1:1. "In the beginning God created," etc.] The word is Elohim from the radix א ל ה "adjurare," signifying the three persons of the Trinity confederated together as to the grand scheme and design of the creation, as they are in the eternal covenant of redemption. The word is in

the plural number (see Republic of Letters, vol. 5, p. 380). And also from לא,
deus, from the radix ילא, fortitudo, signifying the power of the Creator.
Elohim is the plural number of El, with the insertion of the letter ה out of the
name Jehovah, as was in the change of the names of Abraham and Sarah. See
Mastricht.

74) Ibid., 16:734, "It is to be observed that when it is said in this verse [Ps.
86:8], "Arise, O GOD," the word god is Elohim, the same that is used, v.
Psalms 82:6, "I have said ye are gods. I have said ye are elohim." Cf. *WJE*
24:516 [On Ps. 86:6], " It is observable that when it is said in this verse,
"Arise, O God," the word "God" is Elohim, the same that is used Psalms 82:6.
"I have said, Ye are gods." They were called Elohim;" *WJE* 20:54 [Miscell. No
838 on Angels]… "so they [angels] as well as the princes of Israel are called
gods, elohim."

75) *WJE* 13:149, "Trinity… see Poole's Synopsis on Genesis 1:1 (place
marked in the margin) and on Genesis 1:26."

76) *WJE* 24:126.

77) *WJE* 123, fn. 1.

78) Mastricht, Theorectico-practica Theologia, III.9. ii A-C, 365,
"Consultationem praeviam, vers. 26. Dixit Deus… A. Consultantes personae,
ם י ה ל א ר מ א י ו, dixit Elohim. Hîc dixit singulare, unitatem seu
identitatem consultantium significat; & Elohim plurare, pluralitatem
eorundem… B. Consultatio seu consultandi actus… C. Consultatum seu
consultationis argumentum…"

79) *WJE* 20:486 [1102 Trinity] "Not only is the word Elohim in the plural
number, but it is joined to a verb of the plural number in Genesis 20:13,
"When God caused me to wander from my Father's house." The word
hithgnu, עָנְתה, "caused to wander," is in the plural number. This is agreeable
to the use of plural verbs, adjectives and pronouns in Genesis 1:26, Genesis
3:22, Genesis 11:7. See also *WJE* 21:374, "Many of these intimations are
much plainer in the Hebrew language than in the translation. Here— to omit

the expressions in some of the first chapters of Genesis, and others in other places like them, and the name Elohim, which is plural, which when applied to the true God is often joined with plural verbs and adjectives— there are some places where the Son of God is spoken in particular as distinct from the Father, as the Lord on earth, or the God of Israel, distinct from Jehovah acting as first and most original in heaven."

80) *WJE* 20:487-88 [1105 Trinity], "See No. 1102. The very frequent joining of the word Elohim, a word in the plural number, with the word Jehovah, a word in the singular number (as may be seen in places referred to in the English Concordance, under the words Lord God, Lord his God, Lord my God, Lord our God, Lord their God, Lord thy God, Lord your God), seems to be a significant indication of the union of several divine persons in one Essence. The word Jehovah signifies as much as the word Essence, and is the proper name of God, with regard to his self-existent, eternal, all sufficient, perfect and immutable Essence. Moses seems to have regard to something remarkable in thus calling Elohim, the plural, so often by the singular name Jehovah, [especially] in that remark which he makes for the special observation of God's people Israel, in Deuteronomy 6:4, "Hear, O Israel, the Lord our God is one Lord." In the original, Jehovah Elohenu Jehovah Ehadh, the more proper translation of which is, "Jehovah, our God, is one Jehovah." The verb is understood, and properly inserted between Jehovah Elohenu and Jehovah Ehadh; thus, Jehovah Elohenu is Jehovah Ehadh, which, if most literally translated, is thus: "Jehovah, our divine persons, is one Jehovah." As though Moses, in this remark, had a particular reference to the word Elohim being in the plural number, and would guard the people against imagining from thence that there was a plurality of essences or beings, among whom they were to divide their affections and respect. See No. 1114." See also, *WJE* 20:492 [1114. Trinity. Name of God], "A further confirmation that the name Elohim, when used as the name of the true God, signifies some plurality is that this same name is commonly, all over the Hebrew Bible, used to signify the gods of the heathens, when many

gods are spoken [of]. See those places in the Hebrew Bible, referred [to] in the English Concordance under the word gods. See back, Nos. 1102, 1105;" *WJE* 23:118-9 [1197 Trinity] intimations of it in the Old Testament. In Exodus 20:2-3, when it is said in the Exodus 20:3, "Thou shalt have no other gods before me," the word is the same as in the foregoing verse, where it is said, "I am the Lord thy God, which brought thee out of the land of Egypt"— Elohim in both verses. I am the Jehovah, thy Elohim. Thou shalt have no other Elohim. Yet the latter Elohim is joined with an adjective of the plural number, which seems naturally to lead the children of Israel, to whom God spake these words, to suppose a plurality in the Elohim which brought them out of Egypt, implied in the name Jehovah. See further, [No.] 1241];" *WJE* 24: 139, "Genesis 3:22. "And the Lord God said, Behold, the man is become as one of us."] By this, together with the words of the serpent here referred to, viz. "Ye shall be as gods, knowing good and evil" [Genesis 3:5], it is evident that by the word ELOHIM a plurality of persons in the Godhead is signified. To make this evident, I would repeat the words of Dr. Knight in his Sermons, p. 30, as quoted by Bedford in his Scripture Chronology, p. 165." Ibid., 139-40, "By this it is evident, so that the serpent said, "Ye shall become like Elohim" [Genesis 3:5], he had respect to a plurality. In that word [is] signified that he should become like one of that plurality, because when God refers to his words, he speaks of a plurality, saying, "Behold, the man is become as one of us." And so that the word Elohim, as 'tis a word in the plural number, so does properly carry a plurality of persons in its signification, for the word "us" denotes a plurality of persons.

81) Matthew Poole, Synopsis Criticorum aliorumque Sacrae Scripturae Interpretum (London: S. Flesher, 1669-76), I:2.21, "Triplici expositione Judæi vocem Elohim…1.Dicunt Elohim tam voce quam significatione singulare esse…2. Contendunt Elohim ideo pluraliter esserri, quod significet Dei virtutes ac qualitates, quæ multæ sunt…3. Alii Elohim honoris causa de Deo pluraliter dici aiunt…"

82) Ibid., I:2.43, "Nam Elohim, cum de uno dicitur, sensum habet

singularen…angelo…idol…adonim…;" Ibid., 2.12, "Insinuatur hîc pluralitas in Deo cum unitate."

83) Henry Ainsworth, *Annotations upon the five bookes of Moses, the booke of the Psalmes, and the Song of Songs, or, Canticles VVherein the Hebrevv vvords and sentences, are compared with, and explained by the ancient Greeke and Chaldee versions, and other records and monuments of the Hebrewes: but chiefly by conference with the holy Scriptures, Moses his words, lawes and ordinances, the sacrifices, and other legall ceremonies heretofore commanded by God to the Church of Israel, are explained. With an advertisement touching some objections made against the sinceritie of the Hebrew text, and allegation of the Rabbines in these annotations. As also tables directing unto such principall things as are observed in the annotations upon each severall booke* (London: Printed for John Bellamy, 1627), 2.r, "Hebrew Aelohim, which signifieth the Almighties, or Almightie-powers: his name is most used in this forme plurall, but ioyned with a word singular." Note, See *WJE* 13:149 fn 9, "Almost certainly, the place which JE marked in the margin of his copy was near the middle of Vol. 1, Pt. 1, col. 2, where the ancient Hebrews are said to have interpreted Elohim (creavit Dii) as implying a plurality in God; JE's pen must have marked at least the statement of Rabbi Simeon Ben Jochai that in the "mystery of the word Elohim" there are three ranks (gradus), each distinct but all joined together indivisibly." Poole's comment on R. Simeon Ben Jochai is found in Ainsworth's Annotations, 2.r, "Hebrew Doctors have left records of this mystery, though at this day that nation understands it not: Come and see the mysterie of the word [Aelohim:] there are three degrees, and every degree by it selfe alone, (that is, distinct), and yet notwithstanding they all are one, and ioyned together in one, and are not divided one from another, saith R. Simeon ben Iochai, in Zoar, upon the sixth section of Leviticus. Sometime this word is used singularly, Aeloab, the Almighty, Iob 12. 4. and in a shorter forme, Ael, Mighty, Gen. 14. 18. And Aeloah hath affinity with Alah, hee adjured: for by oath and execration, men entred covenant with God, Deut. 29. 12, 14, 19. Nehem. 10. 29. Eccles. 8. 2.

Angels and Magistrates are sometimes called Aelohim, Gods; Psal. 8. 6. Heb. 2. 7. Psal. 82. 1. 6. but in this worke, Iehovah Aelohim, was the Creator onely, Gen. 2. 4. Esay 44. 24. and Angels were his creatures, Psal. 148. 2, 5. Col. 1. 16. The Apostles writing in Greeke, use it alwaies singularly, Theos, God."

84) Cotton Mather, *Biblia Americana*, Reiner Smolinski (ed.) (Tübingen: Mohr Siebeck, Grand Rapids: Baker Academic, 2010) Vol. I: Genesis, 316, "[T]he Creatore is called א ל ה י ם, Elohim, which is a Name that signifies, Power...;" Ibid., 579, "But Elohim often signifies no more, than Persons vested with Authority..."

85) Increase Mather, president of Harvard College, in Cambridge, and preacher of the Gospel at Boston, in New-England, Angelographia, or A discourse concerning the nature and power of the holy angels, and the great benefit which the true fearers of God receive by their ministry: delivered in several sermons: to which is added, a sermon concerning the sin and misery of the fallen angels: also, a disquisition concerning angelical-apparitions Boston in N.E. Printed by B. Green & J. Allen, for Samuel Phillips at the Brick Shop, 1696), 10, "[Angels]...are therefore sometimes called Elohim, i.e. Gods in Scripture;" Ebenezer Pemberton, A.M. Pastor of the South Church in Boston, and fellow of Harvard College in Cambridge, New-England, Sermons and discourses on several occasions (London: Printed for J. Batley at the Dove in Pater-Noster-Row; R. Ford, and J. Chandler in the Poultry, and for Sam. Gerrish, in Boston, New England., MDCCXXVII [1727]), 149, "Elohim, which is a name, given not only to the supreme governor of the world...but also to angels." See also Joseph Fish, A.M. Pastor of a church in Stonington, Angels ministering to the people of God, for their safety and comfort in times of danger and distress. A sermon preached at Westerly, in the colony of Rhode-Island, Aug. 27. 1755. In the South Meeting House, to a number of religious people, on a day of fasting and prayer (observed by them) for success to our armies. With a more particular reference to the expedition against Crown-Point; in which some of them had near relations (Newport [R.I.]: Printed by J. Franklin., [1755]), 18, "Ps. 97:7...Elohim or

gods, which the Septuagint renders Angels."

86) Thomas Foxcroft, Elisha lamenting after the God of Elijah. A funeral sermon preach'd at Boston, March 27. 1737. Occasion'd by the death of the Reverend Mr. Benjamin Wadsworth, late president of Harvard-College in Cambridge, and formerly Pastor of the Old Church in Boston. Who departed this life on March 16th. Having just enter'd the 68th year of his age (Boston, New England, Printed by T. Fleet, for Samuel Eliot in Cornhill, and John Parker at the head of the town-dock, 1737), 13, "Jehovah Elohim upon which judicious Criticks have observ'd, that the singular Name Jehovah represents the Deity to us as One, while that of Elohim being plural, represents Him as More; and Jehovah being join'd with Elohim, this perhaps is design'd to engage our Attention to what both suggest at one and the same time, the Unity of Essence and the Plurality of Persons in the Godhead;" Ezra Stiles, D.D. Pastor of the Second Congregational Church in Newport. Newport [R.I.], A discourse on saving knowledge: delivered at the installment of the Reverend Samuel Hopkins, A.M. into the pastoral charge of the First Congregational Church in Newport, Rhode-Island, Wednesday, April 11, 1770 (Printed and sold by Solomon Southwick, in Queen-Street, MDCCLXX [1770]), 12, "This holy God subsist a Trinity in unity...(13) these passage in the original must bee plurality in unity-that in Jehovah there are Elohim Gods...(14) The old testament asserts a plurality, but I think not clearly a trinity in God... the pious Hebrews of all ages, and particularly in the period between the two temples, accustomed themselves to worship and think of the great Jehovah under the idea of trinity.... The Zohar...come and see the mystery of the name Elohim: there are three degrees, and every degree subsists by itself, and yet they are all but one;" Gilbert Tennent, Twenty three sermons upon the chief end of man. The divine authority of the sacred Scriptures, the being and attributes of God, and the doctrine of the Trinity, preach'd at Philadelphia, Anno Dom. 1743 (Philadelphia: Printed and sold by William Bradford, at the Sign of the Bible in Second Street., MDCCXLIV. [1744]), 110, "...the Names of God, are either Essential or Personal. The

Essential are such as these, Jehovah, Theos: The personal Elohim, Father, Son, Spirit…The name Elohim is plural from which some argue a Trinity of Persons in the Godhead, "Some think it is compounded of Words that signify Strong…The most usual name of God in the New Testament is Theos, which is said refer to Elohim 'in the Old and to express its meaning.'" Theodorus Frielinghuyzen, Predicant tot Albany, in Noord-America, Ieugd-oeffening of Verhandeling van de godlyke waarheden, der Christelyke religie. By wyze van vragen en antwoorden, to onderwys der ionkheyd ([New York] Gedruckt by J. Parker, te Nieuw-York, voor den Autheor., [1749?]), 12, "Vrag. 2. Met welke Namen wor Godt in zyn Woord benoemt? Antw. Die zyn verscheyden; maar voornamelyk in the Oude Testament met de Hebreeusche Namen Jehovah en Elohim"; 19, "Vrag 4. Kundt gy bewyzen dat er meer dan een person in het Godlyke Wezen is? Antw. (2) Het blykt uit het Woord, Gen 1:26." See also, Gualtherus Dubois, Predt. in de N. Duidsche Herv. Prot. Gemeente te N. York. En in de zelve ingevoert door ordre der zelve E. kerken-raat, Kort-begryp der waare Christelyke leere, uit den Heidelbergischen Catechismus uitgetrokken, door ordre der Christelyke Synode te Dordrecht anno 1618 & 1619, met eenige verklaaringe over elke vraage verrykt, voor den leer-lievenden en begeerigen tot 's heeren H. Avontmaal (Nieuw-York bij William Bradford,, in den jaare 1712), 14, "Waarom noemt gy dan drie, den Vader, den Zoon, en den H. Geest? … Gelyk God in syn Woort gekent wort…3. Zoo ok uit syne Naamen die allen syn wesen…als in Jehova, Elohim & c."

87) Samuel Mather, M.A. Pastor of a church in Boston, New-England A dissertation concerning the most venerable name of Jehovah (Boston: Printed and sold by Edes and Gill in Queen-Street, MDCCLX. [1760]), 9-31 Section II concerning the Name ELOAH and ELOHIM. On Cloppenburg, Wollebius, and Ames (15), Essenius, Rivet, and Witsius (17). For linguistic comments see, 9-11, "There is also the Name ELOAH, which is the singular Number…and the plural number of it is ELOHIM…is the name by which the divine Being is called in the very first Verse of the Bible…El or powerful.;

13-14, "derive from the unusual root Alah…signifying a Judge;" 17, "While others think that it might be more scripturally and justly expressed that the divine essences is in the ELOHIM; as they have Communion of the same essence;" 29, "Elohim which is certainly Plural. And yet we must allow that it is sometimes used with reference to One…" These thoughts on this divine name are also asserted by The Practice of Piety by Lewis Bayly (1565-1631)-a deeply influential work in the Puritan movement, and reprinted in New England. Cf. Lewis Bayly, *The practice of piety: directing a Christian how to walk, that he may please God* (Boston in New-England: Reprinted by B. Green, for Benj. Eliot, and Daniel Henchman. Sold at their shops., 1718), 16-17, " The Name which signifieth the Persons in the Essence, is chiefly one; Elohim…It is a Name of the Plural Number to express the Trinity of Persons in Unity of Essence. And to this purpose the Holy Ghost beginneth the Holy Bible with this Plural Name of God, join'd with a Verb of the Singular Number, as Elohim Bara Dei creavit. The Mighty Gods, or all the Three Persons in the Godhead created. The Jews also note in the Verb Bara consisting of Three Letters, the Mystery of the Trinity…"

88) Mark Noll, "Jonathan Edwards's Use of the Bible: A Case Study with Comparisons," Lecture at the Jonathan Edwards Center, Trinity Evangelical Divinity School, Nov. 11, 2011; David P. Barshinger, "Making the Psalter One's 'Own Language': Jonathan Edwards Engages the Psalms," *Jonathan Edwards Studies*, no. 1 (2012):3-29.

89) A variation on the question can be found J. Todd Billings, "Premodern Biblical Exegesis: Why Does It Matter for Preachers and Teachers Today?"
Cf. http://www.catalystresources.org/premodern-biblical-exegesis-why-does-it-matter-for-preachers-and-teachers-today/ (accessed October 10, 2018).

90) *WJE* 22:101-102.

부록

청교도 연구 한글 자료 목록
1950-2019년

1. 일차 자료: 국내 번역서 1950-2019년[*]

– 영국 시대별 고찰: 16세기 말에서 18세기 초까지–

1) 튜더기 출생한 청교도(DOB Before 1603)

Ames, William (윌리엄 에임스, 1576-1633)	
The Marrow of Theology	『신학의 정수』. 서원모. 크리스챤다이제스트, 1992. 『신학의 정수』. 임원주. 가나다, 2018. [한영대조]

Bayly, Lewis (루이스 베일리, 1575-1631)	
The Practice of Piety (c.1611)	『그리스도의 모습을 닮아가는 경건의 훈련』. 조계광/안보헌. 생명의말씀사, 2002. 『청교도에게 배우는 경건』 조계광/안보헌. 생명의말씀사, 2012.

---

[*] 도표는 조엘 비키와 랜들 패더슨의『청교도를 만나다』이상웅, 이한상 역 (서울: 부흥과개혁사, 2010)에 등장하는 청교도 저작자들을 모두 포함시켰다. 이들을 영국 튜더 왕가에서 오라네 왕가에 이르는 기간을 네 시기로 나누어 출생연도와 알파벳 순으로 배열하였다. 비키와 패더슨은 스코틀랜드 신학자들과 네덜란드 제2종교개혁 신학자들을 별도로 구분하였으나(부록) 여기에서는 이들을 따로 구분하지 않고 모두 도표에 통합시켰음을 밝힌다.

Burroughs, Jeremiah (제레마이어 버로스, c.1600-46)

Learning To Be Content	『쉽게 이해될 수 없는 그리스도인의 자족, 그 진정한 의미는 무엇인가?』. 정중은. 나침반, 1990. 『만족: 그리스도인의 귀한 보물』. 김태곤. 생명의말씀사, 2010.
A Treatise of Earthly-Mindedness	『세속주의를 경계하라』. 이태복. 개혁된신앙사, 2002. 『세상에 속하지 말라』. 조계광. 생명의말씀사, 2017.
Gospel Worship	『예배의 타겟을 복음에 맞추라』. 서창원/최승락. 진리의깃발, 2002.

Cartwright, Thomas (토머스 카트라이트, 1535-1603)

Directory of Church-Government	『교회정치를 위한 지침서』. 배현주. 주교문화사, 2014.
Treatise of Christian Religion or, the whole bodie and substance of divinitie	『기독교 교리 강론』. 김지훈. 개혁주의 성경 연구소, 2004. 『기독교 총론』. 김지훈. 신반포중앙교회출판부, 2018.

Dickson, David (데이비드 딕슨, c.1583-1662)

Truth's Victory Over Error	『오류를 극복한 진리의 승리: WCF 주석』. 민성기. 제네바아카데미, 2009.

Goodwin, Thomas (토마스 굿윈, 1600-1679)

A Child of Light Walking in Darkness	『어둠 속을 걷는 빛의 자녀들』. 박현덕. 지평서원, 2001.
The Glories of Christ Set Forth	『그리스도를 바라보는 믿음』. 이태복. 개혁된신앙사, 2002.

The Trial of a Christians Growth	『그리스도인의 성장』. 황의무. 지평서원, 2010.
The Object and Acts of Justifying Faith	『믿음의 본질』. 임원주. 2 vols. 부흥과개혁사, 2013.
The Heart of Christ	『마음』. 장호준. 복있는사람, 2018.

Hooker, Thomas (토머스 후커, 1586-1647)

The Poor Doubting Christian Drawn to Christ	『그리스도께로 이끌린 사람들』. 성정훈. 지평서원, 2005.

Perkins, William (윌리엄 퍼킨스, 1558-1602)

An Exposition of the Symbol or Creed	『사도신경 강해 1』. 박홍규. 개혁된신앙사, 2004.
An Exposition of the Lords Prayer	『주기도문 강해』. 박홍규. 개혁된신앙사, 2005. 『일반인을 위한 요리문답형식의 주기도해설』. 김영호. 합신출판부, 2018.
The Art of Prophesying	『설교의 기술과 목사의 소명』. 채천석. 부흥과개혁사, 2006.
The Foundation of Christian Religion	『기독교의 기본 원리』. 김홍만. 지평서원, 2010.
Amilla Aurea	『황금사슬: 신학의 개요』. 김지훈. 킹덤북스, 2016.

Preston, John (존 프레스턴, 1587-1628)

The Golden Sceptre Hold forth to the Humble	『황금홀』. 홍상은. 지평서원, 2005. 『기도의 영성』. 이광식. 지평서원, 2010. [일부 편집되어 실림]

Rutherford, Samuel (사무엘 루더포드, 1600-1661)

Letters of Samuel Rutherford	『새뮤얼 러더퍼드 서한집』. 이강호. 크리스챤다이제스트, 2002/2019.
Fourteen Communion Sermons	『성찬설교』. 민성기. 개혁주의성경연구소, 2007.
Samuel Rutherford's Life and Catechism	『사무엘 루더포드의 생애와 요리문답서』. 서창원. 진리의깃발, 2010.
The Power of Faith & Prayer	『기도와 믿음의 능력』. 김현준. 그책의 사람들, 2019.
Covenant of Life Opened	『생명언약 제1부: 행위언약과 은혜언약』. 안상혁. 합신출판부, 2018. 『생명언약 제2부: 구속언약』. 안상혁. 합신출판부, 2020.

Sedgwick, Obadiah (오바디야 세지윅, c.1600-1658)

The Anatomy of Secret Sins	『은밀한 죄와 거룩』. 박현덕. 지평서원, 2001.

Sibbes, Richard (리처드 십스, 1577-1635)

The Returning Backslider (1639)	『돌아오는 배역자』. 이태복. 지평서원, 2001.
Joshiah's Reformation	『요시야의 개혁』. 이태복. 개혁된신앙사, 2002. 『개혁』. 윤종석. 복있는사람, 2018.
The Bruised Reed and Smocking Flax (1630)	『꺼져가는 심지와 상한 갈대의 회복』. 전용호. 지평서원, 2007. 『내가 어찌 너를 버리겠느냐?』. 조계광. 규장, 2008.
The Glorious Feast of the Gospel	『영광스러운 부르심』. 이태복. 지평서원, 2008.

Taffin, Jean (장 타펭, 1529-1602)	
The Marks of God's Children	『너를 내 손바닥에 새겼고』. 홍종락. 두란노, 2007.

Teelinck, Willem (빌렘 텔링크, 1579-1629)	
The Path of True Godliness	『나의 가는 길 오직 그가 아시나니』. 박문제. 두란노, 2007.

Voetius, Gisbertus (히스베르투스 푸치우스, 1589-1676)	
Spiritual Depression	『내 영이 주를 갈망하며』. 홍종락. 두란노, 2007. 『영적 침체』. 황영식. 누가, 2011.

Adams, Thomas(토머스 애덤스, 1583-1652)

Ainsworth, Henry(헨리 아인스워드, 1569-1622)

Airay, Henry (헨리 아이레이, 1560-1616)

Baker, Richard Sir(리처드 베이커, c.1568-1645)

Baynes, Paul(폴 베인스, 1573-1617)

Bolton, Robert(로버트 볼턴, 1572-1631)

Boys, John(존 보이스, 1571-1625)

Burgess, Anthony(앤서니 버지스, 1600-1664)

Byfield, Nocholas(니콜라스 바이필드, 1579-1697)

Caryle, Joseph(조지프 캐릴, 1602-1673)

Case, Thomas(토머스 케이스, 1598-1682)

Cotton, John(존 코튼, 1584-1652)

Crisp, Tobias(토비아스 크리스프, 1600-1643)

Davenant, John(존 대버넌트, 1572-1641)

Dent, Arthur(아서 덴트, 1553-1607)

Derring, Edward(에드워드 데링, 1540-1576)

Downame, George(조지 다우네임, c.1563-1634)

Downame, John(존 다우네임, 1571-1652)

Dyke, Daniel(다니엘 다이크, d.1614)

Ford, Thomas(토머스 포드, 1598-1647)

Gouge, William(윌리엄 구지, 1575-1653)

Greenham, Richard(리처드 그린햄, c.1535-1594)

Greenhill, William(윌리엄 그린힐, 1598-1671)

Hall, Joseph(조지프 홀, 1574-1656)

Harris, Robert(로버트 해리스, 1581-1658)

Hildersam, Arthur(아서 힐더삼, 1563-1632)

Hill, Robert(로버트 힐, d.1623)

Johnson, Edward(에드워드 존슨, 1598-1672)

Lightfoot, John(존 라이트풋, 1602-1675)

Mather, Richard(리처드 매더, 1596-1669)

Pemble, William(윌리엄 펨블, 1591-1623)

Ranew, Nathaniel (나다니엘 레이뉴, 1602-1677)

Reynolds, Edward(에드워드 레이놀즈, 1599-1676)

Rogers, Richard(리처드 로저스, 1551-1618)

Scudder, Henry(헨리 스쿠더, c.1585-1652)

Smith, Henry(헨리 스미스, 1560-1591)

Taylor, Thomas(토머스 테일러, 1576-1632)

Trapp, John(존 트랩, 1601-1699)

Twisse, William(윌리엄 트위스, 1578-1656)

Whitaker, William(윌리엄 휘터커, 1548-1595)

Winthrop, John(존 윈스럽, 1588-1649)

2) 스튜어트 왕조 제임스 1세 통치기(1603-1625) 출생한 청교도
(DOB Before 1625)

Ambrose, Isaac (아이작 암브로스, 1604-1664)

Looking Unto Jesus	『예수를 바라보라』. 송용자. 2 vols. 부흥과개혁사, 2011.

Baxter, Richard (리처드 백스터, 1615-1691)

The Saint's Everlasting Rest	『성도의 영원한 안식』. 김기찬. 크리스챤다이제스트, 1996. 『성도의 영원한 안식』. 이기승. 세복, 1997. 『성도의 영원한 안식』. 황스데반. 아가페, 2011. 『회심』. 백금산. 지평서원, 2005.
A Call to the Unconverted	『회개했는가?』. 배웅준. 규장, 2008. 『회심으로의 초대』. 박문재. 크리스챤다이제스트, 2017.
The Reformed Pastor	『참 목자상』. 박형용. 생명의말씀사, 1970. 2016(좋은미래) 최치남(2007. 2012). 『하나님을 두려워하는 선한 목회자가 되라』. 서원교. 나침반, 1998. 『참된 목자』. 지상우. 크리스챤다이제스트, 2006. 『쉽게 읽는 참 목자상』. 조계광. 생명의말씀사, 2006. 『현대인을 위한 참된 목자』. 고신석. 프리셉트선교회, 2011. 『참된 목자』. 고성대. 크리스챤다이제스트, 2016.
Dying Thoughts	『천국을 준비했는가?』. 조계광. 규장, 2008.
The Godly Home	『하나님의 가정』. 장호준. 복있는 사람, 2012.

A Christian Directory: Or a Summe of Practical Theology and Case of Conscience	『기독교 생활지침: 개인윤리(1,2권)』. 『기독교 생활지침: 가정윤리(3권)』. 박홍규. 부흥과개혁사, 2018-19.

Brooks, Thomas (토머스 브룩스, 1608-1680)

Precious Remedies Against Satan's Devices	『사단의 공격을 이기는 대적 방법』. 정중은. 나침반사, 1989. 『사단의 책략 물리치기』. 서창원, 최도형. 엘맨, 2007. 『참된 회심』. 마르투스 선교회, 2014.

Bolton, Samuel (사무엘 볼턴, 1606-1654)

Heaven on Earth: A Treatise on Christian Assurance	『확신, 지상에서 누리는 천국』. 이태복. 지평서원, 2001/2012.
The True Bounds of Christian Freedom	『크리스찬의 자유의 한계』. 박우석. 생명의말씀사, 1984. 『자유 자유 자유』. 박영옥. 목회자료사, 1992. 『크리스찬, 자유를 묻다』. 조계광. 생명의말씀사, 2017.

Bridge, William (윌리엄 브리지, 1600-1670)

A Lifting Up For the Downcast	『회복』. 김동완. 복있는사람, 2018.

Durham, James (제임스 더럼, 1622-1658)

The Blessedness of the Death of These that Die in the Lord	『주님 안에서 죽는 사람은 복이 있다』. 송용자. 기독교문사, 2005. 『어떻게 살고, 어떻게 죽을 것인가?』. 송용자. 씨뿌리는사람, 2016.

Eliot, John (존 엘리엇, 1604-1690)

Indian Dialogues	『인디언과의 대화』. 김도훈. CLC, 2017.

Fisher, Edward (에드워드 피셔, fl. 1627-1655)

The Marrow of Modern Divinity	『개혁신학의 정수』. 황준호 편역. 부흥과개혁사, 2018.

Flavel, John (존 플라벨, 1628-1691)

The Mystery of Providence	『섭리의 신비』. 구본규. 양문출판사, 1987. 『하나님의 섭리』. 조계광. 규장, 2009. 『섭리의 신비』. 박문재. 크리스챤다이제스트, 2017.
Saint Indeed	『마음: 참된 성도의 마음』. 이태복. 지평서원, 1999. 『내 마음 다스리기』. 차명호. 미션월드 라이브러리, 2016.
Method of Grace in Gospel Redemption	『은혜의 방식』. 서문강. 청교도신앙사, 2011.
An Honest, Well Experienced Heart	『마음 지키기』. 이대은. 생명의말씀사, 2014.
Facing Grief	『슬픔』. 윤종석. 복있는 사람, 2016.

Gurnall, William (윌리엄 거널, 1616-1679)

The Christian in Complete Amour	『그리스도인의 전신갑주』. 임금선. 4 vols. 예찬사, 1991/2002. 『그리스도인의 전신갑주』. 원광연. 2 vols. 크리스챤다이제스트, 2014/2019. 『윌리엄 거널의 그 담대함』. 축약본. 마르투스선교회, 2014.

Guthrie, William (윌리엄 거스리, 1620-1665)

The Roots of True Faith	『당신은 참된 신자입니까 아니면 거짓 신자입니까』. 류익태. 나침반사, 1998.
Christian's Great Interest	『참된 구원의 확신』. 오현미. 그책의사람들, 2016.

Love, Christopher (크리스토퍼 러브, 1618-1705)

The Dejected Soul's Care	『낙망하는 내 영혼의 회복』. 이광식. 지평서원, 2007.

Ness, Christopher (크리스토퍼 네스, 1621-1705)

An Antidote to Arminianism	『칼빈주의자가 본 알미니안주의』. 강귀봉. 생명의말씀사, 1974.

Manton, Thomas (토머스 맨턴, 1620-1677)

A Practical Commentary: James	『야고보서』. 이길상. 아가페출판사, 1988. 『야고보서: 토마스 맨튼 성경주석』. 상하. 이길상, 황영철. 아가페북스, 2015.
Temptation of Christ	『시험 당하신 그리스도』. 김태곤. 생명의말씀사, 1999.
A Treatise of Self-Denial	『자기부정』. 박홍규. 믿음과행함, 2016.

Owen, John (존 오웬, 1616-1683)

An Exposition of the Epistle to the Hebrews	『히브리서 주석』. 축약본. 지상우. 생명의말씀사, 1986.
The Glory of Christ	『주님 영광에 대한 묵상이 신자에게 주는 유익/위로』. 조주석. 요약본. 나침반, 1988. 『그리스도의 영광』. 서문강. 지평서원, 1996/2003/2011.

The Glory of Christ	『회복의 길: 영적후패와 불신에 대한 그리스도의 영광의 적용』. 마르투스선교회, 2015.
Sin and Temptation / Triumph over Temptation/On Temptation	『죄와 유혹』. 엄성옥. 은성, 1991/1997/2011. 『쉽게 읽는 죄와 유혹』. 조계광. 생명의말씀사, 2007/2016. 『시험』. 김귀탁. 전집 2. 부흥과개혁사, 2010. 『템테이션』. 마르투스 선교회. 마르투스, 2014.
Communion with God	『성도와 하나님과의 교제』. 황을호. 생명의말씀사, 1994. 『사랑할수록 참 좋은 나』. 이설, 김성연. 강같은평화, 2010. 『교제』. 김귀탁. 복있는사람, 2016.
Spiritual Mindedness	『영적 사고 방식』. 서문강. 청교도신앙사, 1997. 『그리스도인의 영성』. 조호영. 보이스사, 1998 [요약본]. 『영의 생각, 육신의 생각』. 서문강. 청교도신앙사, 2011. 『영의 생각, 육의 생각』. 김태곤. 생명의말씀사, 2011. 『영적 사고』. 박홍규. 부흥과개혁사, 2019.
The Nature and Causes of Apostasy From the Gospel	『왜 그들은 복음을 배반하는가』. 안보헌. 생명의말씀사, 1997. 『배교의 본질과 원인』. 박홍규. 전집 6. 부흥과개혁사, 2018.
The Holy Spirit	『개혁주의 성령론』. 이근수. 여수룬, 2000.

Evidences of the Faith of God's Elect & The Strength of Faith	『참된 믿음의 특성과 능력』. 이태복. 개혁된신앙사, 2002. 『구원하는 믿음의 증거』. 조계광. 생명의말씀사, 2018.
Christians are Forever (Doctrine of the Saints' Perseverance Explained and Confirmed)	『성도의 견인』. 조은화. 생명의말씀사, 2002/2013.
The Mortification of Sin	『죄 죽이기』. 서문강. SFC, 2004. 『내 안의 죄 죽이기』. 김창대. 브니엘, 2007/2016. 『죄 죽임』. 김귀탁. 전집 3. 부흥과개혁사, 2009. 『현대인을 위한 죄 죽이기』. 최예자. 프리셉트선교회, 2012.
On Indwelling Sin in Believers	『신자 안에 내재하는 죄』. 김귀탁. 전집 1. 부흥과개혁사, 2009.
A Declaration of Glorious Mystery of the Person of Christ-God and Man	『기독론』. 박홍규. 개혁된신앙사, 2005. / 퍼플, 2019.
A Discourse of the Work of the Holy Spirit in Prayer	『성령이 도우시는 기도』. 박홍규. 지평서원, 2005.
Sacramental Discourse	『나를 기념하라: 존 오웬의 성찬설교』. 이태복. 지평서원, 2008.
On the Dominion of Sin and Grace	『죄와 은혜의 지배』. 이한상. 전집 4. 부흥과개혁사, 2011.

Life by His Death (Death of Death in the Death of Christ)	『그리스도의 죽으심』. 축약본. 조계광. 생명의말씀사, 2014.
Exposition of Psalm 130	『죄용서: 시편 130편 강해』. 박홍규. 전집 5. 부흥과개혁사, 2015.
A Guide to Church: Fellowship and Order	『그리스도인의 교제 의무』. 김태곤. 개혁된신앙사, 2019.
The Doctrine of Justification by Faith Through the Imputation of the Righteousness of Christ	『칭의론』. 박홍규. 처음과나중, 2020.

Poole, Matthew (매튜 풀, 1624-1679)

Matthew Poole's Commentary	『매튜 풀: 청교도 성경주석』. 8 vols. [신약: 14-21] 박문재. 크리스챤다이제스트, 2015-16. 『갈라디아서』. 김용훈. 매튜풀 주석 시리즈 vol.1. 그책의사람들, 2014.

Watson, Thomas (토머스 왓슨, c.1620-1686)

A Body of Divinity: Contained in Sermons upon the Westminster Assembly's Catechism.	『설교로 엮은 소요리문답 강해』. 서춘웅. 세종문화사, 1982. 『신학의 체계』. 이훈영. 크리스챤다이제스트, 1996/2002.
The Ten Commandments	『십계명』. 김기홍. 양문출판사, 1982. 『십계명 해설』. 이기양. 기독교문서선교회, 1984/2007.

The Lord's Prayer	『주기도문 해설』. 이기양. 기독교문서선교회, 1989.
The Beatitudes: An Exposition of Matthew 5:1-12	『팔복해설: 마태복음 5:1-12 해설』. 라형택. 기독교문서선교회, 1990/2012.
Doctrine of Repentance	『회개』. 이기양. 기독교문서선교회, 1991/2001. 『회개』. 김동완. 복있는 사람, 2015. 『회심』. 강현민. 컴파스북스, 2018.
All Things For Good	『고난의 현실과 하나님의 섭리』. 목회자료사 번역, 1991. 『안심하라』. 조계광. 규장, 2009. 『고난의 참된 의미』. 임세일. 목회자료사, 2013.
A Divine Cordial	『모든 것이 협력하여 선을 이룬다』. 김기찬. 생명의말씀사, 1997.
The Godly Man's Picture	『경건을 열망하라』. 생명의말씀사 편집부, 1999/2018. 『거룩한 열정』. 문석호. 솔로몬, 2000. 『경건』. 김동완. 복있는 사람, 2015.
Gleanings from Thomas Watson	『묵상』. 이기양. 기독교문서선교회, 2002/2005.
The Great Gain of Godliness	『하나님을 경외하는 사람』. 조계광. 규장, 2008. 『거룩한 두려움』. 정시용. 프리스브러리, 2017.
The Christian On the Mount	『묵상의 산에 오르라』. 조계광. 생명의말씀사, 2013.

Heaven Taken by Storm	『천국을 침노하라』. 조계광. 생명의말씀사, 2014.
Act of Divine Contentment	『자족하는 법』. 정시용. 프리스브러리, 2017.

Alleine, Richard(리처드 얼라인, 1611-1681)

Bradstreet, Anne(앤 브래드스트리트, 1612-1672)

Clarkson, David(데이비드 클락슨, 1622-1686)

Cobbet, Thomas(토머스 코빗, 1608-1686)

Coles, Elisha(엘리사 콜스, 1608-1688)

Gillespie, George(조지 길레스피, 1613-1648)

Gilpin, Richard(리처드 길핀, 1625-1700)

Gouge, Thomas(토마스 구지, 1605-1681)

Grew, Obadiah(오바디야 그루, 1607-1689)

Hamond, George(조지 해먼드, c.1620-1705)

Hardy, Nathaniel (나다나엘 하디, 1619-1670)

Hoornbeek, Johannes(요하네스 호른베이크, 1617-1666)

Jacomb, Thomas(토머스 제이콤, 1623-1687)

Jenkyn, William(윌리엄 젠킨, 1613-1685)

Lawrence, Edward(에드워드 로런스, 1627-1695)

Lyford, William(윌리엄 라이퍼드, 1597-1653)

Marbury, Edward(에드워드 마베리, d.1655)

Norton, John(존 노턴, 1606-1663)

Polhill, Edward(에드워드 폴힐, c.1622-c.1694)

Robinson, Ralph(랄프 로빈슨, 1614-1655)

Shepard, Thomas(토머스 쉐퍼드, 1605-1649)

Spurstowe, William(윌리엄 스퍼스토 c.1605-1666)

Stuckley, Lewis(루이스 스턱클리, 1621-1687)

Symonds, Joseph(조지프 시머즈, d.1652)

Venning, Ralph(랄프 베닝, c.1622-1674)

3) 스튜어트 왕조 찰스 1세–제임스 2세 통치기(1625-1688) 출생한 청교도(DOB Before 1688)

Alleine, Joseph (조셉 얼라인, 1634-1668)

An Alarm to the Unconverted	『회개에의 경종』.이태웅. 생명의말씀사, 1967/1974/1977/1988. 『회개의 참된 의미』. 이길상. 목회자료사, 1991/2007. 『돌이켜 회개하라』. 이용복. 규장, 2008. 『회개하지 않은 자에게 보내는 경고』. 박문재. 크리스챤다이제스트, 2015. 『회심의 은혜』. 박일귀. 패밀리북클럽, 2016.
A Sure Guide to Heaven Or An earnest invitation to sinners to turn to God	『천국에의 초대』. 이태웅. 생명의말씀사, 1992/1996/2002/2007. 『천국에 이르는 길』. 김태곤. 생명의말씀사, 2012.

Bates, William (윌리엄 베이츠, 1625-1699)

The Danger of Prosperity	『성공: 유혹인가, 축복인가』. 조계광. 생명의말씀사, 2015.

Boston, Thomas (토머스 보스턴, 1676-1732)

The Crook in the Lot	『내 몫에 태인 십자가』. 서문강. SFC, 2005. 『고통 속에 감추인 은혜의 경륜』. 서문강. 청교도신앙사, 2013.
An Illustration of the Doctrine of the Christian Religion	『웨스트민스터 소교리문답 해설 1』. 장호준. 부흥과개혁사, 2018.
A Memorial Concerning Peronal and Family Fasting	『금식의 영성』. 이태복. 지평서원, 2010.

Repentance	『회개』. 조계광. 생명의말씀사, 2014.
Human Nature in Its Fourfold State	『인간 본성의 4중 상태』. 스데반 황. 부흥과개혁사, 2015. 『죽은 자의 부활』. 스데반 황. 전자책. 퍼플, 2014. [4부 3장]
An Illustration of the Doctrines of the Christian Religion.. Shorter Catechism. Vol.1	『웨스터민스터 소교리문답 해설 1』. 장호준. 부흥과개혁사, 2018.

a Brakel, Wilhelmus (빌헬무스 아 브라켈, 1635-1711)

The Christian's Reasonable Service	『그리스도인의 합당한 예배』. 4 vols. 김효남, 서명수, 장호준 옮김. 지평서원, 2019.

Bunyan, John (존 번연, 1628-1688)

The Pilgrim's Progress	『텬로력정』. 게일(J. S. Gale). n.p. n.d. 『텬로력정』. 게일(J. S. Gale). 원산성회, 1894. 『텬로력뎡』. 게일(J. S. Gale). The Trilingual Press, 고종 32(1895). 『텬로력정』. 게일(J. S. Gale), 조선야소교서회, 1919. 『텬로력정, 데2권, 긔독도부인 려[행]록』. Lillias Horton. 조선야소교서회, 1920. 『천로역정』. 上下 오천영. 대한기독교서회, 1939/1954/1961/1970/1975/1980/1994. 『천로역정』. 오천영. 혜문사(1954)/ 기문사(1962). 『하늘가는 길』. 김동준. 은총문화협회, 1954.

『천로역정』. 원창엽. 오류출판사, 1973.
/홍신문화사(1989/2007).
『천로역정』. 조성지. 박영사, 1974.
『천로역정』. 주요섭.
을지문화사/삼중당문고, 1975/1977-78/
올재클래식스(2012).
『천로역정』. 이현주. 범우사,
1976/1984/2004.
『천로역정』. 정정숙. 세종문화사, 1977 /
혜문사(1980).
『천로역정』. 한기선. 성훈출판사, 1978/
수문사(1984).
『성도의 가는 길』. 양은선. 생명의말씀사,
1978.
『역사 전기 소설 제1권』. 어용선.
한국학문헌연구소편, 아세아문화사, 1979.

The Pilgrim's Progress

『천로역정』. 이성학. 상서각, 1980.
『천로역정』. 윤정. 배제서관, 1984.
『천로역정』. 이성한. 성창출판사, 1984.
『천로역정』. 최정선. 지성,
1984/1988/2016.
『천로역정』. 上下 송운하. 청한, 1984/87.
『천로역정』. 유성덕. 크리스챤다이제스트,
1985/88/2001/05. CH북스(2018).
『천로역정』. 정훈성. 성도, 1986.
『천로역정』. 영한대역. 시사영어사,
1986/1990/1994.
『현대인의 천로역정』. 예찬사, 1987.
『천로역정』. 이문숙. 예찬사, 1993.
『천로역정』. 홍신사상신서 vol.18, 1987.
『천로역정』. 오금용. 예지원, 1989.
『천로역정』. 심재원. 한글, 1991/2001.
『천로역정』. 이상현. 청목, 1992.

『천로역정』. 윤경호. 도서출판나나, 1995.
『천로역정』. 박재천. 기독태인문화사, 1998.
박천칠(1992).
『천로역정』. 이경옥. 생명의말씀사, 1992.
조은화(2007/2012).
『천로역정』. 김제. 두풍, 1993.
『천로역정』. 홍미숙. 다모아, 1994.
『천로역정』. 유한준. 대일출판사, 1994.
『천로역정』. 정습섭. 혜원, 1995.
『천로역정』. 정승섭. 혜원출판사, 1995.
『천로역정 정편』. 황찬호.
서울대학교출판부, 2001.
『천로역정』. 박영호. CLC, 2004.
『천로역정』. 여성삼. 낮은마음, 2004;
엔크리스토, 2005/2009.
『천로역정』. 김창. 서해문집, 2006.
『천로역정』. 더클래식. 서해문집, 2006.
『천로역정』. 배응준. 규장, 2007.
『천로역정』. 김미정. 홍성사, 2007.
『천로역정』. 이동진. 해누리기획, 2007.
『천로역정』. 허미순. 씨뿌리는사람, 2007.
『천로역정』. 김충남. 드림북, 2009.
『천로역정』. 태인문화사, 2009.
『천로역정』. 이윤기. 섬앤섬, 2010.
『천로역정』. 이동일. 열린책들, 2010.
『천로역정』. 최종훈. 포이에마, 2011.
『천로역정』. 한상남. 지경사, 2011.
『천로역정』. 신성명. 아침영성지도연구원,
2012.
『천로역정』. 주경희. 두날개, 2012.
『현대인을 위한 천로역정』. 이선숙.
프리셉트, 2012.
『천로역정』. 김민지. 전자책. 미르북컴퍼니,
2013.

The Pilgrim's Progress

The Pilgrim's Progress	『천로역정』. 김민지. 더클래식, 2014. 『천로역정』. 한국셰익스피어, 2016.
The Holy War	『영들의 전쟁: 속 천로역정』. 김영국. 세종문화사, 1900. 『성전』. 김영국. 세종문화사, 1977. 『거룩한 전쟁』. 권영근. 문진당, 1989. 『거룩한 전쟁』. 황스데반. 평단문화사, 2013. 『거룩한 전쟁』. 이혜림. 생명의말씀사, 2014. 『거룩한 전쟁』. 고성대. 크리스챤다이제스트, 2015.
Grace Abounding to the Chief of Sinners	『죄인 중의 괴수에게 은총이 넘치다』. 김영국. 세종문화사, 1977. 『죄인에게 주시는 은총』. 박화목. 대한기독교출판사, 1979. 『죄인들의 우두머리에게 내린 넘치는 은혜』. 한승용. 필그림, 2001. 『죄인에게 넘치는 은총』. 문학선. 쿰란, 2003. 『넘치는 은혜』. 이길상. 규장, 2009. 『죄인의 괴수에게 넘치는 은혜』. 고성대. 크리스챤다이제스트, 2016. 『죄인에게 넘치는 은혜 : 존 번연 참회록』. 심정현. 미스바, 2003.
The Heavenly Footman	『하늘가는 마부』. 문정일. 세복, 1997. 『하늘가는 보병』. 이영길. 호산나출판사, 2014.
An Acceptable Sacrifice or the Excellency of a Broken Heart	『상한 심령으로 서라』. 이태복. 지평서원, 1999/2002/2006/2008.

Prayer	『하늘문을 여는 기도』. 정혜숙. 작은행복, 2000/ 브니엘(2003/07/09/12/15).
Saved by Grace	『은혜로 구원하라』. 이경옥. 생명의말씀사, 1982.
The Fear of God	『경외함의 진수』. 이태복. 지평서원, 2000/09.
Heart's Ease for Heart	『마음에 평안을 얻는 지혜』. 정혜숙. 작은행복, 2000.
The Resurrection of the Dead and Eternal Judgment	『죽은 자의 부활과 영원한 심판』. 김숙경. 생명의서신, 2004.
The Intercession of Christ - Christ a Complete Savior	『예수님의 뜨거운 기도』. 이기승. 씨뿌리는사람, 2006.
How to Pray in the Spirit	『존 번연의 기도』. 정진환. 생명의말씀사, 1992. 『존 번연의 기도학교』. 송준인. 두란노, 2005.
Visions of Heaven and Hell	『존 번연이 본 천국과 지옥』. 이길상. 규장, 2004.
Seasonable Counsel, or Advice To Sufferers.	『박해당하는 자에게 고함』. 김상헌. 이페이지, 2017.
The Life and Death of Mr. Badman	『저니 투 헬: 배드맨의 삶과 죽음』. 임금선. 예찬사, 2004. 『인생의 두 길: 천국과 지옥』. 문학선. 보이스사, 2006. 『악인씨의 삶과 죽음』. 고성대. 크리스챤다이제스트, 2015.

All Loves Excelling	『놀라운 하나님의 사랑』. 허미순. 기독교문사, 2005.
Justification by an Imputed Righteousness	『의롭다 하시는 하나님』. 오마리. 씨뿌리는사람, 2007.
Work of Jesus Christ As An Advocate	『대언자 되시는 예수 그리스도』. 정은영. 씨뿌리는사람, 2007.
Come and Welcome to Jesus Christ	『내게로 오라』. 황의무. 지평서원, 2011.

Charnock, Stephen (스티븐 차녹, 1628-1680)

New Birt. Part I	『당신의 거듭남, 확실합니까?』. 이태복. 지평서원, 2000.
New Birth Part II. Discourse on the Nature of Regeneration	『거듭남의 본질』. 손성은. 지평서원, 2007.
Christ Crucified	『죽임 당하신 어린양』. 김영우 & 이미아. 지평서원, 2011.
The Knowledge of God	『하나님을 아는 지식』. 임원주. 2 vols. 부흥과개혁사, 2012.
The Existence and Attributes of God	『하나님의 존재와 속성』. 임원주. 2 vols. 부흥과개혁사, 2015.

Mather, Cotton (코튼 매더, 1663-1728)

A Token for Children [with James Janeway]	『아이들의 회심 이야기』. 송용자. 지평서원, 2004/2013.

Doolittle, Thomas (토머스 두리틀, 1630-1707)

Love to Christ	『그리스도를 사랑해야 하는 이유』. 남정우. 기독교문사, 2003.

Henry, Matthew (매튜 헨리, 1662-1714)

Commentary on the Whole Bible	『매튜헨리 성서주석』. 45 vols. 기독교문사, 1975. 『매튜헨리 요약주석』. 이기문 외. 기독교문사, 1985. 『매튜헨리 단권주석』. 번역위원회. 풍만, 1986. 『매튜헨리 요약주석: 에베소서, 요한123서』. 나침반사, 1985-86. 『매튜헨리주석』. 원광연. 21 vols. 크리스챤다이제스트, 2006-09/2015.
A Church in the House: A Sermon Concerning Family Religion (London, 1704)	『가정 예배를 회복하라』. 이영자. 미션월드, 2012.
Directions for Daily Communion	『날마다 하나님과』. 김순희. 생명의말씀사, 1983/1991. 『하나님과 함께하는 하루』. 김순희. 생명의말씀사, 2004.
A Way to Pray	『메튜헨리의 기도』. 황봉환. 진리의깃발, 2004. 『메튜헨리 기도』. 김동완. 복있는사람, 2018.
Wisdom for christian living	『삶의 지혜』. 유정희. 생명의말씀사, 2005.

Janeway, James (제임스 제인웨이, 1636-1674)

A Token for Children [with John Cotton]	『아이들의 회심 이야기』. 송용자. 지평서원, 2004/2013.

Keach, Benjamin (벤자민 키치, 1640-1704)

Preaching from the Types and Metaphors of the Bible	『성경 은유 영해』. 김경선. 5 vols. 여운사, 1987.

| *Tropologia* | 『성경의 환유.은유.예표.비유.제유 해설 대사전』. 김경선. 여운사, 1991. |

Koelman, Jacobus (야코부스 쿨만, 1631–1695)

| *The Duties of Parents* | 『주의 사랑과 훈계로』. 유정희. 두란노서원, 2017. |

Lee, Samuel (사무엘 리, 1627–1691)

| *How to Manage Secret Prayer* | 『기도의 영성』. 이광식. 지평서원, 2010. |

Marshall, Walter (월터 마셜, 1628–1680)

| *The Gospel Mystery of Sanctification* | 『성화의 신비』. 장호준. 복있는사람, 2010. |

Mead, Matthew (매튜 미드, 1629–1699)

| *The Almost Chrsitan Discovered* | 『유사 그리스도인』. 장호익. 지평서원, 2000/2008. |

Scougal, Henry (헨리 스쿠걸, 1650–1678)

| *The Life of God in the Soul of Man* | 『인간의 영혼 안에 있는 하나님의 생명』. 모수환. 크리스챤다이제스트, 2004/15. 『인간의 영혼 안에 있는 하나님의 생명』. 김태곤. 생명의말씀사, 2007. |

Steele, Richard (리처드 스틸, 1629–1692)

| *A Remedy for Wandering Thoughts in Worship* | 『흐트러짐: 예배를 깨뜨리려는 유혹』. 송광택. 지평서원, 2009. |
| *The Religious Tradesman* | 『그리스도인의 경제윤리』. 조계광. 지평서원, 2011. |

Stoddard, Solomon (솔로몬 스토다드, 1643-1729)

A Guide to Christ	『그리스도께로 가는 길』. 이순임. 기독교문사, 2003.

Vincent, Nathaniel (나다나엘 빈센트, 1619-1670)

The Spirit of Prayer	『기도의 영성』. 이광식. 지평서원, 2010. [공저]

Vincent, Thomas (토머스 빈센트, 1634-1678)

The Shorter Catechism Explained from Scripture	『성경 소요리문답 해설』. 홍병창. 여수룬, 1998.
The True Christian's Love to the Unseen Christ	『보지 못한 그리스도를 향한 참된 성도의 사랑』. 이태복. 지평서원, 2001.

Alsop, Vincent(빈센트 알솝, 1630-1703)

Asty, Robert(로버트 아스티, 1642-1681)

Binning,Hugh(휴 비닝, 1627-1653)

Erskine, Ebenezer(에베니저 어스킨, 1680-1754)

Erskine, Ralph(랄프 어스킨, 1685-1752)

Gearing, William(윌리엄 기어링, c.1625-1690)

Gray, Andrew(앤드루 그레이, 1633-1656)

Halyburton, Thomas(토머스 할리버턴, 1674-1712)

Hellenbroek, Abraham(아브라함 헬렌브루크, 1658-1731)

Heywood, Oliver(올리버 헤이우드, 1630-1702)

Henry, Philip(필립 헨리, 1631-1696)

Howe, John(존 하우, 1630-1705)

Hopkins, Ezekiel(에제키엘 홉킨스, 1634-1673)

Mather, Increase(인크리스 매더, 1639-1723)

Mather, Samuel(사무엘 매더, 1626-1671)

Rogers, Timothy(티모시 로저스, 1658-1728)

Pearse, Edward(에드워드 피어스, c.1633-1673)

Ridgley, Thomas(토머스 리질리, 1667-1734)

Sewall, Samuel(사무엘 시월, 1652-1730)

Shower, John(존 샤우어, 1657-1715)

Taylor, Edward(에드워드 테일러, c.1642-1729)

Traill, Robert(로버트 트레일, 1642-1716)

Trosse, George(조지 트로세, 1631-1713)

van der Kemp, Johannes(요하네스 판 데어 캠프, 1644-1718)

Wigglesworth, Michael(마이클 위글스워스, 1631-1705)

Witsius, Herman(헤르만 비치우스, 1636-1708)

4) 스튜어트/오라네 윌리엄 3세-앤 여왕 통치기(1689-1714)에 출생한 청교도(DOB Before 1714)

Edwards, Jonathan (조나단 에드워즈, 1703-1758)

Freedom of the Will. WJE Vol.1	『의지의 자유』. 채재희. 예일문화사, 1987. 『의지의 자유』. 조나단에드워즈전집 2. 김찬영. 부흥과개혁사, 2016. 『자유의지』. 정부흥. 새물결플러스, 2017.
The Religious Affection WJE Vol.2	『신앙과 정서』. 서문강. 지평서원, 1994/2000/2009. 『신앙감정론』. 정성욱. 조나단에드워즈전집 1. 부흥과개혁사, 2005. 『애정의 영성』. 정혜숙. 브니엘, 2005.
A Faithful Narrative of the Surprising Work of God	『놀라운 회심이야기』. 정부흥. 기독교문서선교회, 1997/2005. 『놀라운 회심의 이야기』. 양낙흥. 크리스챤다이제스트, 2002. 『놀라운 부흥과 회심이야기』. 백금산. 부흥과개혁사, 2006.
Jonathan Edwards on Knowing Christ	『그리스도를 아는 지식』. 서문강. 지평서원, 1998/2001.
Sinners in the Hands of an Angry God	『성난 하나님의 손 안에 떨어진 죄인들』. 이우진. 말씀보존학회, 1998/2013. 『진노한 하나님의 손에 붙들린 죄인들』. 안보헌. 생명의말씀사, 1998/2004/2008/2017. 『진노하시는 하나님의 손 안에 있는 죄인』. 백금산. 부흥과개혁사, 2004.

Charity and Its Fruits	『사랑과 그 열매: 고린도전서13장 강해』. 서문강. 청교도신앙사, 1999/02. 『고린도전서13장 사랑』. 서문강. 청교도신앙사, 2013.
Watchman For Souls	『목사, 성도들의 영혼 지킴이』. 이용중. 부흥과개혁사, 2006.
The Power of God	『로마서 주석』. 김귀탁. 복있는사람, 2014.
Resolutions	『성도다운 학자의 결단』. 홍순우. 도서출판 세복, 1997. 『점검: 자신을 세밀히 살펴봄』. 조계광. 생명의말씀사, 2015.
Devotions from the pen of Jonathan Edwards	『영혼의 위로』. 조계광. 생명의말씀사, 2003.
Concerts of Prayer	『기도합주회』. 정성욱, 황혁기. 부흥과개혁사, 2000/2004.
The Experience That Counts	『영적감정을 분별하라』. 김창영. 생명의말씀사, 2001.
The Life of David Brainerd	『데이비드 브레이너드: 생애와 일기』. 윤기향. 크리스챤다이제스트, 2002/2009/2013. 『순전한 헌신: 데이비드 브레이너드: 생애와 일기』. 조계광. 생명의말씀사, 2013. 『데이비드 브레이너드: 생애와 일기』. 원광연. 크리스챤다이제스트, 2009/2016. 『데이비드 브레이너드: 생애와 일기』. 송용자. 복있는사람, 2008.
The Distinguishing Marks of a Work of the Spirit of God	『부흥을 원하면 고정관념을 버리라』. 배응준. 나침반, 1998.

A Divine and Supernatural Light	『성령의 역사 분별 방법』. 노병기. 부흥과개혁사, 2004. 『신적이며 영적인 빛』. 백금산. 부흥과개혁사, 2004. 『신적이며 초자연적인 빛』. 고수영. 디아스포라, 2016.
Jonathan Edwards Sermon Library	『조나단 에드워즈 명설교 시리즈』. 백금산. 부흥과개혁사, 2004.
Heaven is a World of Love	『천국은 사랑의 나라입니다』. 백금산. 부흥과개혁사, 2005.
The Great Awakening. WJE Vol.4	『부흥론』. 조나단에드워즈전집 7. 양낙홍. 부흥과개혁사, 2005.
God Glorified in the Work of Redemption	『구속사역을 통해 영광받으시는 하나님』. 백금산. 부흥과개혁사, 2005.
A Farewell Sermon	『심판날 다시 만날, 분쟁하는 목사와 교인들』. 백금산. 부흥과개혁사, 2005.
Much in Deep of Charity	『불우이웃돕기는 하나님의 은혜받는 비결이다』. 백금산. 부흥과개혁사, 2005.
A History of the Works of Redemption. WJE Vol.3.	『구속사』. 조나단에드워즈전집 3. 김귀탁. 부흥과개혁사, 2007.
True Believer	『참된 신자가 되라』. 이기승. 씨뿌리는사람, 2007.
The Nature of True Virtue	『참된 미덕의 본질』. 노병기. 부흥과개혁사, 2005.
Original Sin. WJE Vol.3	『원죄론』. 조나단에드워즈전집 4. 김찬영. 부흥과개혁사, 2016.

God Glorified in Man's Dependence	『사람의 의존에서 영광받으시는 하나님』. 고수영. 디아스포라, 2016.
Radical Conversion and True Revival	『철저한 회심, 참된 부흥』. 임은묵. 예찬사, 2017.
Knowledge of Divine Truth	『신학공부의 필요성과 중요성』. 백금산. 부흥과개혁사, 2004.
Dissertation On the End For Which God Created	『조나단 에드워즈가 본 천지 창조의 목적』. 정일오. 솔로몬, 2003.
Justification by Faith Alone Treatise on Grace	『기독교 중심: 이신칭의 은혜론』. 이태복. 개혁된신앙사, 2002. 『이신칭의』. 정부흥. 그리심, 2019.
Sermons: Jonathan Edwards' Preaching on the Gospel	『복음설교 조나단 에드워즈에게 배우다』. 김홍만. 생명의말씀사, 2016.

Comrie, Alexander (알렉산더 콤리, 1706-1774)

Frelinghuysen, Theodorus Jacobus (테오도루스 야코부스 프렐링하이젠, 1691-1747)

van der Groe, Theodorus (테오도루스 판 데어 흐루, 1705-1784)

2. 국내 연구물

(1) 단행본: "청교도" 1950-2019년

1) 1950-70s

역사/사상

홍종철, 『청교도혁명기의 영국사회의 변혁』 (서울: 고려대, 1959).

인물/신학

박영호, 『청교도신앙』 (서울: 예수교문서선교회, 1979, 1991).

2) 1980-90s

역사/사상

박영효, 『청교도 신앙』 (서울: CLC, 1994).

서요한, 『언약 사상사』 (서울: CLC, 1994).

임희완, 『청교도 혁명의 종교적 급진사상 : 윈스탄리를 중심으로』 (서울: 집문당, 1985).

임희완, 『영국 혁명의 수평파 운동』 (서울: 민음사, 1988).

임희완, 『청교도: 삶, 운동, 사상』 (서울: 아가페문화사, 1999).

홍사중, 『영국 혁명사상사』 (서울: 정예원, 1982).

G. E. 에일머, 『청교도 혁명에서 명예 혁명까지』
임희완 역 (서울: 삼눈, 1986).
[원제: Aylmer, G. E. *A Short history of seventeenth-century England*]

알렌 카덴, 『청교도정신: 17세기 미국 청교도들의 신앙과 생활』
박영호 역 (서울: CLC, 1993).
[원제: Allen Carden, *Puritan Christianity in America*]

I.D.E. 토마스, 『퓨리탄의 힘은 무엇인가?』
(서울: 대한예수교장로회신학교대학원, 1985).
『퓨리탄의 힘』 오태용 역 (서울: 바른신앙, 1991).
[원제: *Puritan Power*]

I.D.E. 토마스 편, 『청교도 명언 사전』 이남종 역
(서울: 크리스챤다이제스트, 1992).
[원제: *The Golden Treasury of Puritan Quotations*]

인물/신학

원종천, 『칼빈과 청교도 영성』 (서울: 도서출판 하나, 1994).

원종천, 『청교도 언약사상: 개혁운동의 힘』 (서울: 대한기독교서회, 1998).

정준기, 『청교도 인물사: 현대인을 위한 청교도 연구』
(서울: 생명의말씀사, 1996).

제임스 헤론, 『청교도역사』 박영효 역 (서울: 기독교문서선교회, 1982/89).
[원제: James Heron, *A Short History of Puritanism*]

마틴 로이드 존스,『청교도신앙: 그 기원과 계승자들』서문강 역
(서울: 생명의말씀사, 1990/1993/2019).
[원제: Martin Lloyd-Jones, *Puritans : Their Origins and Successors*]

J. I. 패커,『청교도 사상: 하나님의 영적거인들: 박스터, 오웬, 십스』
박영호 역 (서울: CLC, 1992/2016).
[원제: J.I. Packer, *Among God's Giants*]

리랜드 라이큰,『청교도: 이 세상의 성자들』김성웅 역
(서울: 생명의말씀사, 1996).
[원제: Leland Ryken, *Worldly Saints*]

아서 루너,『청교도의 후예: 그들의 발자취와 회중사상』유성렬 역
(서울: 들소리, 1983).
[원제: Arthur A. Rouner, *The Congregational way of life*]

실천신학

루이스 피터,『청교도 목회와 설교』서창원 역 (서울: 청교도신앙사, 1991).
[원제: Peter Lewis, *The Genius of Puritanism*]

홀톤 데이비스,『청교도 예배: 1629-1730』김석한 역 (서울: CLC, 1999).
[원제: Horton Davis, *The Worship of English Puritans*, 1945]

3) 2000s

역사/사상

오만규,『청교도 혁명과 종교자유』(서울: 한국신학연구소, 2002).

이문영,『인간, 종교, 국가: 미국행정, 청교도정신, 그리고 마르틴루터의 95개조』(서울: 나남출판, 2001).

정만득,『미국의 청교도 사회: 정착 초기의 역사』(서울: 비봉, 2001) 2003. [전자책]

조신권,『청교도 신앙과 문학의 탐구』(서울: 총신대학교출판부, 2005).

인물/신학

김남준,『존 오웬의 신학』(서울: 부흥과개혁사, 2008).

김상현,『청교도 신앙과 신학』(서울: 미주이민선교100주년기념사업회, 2003).

김홍만,『초기 한국장로교회의 청교도신학』(서울: 옛적길, 2003).

김홍만,『청교도 열전』(서울: 솔로몬, 2009).

박세환,『존 번연의 신학사상과 설교』(서울: 영문, 2001).

변길용,『청교도 평신도 운동: 초기 회중교회주의(1582-1648)』(서울: 한국학술정보, 2007).

송상용,『존 오웬: 청교도 신학의 최고 정상』(서울: 넥서스, 2009).

양낙홍, 『조나단 에드워즈: 생애와 사상』 (서울: 부흥과개혁사, 2003).

오덕교, 『청교도와 교회개혁』 (수원: 합동신학대학원출판부, 2001).

오덕교, 『청교도 이야기: 교회사를 빛낸 영적 거장들의 발자취』
(서울: 이레서원, 2001).

오덕교, 『언덕위의 도시: 청교도의 사회개혁적 이상』
(수원: 합동신학대학원출판부, 2005).

오희동, 『에드워즈의 대각성운동과 한국교회의 부흥운동』
(서울: 성광, 2005).

이상현, 『삼위일체, 은혜, 그리고 믿음: 조나단 에드워즈 신학 연구』
(서울: CLC, 2003).

이상현, 『조나단 에드워즈의 신학』 (서울: 부흥과개혁사, 2008).

황기식, 『청교도의 거룩한 삶의 실천』 (서울: 쿰란출판사, 2005).

황영식, 『조나단 에드워즈의 참된 부흥』 (서울: 누가, 2005).

조엘 비키, 『개혁주의 청교도 영성』 김귀탁 역 (서울: 부흥과개혁사, 2009).
[원제: Joel R. Beeke, *Puritan Reformed Spirituality*]

D.G.하트 외, 『조나단 에드워즈의 유산』 장호익 역
(서울: 부흥과개혁사, 2009).
[원제: D.G.Hart, Sean M. Lucas, Stephen J. Nicholas: *Legacy of Jonathan Edwards*]

에드워드 힌슨, 『청교도 신학』 박영호 역 (서울: CLC, 2002).
[원제: Edward Hindson, *Introduction to Puritan Theology*]

베리 호너, 『천로역정 명강의』 신호섭 역 (서울: 부흥과개혁사, 2009).
[원제: Barry E. Horner, *Pilgrim's Progress*]

에롤 헐스, 『청교도들은 누구인가?』 이중수 역 (서울: 양무리서원, 2001).
[원제: Errol Hulse, *Who are the Puritans?*]

켈리 카픽 & 랜들 글리슨 편, 『청교도 고전으로의 초대』 김귀탁 역
(서울: 부흥과개혁사, 2009).
[원제: Kelly M. Kapic & Randall C. Gleason, *The Devoted Life*]

어니스트 케빈, 『율법, 그 황홀한 은혜: 청교도신앙의 정수』 임원택
역 (서울: 수풀, 2006).
[원제: Ernest F. Kevan, *The Grace of Law*]

돈 키슬러, 『청교도 작품을 읽어야하는 10가지 이유』 백금산 역
(서울: 부흥과개혁사, 2004).
[원제: Don Kistler, *Why Read the Puritans Today?*]

앤드류 톰슨, 『죤 오웬』 엄경희 역 (서울: 지평서원, 2006).
[원제: Andrew Thomson, *John Owen*]

피터 툰, 『청교도와 칼빈주의』 양낙홍 역 (서울: CLC, 2009).
[원제: Peter Toon, *Puritans and Calvinism*]

데이비드 보건, 『조나단 에드워즈』. 김은홍 역 (서울: 기독신문사, 2004).
[원제: David Vaughan, *Jonathan Edwards*]

실천신학

박영효,『청교도 실천신학』(서울: CLC, 2002/2015).

조엘 비키,『청교도 전도: 성경적 접근』김홍만 역
(서울: 청교도신앙사, 2002).
[원제: Joel Beeke, *Puritan Evangelism*]

아서 베넷,『영혼을 일깨우는 기도: 은혜와 감동이 넘치는 청교도들의
기도와 묵상』유상섭 역 (서울: 생명의말씀사, 2001).
[원제: Bennett, Arthur, *The Valley of Vision*]

브루스 비클,『복음과 청교도 설교』원광연 역 (서울: 청교도신앙사, 2003).
[원제: Bruce R. Bickel, *Light and Heat: the Puritan View of the Pulpit and the Focus of the Gospel in Puritan Preaching*]

4) 2010s

역사/사상

고신대 개혁주의학술원 편, 『칼빈시대 영국의 종교개혁가들』
(부산: 고신대 개혁주의학술원, 2015).

고신대 개혁주의학술원 편, 『칼빈 이후 영국의 개혁신학자들』
(부산: 고신대 개혁주의학술원, 2016).

김호욱, 『영국의 종교개혁과 청교도 운동』 (서울: 가리온, 2015).

김홍만, 『청교도에게 길을 묻다』 (서울: 생명의말씀사, 2017).

박봉일, 『17세기 청교도 가정』 (서울: 카피솔루션, 2016).

배한극, 『미국 청교도 사상』 (서울: 혜안, 2010).

서요한, 『청교도 유산: 그들의 역사와 신학적 이상』 (서울: 그리심, 2016).

신승헌, 『청교도 혁명과 명예혁명』 (파주: 주니어김영사, 2012).

윤종훈, 『영국 청교도 사상사: 튜더왕조』 (서울: 성광문화사, 2014).

조신권, 『청교도 문학 속의 신학 탐구』 (서울: 아가페문화사, 2017).

주도홍, 『개혁교회 경건주의』 (서울: 대서, 2011).

존 머리, 『현대 영국 개혁주의 부활: 개혁주의 청교도 책의 재발견』
김병규 역 (서울: 부흥과개혁사, 2007).
[원제: John Murray, *Catch the Vision*]

강웅산, 『조나단 에드워즈의 칭의론』 (용인: 목양, 2017).

김영호, 『일반인을 위한 요리문답 형식의 주기도해설』
(수원: 합신대학원출판부, 2018).

김홍만, 『진리분별: 웨스트민스터 신앙고백서 해설』 (고양: 좋은땅, 2018).

노병기, 『거룩한 칭의: 복음주의 대각성 운동과 청교도의 조직신학 칭의론, 은혜론』 (서울: 예영커뮤니케이션, 2015).

노병기, 『거룩한 경고: 복음주의 대각성 신학과 청교도 구원론에 근거한 조직신학 종말론』 (서울: 예영커뮤니케이션, 2016).

문정식, 『개혁주의 언약사상: 종교개혁자 존 칼빈과 청교도 윌리암 퍼킨스 언약사상, 그 연속과 발전』 (서울: 교회와 성경, 2015).

서창원, 『청교도 신학과 신앙』 (서울: 지평서원, 2013).

안상혁, 『언약신학: 쟁점으로 읽는다』 (수원: 영음사, 2014/2016).

안상혁, 『한국인의 청교도 연구』 (수원: 합신대학원출판부, 2019).

이윤석, 『그리스도와의 연합 관점으로 본 조나단 에드워즈의 성화론』
(서울: CLC, 2017).

이은선, 『청교도 입문』 (서울: 지민, 2014).

조엘 비키 & 폴 스몰리, 『은혜로 말미암은 준비』, 마르투스선교회
(마르투스, 2018).
[원제: Joel Beeke & Paul M. Smally, *John Bunyan and the Grace of Fearing God*]

조엘 비키 & 폴 스몰리, 『존 번연의 경외: 경건한 두려움의 은혜』
신역국 역 (서울: 솔로몬, 2018).
[원제: Joel Beeke & Paul M. Smally, *Prepared by Grace for Grace*]

조엘 비키 & 랜들 패더슨, 『청교도를 만나다』 이상웅, 이한상 역
(서울: 부흥과개혁사, 2010).
[원제: Joel Beeke & Randall J. Pederson, *Meet the Puritans*]

조엘 비키 & 마크 존스, 『청교도신학의 모든 것: 삶을 위한 교리』
김귀탁 (서울: 부흥과개혁사, 2015).
[원제: Joel R. Beeke & Mark Jones, *A Puritan Theology: Doctrine for Life*]

스티븐 카셀리, 『웨스트민스터 총회의 율법과 복음: 앤서니 버지스의
언약신학과 율법과 복음의 관계』 황의무 역 (서울: CLC, 2018).
[원제: Stephen J. Casselli, *Divine Rule Maintained: Anthony Burgess*]

데릭 쿠퍼, 『토마스 맨톤의 생애와 설교: 청교도 목회자의 삶과 사상에
대한 탐구』 박광영 옮김 (서울: 개혁주의신학사, 2019).
[원제: Derek Cooper, *Thomas Manton: A Guided Tour of the Life and
Thought of a Puritan Pastor*]

안토니 T. 셀바지오 편, 『웨스트민스터 총회의 유산: 단번에 주신 믿음』
김은득 역 (서울: 개혁주의신학사, 2014).
[원제: Anthony T. Salvaggio ed., *The Faith Once Delivered*]

윌리엄 C. 왓슨, 『청교도 시대의 종말론』 곽철호/최정기 역
(이천: 성서침례대학원대학교출판부, 2017).
[원제: William C. Watson, *Dispensationalism before Darby: 17th and 18th C.
Apocalypticism*]

칼 R. 트루먼. 『존 오웬: 17세기 최고의 르네상스형 신학자』 김재모 역
(서울: 부흥과개혁사 2018).
[원제: Carl R. Trueman, *John Owen: Reformed Catholic, Renaissance Man*]

김남준,『성수주일: 청교도의 주일성수, 그 평가와 계승』
(서울: 익투스, 2015).

민재홍,『지키시는 눈동자: 현대의 청교도 전도 시집』(인천: 예향, 2013).

민재홍,『지성소: 현대의 청교도 전도 시집 2』(인천: 예향, 2017).

박영호,『청교도 실천신학』(서울: CLC, 2002/2015).

서정렬,『청교도 설교』(대전: 엘도론, 2014).

이영란,『청교도 목회학』(서울: CLC, 2014).

루이스 베일리,『청교도에게 배우는 경건』조계광, 안보현 역
(서울: 생명의말씀사, 2012).
[원제: Lewis Bayly, *The Practice of Piety*]

데이비스 홀튼,『미국 청교도 예배: 1639-1730』김상구 역 (서울: CLC, 2014).
[원제: Horton Davies, *Worship of the American Puritan: 1629-1730*]

이안 머리,『청교도의 소망: 부흥과 세계선교를 향한 청교도의 열정』
장호익 역(서울: 부흥과개혁사, 2011).
[원제: Iain Murry, *The Puritan Hope*]

랜들 패더슨,『청교도와 함께하는 말씀 묵상 365일』임범진 역
(서울: 부흥과개혁사, 2010).
[원제: Randall J. Pederson, *Day by Day with the English Puritans*]

데이비드 색스톤,『마음을 위한 하나님의 전투계획: 청교도가 실천한
성경묵상』조계광 옮김 (서울: 개혁된실천사, 2019).
[원제: David W. Saxton, *God's Battle Plan for the Mind: The Puritan Practice of Bible Meditation*]

(2) 학술지 논문: "청교도" 1950-2019년

1) 1950-70s

역사/사상/문학

나종일. "John Liburne과 Oliver Cromwell."「역사학보」74(1977): 1-78.

나종일. "영국혁명에 있어서의 종교와 정치: 장기의회의 장로파와
독립파를 중심으로."「역사학보」82(1979).

문영상. "청교도혁명의 사회경제적 배경의 분석."「동아논총」7(1970): 25-
58.

민석홍. "청교도혁명기의 수평파에 있어서의 자유와 평등의 개념."
「최문환박사 추념 논문집」(1977).

박광선. "청교도혁명시의 사회개혁운동."「문(門)」3(1973): 60-70.

이병길. "청교도혁명의 정치이론."「법정학보」1(1958): 17-37.

이장식. "청교도의 자연법사상."「신학연구」5(1959): 49-59.

임호수. "청교도 혁명의 성격에 관한 연구." 충남대「논문집」10(1971): 51-
66.

임호수. "청교도혁명기 영국의회의 역할에 관한 연구."「역사와 담론」
5(1977): 1-30.

임호수. "청교도혁명에서 거둔 성과에 대한 연구."「역사와 담론」7(1979).

조만제. "청교도혁명과 정치이론."「논문집」9(1979).

한용희. "청교도혁명의 당파적 분석."「논문집」2(1972): 163-178.

홍종철. "청교도혁명기의 영국사회의 변혁."「고려대」(1959).

홍치모. "영국혁명에 있어서의 장포파와 독립파에 관한 논의."「신학지남」
(1978).

명신홍. "빽스터와 그의 설교."「신학지남」 27/2(1960): 27-33.
명신홍. "빽스터의 목회."「신학지남」 28/3(1961): 5-8.

2) 1980s

역사/사상/문학

M.Walzer. "혁명이데올로기로서의 청교도 정신." 「신학사상」 29(1989).

김대환. "청교도 윤리와 다원주의의 야누스." 「광장」 163(1987).

노창식. "초기 미국문학의 사상적 배경." 서원대학 「논문집」 12(1983).

배한극. "미국청교도사상이 한국개신교와 근대교육에 미친 영향." 「논문집」 19(1983).

배한극. "17세기 미국 청교도의 경제사상과 윤리." 「논문집」 21(1985).

유천형. "청교도 혁명의 사상적 배경." 「교육논총」 11(1989).

이대섭. "인기연재: 청교도운동." 「활천」 408(1984).

이동섭. "올리버 크롬웰 1세 청교사상 연구." 「한성사학」 2(1984).

이동섭. "Puritan 혁명이 타국에 미친 영향." 「한성사학」 5(1988).

이세구. "영국청교도혁명의 헌정사적 고찰." 「법정논총」 6(1984).

이승영. "청교도 혁명기의 수평파운동." 「논문집」 29(1982).

이영효. "1세기 북미 뉴잉글랜드의 청교도와 인디안의 관계." 「역사학보」 123(1989).

임호수. "청교도혁명중에 나타난 인권사상에 관한 연구." 「인문학 연구」 11(1984).

장왕록. "식민지시대 미국문학에 나타난 Puritanism과 그 거센 파장." 「인문논총」 14(1985).

정만상. "Oscar Wilde의 세 희극에 비친 Puritanism." 「영남저널」 1(1981).

조경래. "영국시민혁명을 전후한 주권논쟁." 「단국대 사학지」 16(1992).

조만제. "영국 청교도혁명기의 국왕과 청교도." 「논문집」 16(1987).

조만제. "영국 청교도혁명기의 자유사상." 「경희사학」 6-8(1980).

최경한. "영국혁명의 원인." 「전주교대논문집」 27(1983).

최상하. "청교도혁명 소고." 「사학회지」 7(1965): 80-84.

최진한. "영국혁명기 제당파에 관한 연구: 장로파와 독립파 중심으로." 「전주교대논문집」 27(1978).

최진한. "청교도혁명기의 반독점운동." 「논문집」 24(1982).

인물/신학

김정근. "Jonathan Edwards." 동국대 「논문집」 27(1988).

김명혁. "요나단 에드워드의 생애와 설교." 「신학정론」 4/1(1986).

오덕교. "웨스트민스터 총회에서의 안소니 터크니의 역할과 대소요리문답 작성에 미친 그의 영향." 「신학정론」 5/2(1987).

오덕교. "교회사에 나타난 예배-청교도 존 코튼을 중심으로." 「성경과 신학」 6(1988).

오덕교. "교회의 부활: 교회 개혁에 대한 존 카튼의 종말론적 이해." 「신학정론」 7/1(1989).

유성덕. "John Bunyan의 작품에 나타난 흠정역 성경의 영향." 「논문집」 6(1987).

이성일. "An Oratio of the Progress of the Soul: Edward Taylor's God's Determination." 「인문과학」 5 48(1982).

전준수. "A Study of Jonathan Edwards." 우석대 「논문집」 5(1983).

전준수. "The Artistry of Jonathan Edwards's Literature." 우석대 「논문집」 (1985).

실천신학

오덕교. "교회사에 나타난 예배-청교도 존 코튼을 중심으로." 「성경과 신학」 6(1988).

3) 1990s

역사/사상/문학

김인수. "한국교회와 청교도 운동." 「장신논단」 13(1997).

김정문. "Shakespeare의 작품에 나타난 청교도주의." 「김구논총」 4/1(1997).

박경운. "호손의 '주홍글씨' : 헤스터의 성과 청교도 사회의 권력." 「현대영미어문학」 15/2(1997).

배한극. "17세기 미국청교도의 학문과 도덕." 「역사교육논집」 13-14(1990).

성명숙. "청교도혁명기 수평파의 인민협약에 관한 연구." 「고고력사학지」 9(1993).

송건화. "청교도주의와 Hester Prynne." 「우암논총」 18(1997).

오덕교. "뉴잉글랜드 청교도의 가정관." 「성경과 신학」 24 (1998).

이영효. "17세기 매사추세츠 청교도의 인디안 전도사업." 「역사교육」 49(1991).

이은선. "칼빈과 청교도의 경제윤리." 「한국개혁신학」 6/1(1999).

이형식. "미국 연극에서의 청교도주의." 「통일인문학」 30 (1998).

정준기. "미국 제1차 각성운동." 「광신논단」 5(1993).

정준기. "미국 청교도 각성운동." 「광신논단」 6(1994).

조경래. "Puritan Revolution에 있어서의 독립파의 정권에 관한 연구." 「상명여대 인문과학연구」 3(1995).

홍영백. "17세기 뉴잉글랜드의 경제윤리." 동국사학 3(1997).

황훈성. "황야의 이데올로기: 미국 자연관의 청교도적 전통." 「영어영문학」 42(1996).

인물/신학

김대진. "조나단 에드워즈의 생애와 사상." 「신학과 사회」 1/1(1998).

김성균. "John Bunyan의 The Holy War." 「영어영문학연구」 15(1993).

김중락. "Samuel Rutherford와 국민계약 사상."「전북사학」21-22(1999).

박희석. "Pastoral Life in John Owen."「총신대 논총」15(1996).

박희석. "The Practical Observance of the Lord's Day in John Owen."
　　　Chongshin Review 3(1998).

배본철. "성령의 성화 사역에 대한 청교도적 이해."「성결신학연구」
　　　2(1997).

성경준. "존 코튼과 엔티노미언 논쟁."「미국학논집」31/1(1999).

신덕희. "Mystic Selves: Edward Taylor and John of the Cross."「미국학논집」
　　　31/2(1999).

신덕희. "Mystical Spirituality in Edward Taylor's Canticle Poems."
　　　「영어영문학」44/4(1998).

신두호. "Theology and Metaphor: Thomas Aquinas and Edward Taylor."
　　　「북미주학 연구」4(1995).

양유정. "앤 브랫스트리트의 시에 나타난 청교도적 자아와 사회."
　　　「동서논문집」1/1(1995).

오덕교. "존 코튼의 교회개혁에 대한 종말론적 해석."「신학정론」
　　　8/1(1990).

오덕교. "존 코튼의 그리스도의 천년왕국에 대한 이해."「신학정론」
　　　9/1(1991).

오덕교. "청교도적 관점에서 본 교회정치의 원리."「신학정론」13(1995).

오춘희. "코메니우스와 청교도의 관계에 대한 일 고찰."「ACTS신학과
　　　선교」1(1997).

원종천. "16세기 영국 청교도 언약사상 형성의 역사적 배경."
　　　「ACTS신학과 선교」2(1998).

원종천. "Theocentric Natural Fitness: Jonathan Edwards, John Owen." ACTS
　　　「신학저널」6(1996).

유성덕. "Milton의 *Paradise Lost*와 Bunyan의 *Pilgrim's Progress*에 나타난
　　　청교도사상."「밀턴과 근세영문학」4(1994).

이은선. "루터, 칼빈, 그리고 청교도의 소명사상." 대신대학「논문집」
　　　12(1992).

이종진. "미국부흥운동 연구: 조나단 에드워즈와 찰스 피니 비교."
「서울장신논단」 14(1998).

이태언. "청교도의 신앙에 관한 연구." 「비교법학」 3(1991).

임희완. "영국청교주의의 계약사상." 「교육논총」 14 (1990).

임희완. "영국 계약사상의 기원과 성격." 「학술지」 39/1(1995).

장경렬. "로고스와 인간의 언어: Edward Taylor의 Preparatory Meditations."
「인문논총」 29(1993).

조신권. "밀턴: 청교도적인 윤리적 이상주의: 코머스." 「밀턴과
근세영문학」 9/2(1999).

조신권. "천국의 순례자 존 번연과 퓨리타니즘." 「영어영문학 연구」
18(1996).

조신권. "청교도 시인 존 밀턴의 세계." 「영미어문학」 5(1998).

피영민. "Jonathan Edwards를 중심으로 본 부흥과 종교적 감성의 관계."
「성경과 신학」 15(1994).

실천신학

김재성. "칼빈과 청교도의 주일성수." 「신학정론」 14(1996).

오덕교. "청교도와 교회개혁의 방편으로서의 설교." 「신학정론」
11/2(1993).

4) 2000s

역사/사상/문학

L. J. Trinterud. 박성현 역. "청교도 기원." 「진리와 학문의 세계」 5/3(2001).

강우성. "내파의 시학: 미국 청교도의 예형론과 알레고리." 「인문논총」 53(2005).

권동택. "영미근대초등교육 형성과정에서의 청교도 역할 연구." 「학습자 중심 교과교육 연구」 9/3(2009).

김익진. "청교도운동과 청교도주의." 교수 「논문집」 2(2003).

권현주. "미국 청교도 복식." 「한국니트디자인학회」 2005/11(2005).

김병희. "청교도주의와 '상복이 어울리는 일렉트라'." 「신학과 목회」 18(2002).

김석현. "핀천판사의 청교도적 위선과 『일곱박공의 집』." 「인문논총」 30(2000).

김옥수. "마블의 청교도 지형시." 「밀턴과 근세영문학」 18/1(2008).

김옥태. "청교도 여가에 대한 공과." 「한국 체육철학회지」 12/1(2004).

김홍기. "청교도주의운동. 그 역사적 재발견." 「신학과 세계」 56(2006).

김홍만. "16-17세기 청교도와 부흥." 「역사신학논총」 17(2009).

박기선. "개화기 한자 어휘의 변천에 관한 소고: 〈텬로력뎡〉의 이본을 중심으로." 「언어와 문화」 2/1(2006).

박명호. "청교도 부모들의 자녀교육 고찰." 「복음과 실천신학」 7(2004).

박우룡. "미국문화의 발전에 끼친 영국의 종교적-이념적 영향: 청교도주의와 계몽주의." 「영미연구」 6(2000).

배한극. "17세기 뉴잉글랜드 청교도의 학문과 교육." 「서양역사와 문화연구」 2(2005).

양현철. "Nathaniel Hawthorne의 소설에 나타난 Puritan 시대의 죄와 사랑." 「지성과 창조」 6(2003).

오덕교. "뉴잉글랜 청교도의 건국이념 비교." 「성경과 신학」 27(2000).

오덕교. "청교도의 정치사상." 「신학정론」 21/2(2003).

원종천. "영국 청교도 영성 발전과정의 역사적 조명." 「ACTS신학과 선교」 9(2005).

이관직. "존 번연의 '지옥여정'에 나타난 웰빙사상과 현대적 의미." 「유관순 연구」 8(2006).

이길구. "청교도주의가 미국 초기문학에 미친영향." 「현대영미어문학」 25/1(2007).

이영애. "청교주의와 유다이즘의 관점에서 솔 벨로우 다시 읽기." 「미국 소설」 13/2(2006).

이영효. "뉴잉글랜드 청교도의 인디언 경험." 「서양사론」 70/1(2001).

이영효. "청교도들은 얼마나 청교도적이었나?: 뉴잉글랜드 식민지의 가족과 공동체." 「미국사 연구」 16(2002).

이영효. "뉴잉글랜드의 가족문화와 신앙: 새뮤얼 씨월(Samuel Sewall)의 일기를 중심으로." 「미국학논집」 35/1(2003).

이종우. "비밀의 열쇠로서의 여성: 크리스티애나의 천로역정." 「영어영문학」 54 /2(2008).

임창건. "도덕률 폐기론 논쟁과 미국 청교주의의 쇠퇴." 「미국학논집」 36/1(2004).

임창건. "미국 청교도 식민지에 나타난 종교의 권력화 현상." 「국제지역연구」 9/2(2006).

임창건. "미국 청교주의의 제도화 과정." 「인간과 문화연구」 9(2004).

임창건. "신학적 담론의 예술적 변형: 도덕률폐기론과 주홍글씨." 「미국 소설」 12/2(2005).

장희종. "청교도의 역사와 그 정신." 「진리와 학문의 세계」 7/3 (2202).

장정우. "청교도와 인디언: 닫힌 정원, 열린 황야." 「밀턴과 근세영문학」 12/1(2002).

정영권. "영국사학회: 영국혁명에서의 주중설교제도: 청교도 의회 초기 종교정책의 한 일면." 「전국서양사연합학술발표회」 2(2007).

진광현. "셰익스피어의 *Measure for Measure*에 나타난 청교도적 성의 이데올로기와 주체성." 「새한영어영문학회 학술발표회 논문집」 (2001).

하남길. "미국 스포츠 사회사: 청교도주의와 스포츠." 「체육사학회지」 12/1(2007).

한지희. "미국 문화권력의 청교도적 뿌리와 월트 휘트만의 수용." 「영어영문학」 55/3(2007).

한지희. "월트 취트만과 청교도 문화이데올로기." 「현대영미어문학회 학술대회발표논문집」 10(2007).

한현숙. "미국 청교주의에 대한 엘리엇의 태도." 「T.S.엘리엇연구」 13/1(2003).

인물/신학

강만희. "17세기 영국 침례교 회중찬송 역사에 관한 연구: Benjamin Keach." 「한국기독교신학논총」 64/1(2009).

강우성. "프랭클린의 자서전과 청교도적 개인." 「근대영미소설」 15/1(2008).

강웅산. "조나단 에드워즈의 그리스도와의 연합을 통해 본 칭의론." 「목회와 신학」 186(2004).

김상훈. "웨스트민스터 신앙고백서에 근거한 개혁주의 성경관 연구." 「총신대 논총」 22(2003).

김영한. "조나단 에드워즈 청교도 신학의 특성." 「한국개혁신학」 17(2005).

김홍만. "조나단 에드워즈와 제1차 영적 대각성." 「신학지평」 19(2006).

김홍만. "존 웨슬리의 부흥 이해: 조나단 에드워즈와 관련하여." 「국제신학」 11(2009).

나용화. "조나단 에드워즈의 영성." 「개신논집」 3(2002).

문석호. "청교도 신학의 현대적 의미." 「총신대 논총」 20(2001).

박영호. "윌리엄 퍼킨스의 설교의 기술에 관한 연구." 「복음과 실천신학」 11(2006).

박영효. "리차드 박스터의 생애와 사역 연구." 「복음과 실천신학」 10(2005).

박완철. "조나단 에드워드의 설교와 그의 마음의 감각 신학."
「신학정론」 24/1(2006).

박웅규. "T.J. 프렐링하이젠과 미국의 제1차 대각성운동."
「역사신학논총」 14(2007).

박홍규. "믿음의 확신에 대한 토마스 굿윈의 이단계적 이해." 「조직신학
연구」 7(2006).

박홍규. "영국 청교도 신학에서 성령침례." 「복음과 실천」 35/1(2005).

박홍규. "존 오웬의 구속에 대한 삼위일체적 이해." 「조직신학 연구」
3(2003).

박홍규. "존 오웬의 신학에서 구속과 복음전도." 「복음과 실천」
33/1(2004).

박희근. "퓨리터니즘과 언약개념." 「칼빈논단」 (2003).

박희석. "The Lord's Day in John Owen." *Chongshin Review* (2009).

박희석. "The Sabbath Theology in John Owen." *Chongshin Review* (2002).

박희석. "The Sabbath: Calvin, Heylyn, Owen and the Westminster
Standards." *Chongshin Review* 5(2000).

박희석. "칼빈과 언약신학." 「총신대 논총」 21(2002).

박희석. "칼빈과 웨스트민스터신앙고백서에 나타난 언약신학." 「총신대
논총」 23(2003).

변종길. "화란 개혁교회의 영성과 경건: Gisbertus Voetius를 중심으로."
「교회와문화」 6(2001).

서성록. "조나단 에드워즈의 거룩한 아름다움." 「미학예술학연구」
16(2002).

서정열. "존 번연의 신학과 설교." 「진리와 학문의 세계」 20(2009).

손성수. "존 오웬의 영성이해." 「대학과선교」 15(2008).

양낙홍. "조나단 에드워즈의 구원론." 「역사신학논총」 2(2000).

오덕교. "윌리엄 퍼킨스와 설교의 기술." 「헤르메네이아투데이」
20(2002).

오덕교. "일가 김용기와 청교도 사상." 「신학정론」 21/2(2003).

오창록. "존 오웬을 통해 본 말씀과 성령." 「개신논집」 8(2008).

원성현. "17세기 북미 로드아일랜드의 분리파 청교도의 대외관: 로저 윌리암스." 「교회사학」 3/1(2004).

원종천. "청교도 율법적 경건의 역사적 배경." 「역사신학논총」 10(2005).

유태주. "청교도 언약신학에서 본 하나님의 선택과 인간의 책임." 「신학과 사회」 15(2001).

윤종훈. "Doing Theologian: 청교도주의의 족장, 대들보, 존 오웬의 생애와 사상." 「성경과 고고학」 49(2006).

윤종훈. "Puritan과 Anglican의 성경관에 관한 고찰: Thomas Cartwright & Richard Hooker." 「총신대 논총」 27(2007).

윤종훈. "잉글랜드 청교도 장로교주의 기원에 관한 고찰." 「영국연구」 20(2008).

윤종훈. "존 오웬의 죄죽임론에 나타난 성화론의 은혜와 의무의 상관관계에 대한 개혁주의적 이해." 「개혁논총」 4(2006).

이경직. "조나단 에드워즈의 기독교 철학." 「기념논문집」 25(2001).

이문균. "조나단 에드워즈의 아름다움에 대한 이해와 그 목회적 함의." 「한국기독교신학논총」 65/1(2009).

이성호. "존 오웬과 부흥." 「갱신과 부흥」 2/1(2009).

이승구. "조직신학에서 본 청교도 사상." 「교회와문화」 12(2004).

이승진. "조나단 에드워즈의 설교 연구: 하나님의 영광을 추구하는 설교." 「복음과실천신학」 10(2005).

이양호. "조나단 에드워즈의 신앙론." 「신학논단」 39(2005).

이영효. "뉴잉글랜드의 가족문화와 신앙: 새뮤얼 씨월의 일기를 중심으로." 「미국학논집」 35/1(2003).

이재정. "회의에서 확신으로『죄인 괴수에게 넘치는 은혜』에 나타난 존 번연의 성결." 「활천」 671(2009).

이종우. "밀턴의 투사삼손과 청교도적 계약의 역사적 의미." 「문학과종교」 5/2(2000).

임원택. "17세기 영국 청교도의 도덕법 논쟁." 「성곡논총」 35/1(2004).

임원택. "역사신학적 관점에서 본 장로교의 예배모범." 「장로교회와 신학」 2(2005).

임원택. "청교도와 칼빈주의." 「진리논단」 12(2006).

임원택. "청교도의 도덕법 이해." 「기념 논문집」 25(2001).

임희완. "영국 계약사상의 형성과정." 「총신대 논총」 265(2006).

장경철. "조나단 에드워즈의 종교와 사회적 비전." 「조직신학논총」
5/1(2000).

전준수. "존 번연이 호손에 미친 영향." 「영어영문학연구」 28/3(2002).

정경훈. "Cotton Mather's Imagination of New England." 「영미어문학」
71(2004).

조귀삼. "존 번연의 성화론 이해와 현대선교." 「성령과신학」 25(2009).

조명은. "J. Edwards의 설교에 나타난 「신학사상」." 「신학지평」 15(2002).

조봉근. "청교도, 제임스 파커의 성령론." 「광신논단」 16(2007).

조신권. "에드먼드 스펜서와 그의 온건한 청교도주의." 「기독교와어문학」
1/1(2004).

조신권. "존 번연의 청교도적인 삶의 체험." 「밀턴과 근세영문학」
12/1(2002).

조진모. "솔로몬 스토다드의 복음적 열정과 오류." 「신학정론」 24/2(2006).

황기식. "청교도의 거룩한 삶의 신학적 기반." 「역사신학논총」 12(2006).

실천신학

강우성. "내파의 시학: 미국 청교도의 예형론과 알레고리." 「인문논총」
53(2005).

박영효. "청교도 복음전도에 대한 연구." 「복음과 실천신학」 4(2002).

박영효. "청교도 선교에 대한 고찰." 「복음과 선교」 3(2003).

박태현. "청교도 설교학: 성령과 말씀." 「진리와 학문의 세계」 13/3(2005).

서창원. "가정예배: 청교도의 가정 생활." 「상담과 선교」 36(2002).

황금봉. "청교도운동과 현대목회실천의 접목가능성 고찰." 「신학과 목회」
22(2004).

5) 2010s

역사/사상/문학

강미경. "제임스 1세의 청교도 정책." 「대구사학」 108(2012).

강수진. "청교도주의 연구의 사학사적 검토." 「대구사학」 100(2010).

강수진. "존 위스럽의 실각과 재집권으로 본 초기 미국 청교도 사회의
　　　갈등구조." 「역사학연구」 62(2016).

강수진. "존 위스럽의 실각과 재집권으로 본 초기 미국 청교도 사회의
　　　갈등구조." 「역사학연구」 62(2016).

김기섭. "『주홍글자』 소설과 영화의 지향점에 대한 비평." 「한국종교」
　　　46(2019).

김성룡. "17세기 후반 잉글랜드의 청교주의와 서번트의 인성." 「신학과
　　　목회」 46(2016).

김영식. "사회와 개인의 갈등: 호손의 『주홍글자』를 중심으로."
　　　「영어영문한연구」 61/2(2019).

김의훈. "청교도정신과 기독교적 휴머니즘." 「대학과복음」 17(2013).

김의훈. "청교도주의와 영국혁명의 연관성." 「대학과복음」 17(2013).

김이은. "유순한 소년: 역사적인 맥락에서 본 청교도 공동체의 변화."
　　　「근대영미소설」 20/1(2013).

김주한. "퓨리터니즘과 유신론적 자연신학." 「신학연구」 70(2017).

김중락. "잉글랜드 혁명기 잉글랜드와 뉴잉글랜드 청교도의 교류."
　　　「역사와 담론」 66(2013).

김형길. "퓨리터니즘과 장세니즘의 비교연구." 「프랑스어문교육」
　　　33(2010).

데이빗 사이츠마. "Puritan Critics of New Philosophy, ca.1660-1680."
　　　「갱신과 부흥」 21/1(2018).

박경수. "잉글랜드 종교개혁과 청교도의 탄생." 「기독교사상」 703 (2017).

박경수. "청교도, 그들은 누구인가?" 「기독교사상」 704(2017).

박정근. "『자에는 자로』에서 청교도주의를 통한 마키아벨리적 전략과 그
　　　한계." 「셰익스피어비평」 48/2(2012).

서창원. "청교도 운동 그리기와 한국의 개혁파 교회." 「신학지남」
　　321(2014).

안상혁. "뉴잉글랜드 청교도의 교회언약과 절반언약의 성격."
　　「한국교회사학회지」 30(2011).

양경호. "1692년 세일럼 마녀재판을 통해서 본 17세기 뉴잉글랜드의
　　종교문화." 「젠더와 문화」 8/2(2015).

양병현. "타락의 언술을 통해 본 이브의 청교도 이미지: 밀턴의 실낙원."
　　「밀턴과 근세영문학」 21/1(2011).

원종천. "대각성운동의 역사적 배경." 「역사신학논총」 20(2010).

윤석임. "청교도 여성시인 앤 브랫스트릿의 여성 주체성 긍정."
　　「국제언어문학」 21(2010).

윤종훈. "청교도의 직업 소명론에 관한 고찰." 「한국개혁신학」 56(2017).

이경화. "청교도 사회의 집단적 폭력성과 헤스터의 사회적 역할 연구."
　　「영어영문학연구」 44/1(2018).

이은주. "17세기 뉴잉글랜드 초상화에 재현된 청교도주의."
　　「서양미술사학회논문집」 51(2019).

장정윤. "초기 청교도 사회의 관용과 여성의 글쓰기." 「동서비교문학저널」
　　37(2016).

전영주. "19세기말 서양선교사 게일의 텬로력뎡 한글번역과 김준근
　　텬로력뎡 삽도의 의미 고찰." 「문화와 융합」 40/8(2018).

정태식. "청교도주의의 보편종교로서의 한계에 대한 역사사회학적
　　일고찰." 「현상과인식」 35/4(2011).

최재민. "청교도주의와 1642년 극장폐쇄령." 「밀턴과 근세영문학」
　　21/2(2011).

인물/신학

강미진. "조나단 에드워즈의 아르미니우스주의 비판." 「기독교 철학」
　　25(2018).

강웅산. "그리스도인의 삶에 있어 선한 행실에 대한 조나단 에드워즈의
　　강조." 「생명과말씀」 23/1(2019).

강웅산. "조나단 에드워즈의 언약 개념에 나타나는 그리스도와의
      연합." 「성경과 신학」 90(2019).

강웅산. "조나단 에드워즈의 칭의론의 방법론적 분석." 「성경과 신학」
      66(2013).

곽인섭. "윌리엄 퍼킨스의 '마음의 개혁'에 관한 이해." 「역사신학논총」
      30(2017).

권영섭. "조나단 에드워즈의 신앙감정론에 대한 고찰." 「한영연구논문」
      7(2015).

권정은. "삽입시와 삽화를 통해 본 〈텬로력뎡〉의 정체성." 「고전문학
      연구」 45(2014).

김도훈. "리처드 그린햄의 율법과 복음에 대한 이해." 「선교와 신학」
      48(2019).

김수미, 이병수. "조나단 에드워즈의 부흥과 선교에 대한 연구."
      「갱신과 부흥」 15(2015).

김유준. "삼위일체 하나님의 속성과 동등성에 관한 에드워즈의 이해."
      「한국기독교신학논총」 80/1(2012).

김유준. "아우구스티누스와 조나단 에드워즈의 삼위일체론 비교연구."
      「한국교회사학회지」 37(2014).

김유준. "에드워즈의 성향 개념으로 본 민경배의 역사방법론."
      「한국기독교신학논총」 102(2016).

김유준. "이양호 교수의 조나단 에드워즈 연구." 「신학연구」 68(2016).

김윤희. "존 오웬의 중생의 경험에 근거한 성화." 「신학과 목회」
      52(2019).

김재성. "하이델베르크요리문답과 웨스트민스터 신앙고백서의
      언약사상." 「한국개혁신학」 40(2013).

김재용, 이신열. "성령론을 통해 살펴본 몰트만과 에드워즈의 사랑
      개념." 「성경과 고고학」 84(2015).

김주한. "조나단 에드워즈의 자연과학 이해." 「신학연구」 68(2016).

김지혁. "Jonathan Edwards's Use of Imagery and Typology for His
      Affective Preaching." 「복음과 실천신학」 44(2017).

김지혁. "Jonathan Edwards의 마음의 감각과 그의 설교학적 미학." 「복음과 실천신학」 33(2014).

김창호. "조나단 에드워즈의 삼위일체론." 「신학지평」 24(2011).

김홍만. "청교도에 있어서 신학과 목회." 「국제신학」 13(2011).

김효남. "성화와의 관계성 측면에서 바라본 토마스 굿윈의 칭의론." 「한국개혁신학」 58(2018).

류길선. "조나단 에드워즈의 언약신학의 빛에서 본 교회와 국가의 관계성 연구." 「개혁논총」 49(2019).

류길선. "앤서니 버지스와 윌리엄 스트롱의 율법이해: 행위언약의 빛에서 본 율법과 은혜의 조화." 「역사신학논총」 34(2019).

류연석. "개혁주의생명신학적 관점에서 본 토마스 왓슨의 십계명 이해." 「생명과 말씀」 10(2014).

문형진. "존 오웬의 '영적사고방식' 연구." 「선교와 신학」 43(2017).

박경수. "존 번연, 하늘 향한 순례자." 「기독교사상」 705(2017).

박광서. "존번연의 칭의론." 「생명과 말씀」 9(2014).

박성환. "사무엘 루터포드의 성찬설교: 슥13:7-9." 「교회와 문화」 30(2013).

박응규. "Dialogue on Coversion bet. Jonathan Edwards and Charles Finney." 「개혁논총」 16(2010).

박응규. "조나단 에드워즈와 찰스 피니의 회심론 비교연구." 「개혁논총」 16(2010).

박응규. "조나단 에드워즈의 가시적 성도개념과 노쓰햄프톤 교회에서의 목회사역." 「개혁논총」 46(2018).

박응규. "조나단 에드워즈의 설교와 영적 대각성운동." 「ACTS신학과 설교」 13(2013).

박재은 "조나단 에드워즈의 속죄론." 「개혁논총」 33(2015).

박재은. "칭의의 6중 원인에 대한 알렉산더 꼼리와 존 칼빈의 연속성, 불연속성, 그리고 신학적 함의." 「갱신과 부흥」 20/1(2017).

박정세. "게일의 텬로력뎡과 김준근의 풍속삽도." 「신학논단」 60(2010).

박정세. "번연의 천로역정 삽화와 그 변천." 「미술사문화비평」 3(2012).

박찬호. "조나단 에드워즈에게 있어서 천지창조의 목적." 「창조론 오픈포럼」 4/1(2010).

박철동. "참된 회심의 표지들에 대한 한 연구: 조나단 에드워즈." ACTS 「신학저널」 36(2018).

박태현. "21세기 한국교회를 위한 청교도 영성: 청교도 W. Perkins의 잘사는 법을 중심으로." 「복음과 실천신학」 41(2016).

박태현. "William Perkins의 설교론." 「복음과 실천신학」 32(2014).

박태현. "죽음에 대한 청교도 영성: W. Perkins의 죽음의 기술을 중심으로." 「복음과 실천신학」 44(2017).

박희석. "The Ceremonial Law in the 4th Commandment to Calvin, Puritans and John Owen." *Chongshin Theological Journal* 18/1(2013).

서강식. "청교도의 죄책관 고찰." 「교육논총」 54/2(2017).

서요한. "영국 청교도와 웨스트민스터 총회 소고." 「신학지남」 232(2015).

서창원. "칼빈주의와 청교도 신앙." 「신학지남」 327(2016).

성경준. "John Cotton's Discrepancies: Theocracy and Individual Freedom." 「미국 소설」 18/3(2011).

손성지. "조나단 에드워즈의 시대와 구속사 함의." 「생명과 말씀」 20(2018).

송동민. "조나단 에드워즈와 C.S.루이스의 윤리사상에 관한 한 탐구." 「기독교 철학」 16(2013).

스페이커르, 빌름 판. "빌헬무스 아 브라컬(1)." 「갱신과 부흥」 13(2013).

스페이커르, 빌름 판. "빌헬무스 아 브라컬(2)." 「갱신과 부흥」 13(2014).

스페이커르, 빌름 판. "알렉산더 콤리와 성령의 인치심(1)." 「갱신과 부흥」 15(2015).

스페이커르, 빌름 판. "알렉산더 콤리와 성령의 인치심(2)." 「갱신과 부흥」 16(2015).

신미경. "조나단 에드워즈의 회심론." 「한영연구논문」 8(2016).

신성영. "김준근필 텬로력뎡 삽화 연구." 「동양학」 47(2010).

신성욱. "Jonathan Edwards의 설교에 나타난 로고스와 파토스 연구." 「복음과 실천신학」 35(2015).

신현호. "천로역정에 나타난 구원의 과정." 「영미연구」 39(2017).

안경율. "존 번연의 의의 전가의 교리." 「생명과 말씀」 24/2(2019).

안상혁. "뉴잉글랜드 청교도의 교회언약과 절반언약의 성격: 러더포드-후커 논쟁." 「한국교회사학회지」 30(2011).

안상혁. "존 프레스톤의 언약신학." 「신학정론」 30/1(2012).

안상혁. "토마스 보스톤의 언약신학." 「한국개혁신학」 36(2012).

안상혁. "메키논-제렛 논쟁과 윌리엄 퍼킨스(1558-1602)의 언약신학." 「신학정론」 31/2(2012): 225-264.

안상혁. "사무엘 러더포드와 토마스 후커의 언약신학." 「장로교회와 신학」 10(2013).

안상혁. "정교분리의 관점에서 조명한 사무엘 루더포드-토마스 후커의 17세기 교회론 논쟁." 「한국개혁신학」 47(2015).

안상혁. "타락전 언약의 주제들: 사무엘 루더포드의 생명언약." 「신학정론」 36/1(2018).

안상혁. "윌리엄 에임스와 도르트 회의." 「신학정론」 37/1(2019).

안주봉. "존 번연의 산문에 나타난 국가 이미지 연구." 「영국연구」 33(2015).

안주봉. "해석적 자아와 존 번연." 「역사신학논총」 24(2012).

양낙흥. "죄의 확실한 자각에 대한 조나단 에드워즈의 설교." 「헤르메네이아투데이」 56(2013).

오방식. "리처드 백스터의 천상적 관상을 위한 묵상 방법에 대한 연구." 「장신논단」 51/5(2019).

오용섭. "텬로력뎡의 간행방식." 「서지학연구」 67(2016).

용환규. "Jonathan Edwards의 실천적 경건의 토대." 「복음과 실천신학」 31(2014).

용환규. "조나단 에드워즈의 양심이해와 신앙감정." 「기독교철학」 14(2012).

우병훈. "데이빗 딕슨의 구속언약의 특징과 그 영향." 「개혁논총」 34(2015).

유재경. "영국 청교도 영성의 한국교회의 수용가능성에 대한 연구." 「신학과실천」 48(2016).

유정모. "17세기 화란의 자유의지론 논쟁에 대한 연구: 히스베르투스 푸치우스." 「한국개혁신학」 49(2016).

유정모. "존 볼의 언약신학에 대한 연구." 「개혁논총」 35(2015).

유태주. "청교도의 웨스트민스터신앙고백과 한국교회개혁." 「신학과 사회」 23/2(2010).

윤석임. "청교도 여성시인 앤 브랫스트릿의 여성 주체성 긍정." 「국제언어문학」 21(2010).

윤영휘. "조나단 에드워즈의 노예제에 대한 시각 고찰, 1730-1780." 「미국사 연구」 38(2013).

윤종훈. "William Perkins의 두 작품 분석을 통해서 본 이중예정론 고찰." 「총신대 논총」 37(2017).

윤종훈. "뉴잉글랜드 청교도들의 언약사상과 교회의 사회적 책임론의 상관관계 연구." 「성경과 신학」 56(2010).

윤종훈. "리차드 박스터의 보편속죄론에 관한 고찰." 「개혁논총」 31(2014).

윤종훈. "존 오웬의 개혁주의 기독론적 교회론 정체성 회복에 관한 고찰." 「성경고고학」 80(2014).

윤종훈. "존 오웬의 구원확신론에 관한 개혁주의적 고찰." 「성경과 신학」 86(2018).

윤종훈. "존 오웬의 칭의론에 관한 개혁주의적 고찰." 「성경과 신학」 72((2014).

이강학. "조나단 에드워즈의 영적분별." Torch Trinity Journal 17/1(2014).

이상웅. "조나단 에드워즈를 어떻게 읽을 것인가?: 신학생들과 목회자들을 위한 독서 안내." 「신학지남」 86/1(2019).

이상웅. "웨스트민스터 신앙고백서의 종말론." 「한국개혁신학」 44(2014).

이상웅. "조나단 에드워즈의 영적 분별." 「진리와 학문의 세계」 24(2011).

이성호. "진리 안에서 그리고 자발성에 의한 하나됨: 존 오웬." 「성경과
　　신학」 54(2010).

이신열. "조나단 에드워즈의 창조론에 나타난 만유재신론의 역할."
　　「장로교회와 신학」 13(2017).

이영란. "J. Edwards의 윤리설교의 시각에서 바라본 한국교회
　　윤리설교의 방향." 「설교한국」 2(2010).

이윤석. "조나단 에드워즈의 죄의 전가 교리 연구." 「한국개혁신학」
　　58(2018).

이은선. "젠더-결혼-가족: 밀턴의 결혼, 이혼, 그리고 젠더."
　　「한국교회사학회지」 38(2014).

이정환. "빼이뜨루스 판 마스트리흐트의 De Optima Concionandi
　　Methodo에 대한 고찰: 조나단 에드워즈를 중심으로." 「갱신과
　　부흥」 19(2017).

이진락. "조나단 에드워즈의 성화론." 「한국개혁신학」 29(2011).

이진락. "조나단 에드워즈의 신앙적 감정의 구조분석 및 참된 신앙과
　　거짓된 신앙의 구별 문제." 「역사신학논총」 19(2010).

이진락. "조나단 에드워즈의 신학에 나타난 철학적 요소들."
　　「한국개혁신학」 43(2014).

이진락. "조나단 에드워즈의 신학적 미학에 관한 연구." 「성경과 신학」
　　72(2014).

이진락. "조나단 에드워즈의 영적인 감각과 영적인 지식."
　　「역사신학논총」 20(2010).

이진락. "조나단 에드워즈의 자유의지론에 대한 개괄적 연구."
　　「개혁논총」 40(2016).

이한상. "개혁파 청교도 신론의 역사적 신학적 맥락: 스티븐 차르녹."
　　「역사신학논총」 20(2010).

이한상. "스티븐 차르녹의 신학에서 하나님의 거룩: 청교도 성화론."
　　「역사신학논총」 19(2010).

이한상. "스티븐 차르녹의 신적 전능과 주권에 대한 이해."
　　「한국개혁신학」 27(2010).

이현승. "헤르만 비치우스의 믿음과 성령이해." 「갱신과 부흥」 20/1(2017).

이현승. "헤르만 비치우스의 신앙론 이해." 「한국개혁신학」 54(2017).

임원택. "한국교회와 청교도 설교." 「복음과 실천신학」 28(2013).

임원택. "John Flavel의 성경해석과 한국교회 설교." 「복음과 실천신학」 33(2014).

임창건. "미국초기식민지의 행위언약." 「미국학논집」 13(2011).

장경철. "The Puritan Eschatology." 「인문논총」 26(2013).

장성진. "리차드 십즈의 설교에 나타난 가시적 교회." 「생명과말씀」 11(2015).

장인식. "조나단 에드워즈의 종교적 정서와 나사니엘 호손의 블라이드데일 로맨스." 「문학과종교」 15/3(2010).

장종철. "존 번연의 영성과 비전." 기독교언어문학논집 15(2012).

정하태. "조나단 에드워즈의 구속사." 「갱신과 부흥」 12(2013).

조규통. "조나단 에드워즈의 부흥론." 「갱신과 부흥」 12(2013).

조한상, 심종혁. "이냐시오와 조나단 에드워즈의 영적식별 비교연구." 「신학과 실천」 46(2015).

조한상. "조나단 에드워즈의 신앙감정론에 나타난 영적분별." 「신학과 실천」 44(2015).

조현진. "17세기 뉴잉글랜드의 율법폐기논쟁이 제1차 대각성운동에 미친 영향: 조나단 에드워즈." 「한국개혁신학」 34(2012).

조현진. "18세기 뉴잉글랜드에서의 알미니안 논쟁: 조나단 에드워즈." 「개혁논총」 35(2015).

조현진. "18세기 뉴잉글랜드의 도덕철학 논쟁: 조나단 에드워즈." 「한국개혁신학」 44(2014).

조현진. "계몽주의 유토피아 사상의 18세기 청교도적 수용: 조나단 에드워즈의 포스트밀레니엄 사상을 중심으로." 「ACTS 신학저널」 38(2018).

조현진. "조나단 에드워즈 신학의 계몽주의와 과학의 수용선 연구: 관계적 존재론을 중심으로." 「ACTS 신학저널」 42(2019).

조현진. "조나단 에드워즈의 모형론 연구."「역사신학논총」20(2010).

조현진. "조나단 에드워즈의 성령은사론."「개혁논총」41(2017).

조현진. "조나단 에드워즈의 성향적 구원론 연구."「한국개혁신학」
30(2011).

조현진. "조나단 에드워즈의 원죄론 연구."「한국개혁신학」42(2014).

주도홍. "개혁신학의 전통에서 바라본 성경이해."「갱신과 부흥」
16(2015).

주영빈. "Jonathan Edwards and C.S. Lewis on Hell."「역사신학논총」
32(2018).

최재헌. "천로역정의 알레고리와 해석."「동서인문」8(2017).

한병수. "도르트 신경의 유기론."「장로교회와 신학」11(2014): 260-
281.

한병수. "언약의 통일성: 칼빈과 러더포드 중심으로."「개혁논총」
31(2014).

한병수. "우연과 섭리: 개혁주의 관점에 대한 고찰."
「한국조직신학논총」40(2014).

한병수. "윌리엄 트위스의 신학방법론: 작정의 순서와 예정의 대상에
관하여."「한국개혁신학」53(2017): 151-197.

한승용. "존 번연의 생애와 박해에 관한 기사."「성경대로믿는사람들」
1(2014).

한유진. "개혁주의생명신학의 신학회복운동: 존 오우언(John Owen)의
교리문답을 중심으로."「생명과 말씀」9(2014).

허정윤. "조나단 에드워즈의 하나님의 천지창조 목적과 하나님의
영광."「창조오픈포럼」5/2(2011).

실천신학

권혜령. "영혼 돌봄의 성경적 체계 구축을 위한 연구: 청교도 문헌연구."
「복음과 상담」28(2019).

김도훈. "청교도 대이주와 인디언 복음화의 상관관계 재해석."「선교와
신학」37(2015).

김지혁. "조나단 에드워즈의 마음의 감각과 그의 설교학적 미학."
「국제신학」 21(2019).

박태현. "청교도 설교학: 성령과 말씀."「진리와학문의세계」
13/3(2005).

박태현. "웨스트민스터 예배지침에 나타난 청교도 예배와 설교."
「갱신과 부흥」 14(2014).

박태현. "설교실습을 위한 16세기 청교도 노르위치 설교연구회 규정
연구."「신학지남」 326(2016).

박태현. "청중의 설교학: 효과적 설교 청취의 기술-청교도를 중심으로."
「한국개혁신학」 51(2016).

박태현. "설교비평을 통한 개혁주의 설교실습 교육에 관한 연구."
「개혁논총」 39(2016).

박현신. "조나단 에드워즈의 설교분석을 통한 적용 패러다임 연구."
「개혁논총」 25(2013).

배광열. "조나단 에드워즈 설교문 구조."「복음과 실천신학」 50(2019).

서나영. "마음의 경건: 청교도 영성 안의 찬송과 기도시의 역할 고찰."
「성경과 신학」 91(2019).

안경승. "성경적 목회적 돌봄을 위한 청교도의 자원." 복음과상담
23/1(2015).

안상혁. "17세기 뉴잉글랜드 청교도의 공예배순서와 신학."「신학정론」
30/2(2012).

윤종훈. "청교도의 직업 소명론에 관한 고찰."「한국개혁신학」 56(2017).

임원택. "한국교회와 청교도 설교."「복음과 실천신학」 28(2013).

정승원. "청교도와 한국 장로교회의 성찬 실행횟수에 대한 신학적
고찰."「성경과 신학」 63(2012).

주도홍. "청교도의 설교이해: 퍼킨스와 에임스."「성경과 신학」 67(2013).

지의정. "조나단 에드워즈의 인디언 선교에 대한 목회상담적 평가"
「신학과 실천」 67(2019).

최대해. "주홍글자: 청교도 공동체의 이중성."「신영어영문학」 55(2013).

하재성. "개혁주의 교회론과 교회상담을 통한 영혼돌봄."「생명과 말씀」
13(2015).

(3) 박사학위논문: "청교도" 1950-2019년

역사/사상

강미경. "제임스 6세 겸 1세의 종교정책." Ph.D. 경북대, 2013.

김이은. "호손의 청교도 공동체 형상화와 비판적 역사의식." Ph.D. 서울대, 2013.

김재수. "주홍글씨에 나타난 청교주의를 통하여 본 죄의 연구." Ph.D. 조선대, 1981.

김형근. "존 윈스롭의 청교도주의적 비전과 미국 정신." Ph.D. 경희대, 2009.

배광식. "장로교 정치원리와 치리제도 형성에 관한 역사적 연구." Ph.D. 계명대, 2005.

이근행. "청교도 사상의 역사적 발전에 관한 연구." Ph.D. 호서대, 2013.

이승영. "청교도혁명기의 수평파에 관한 연구." Ph.D. 부산대, 1988.

정성은. "텬로력뎡 삽도의 시각이미지 연구." Ph.D. 성균관대, 2013.

주연종. "영국혁명과 올리버 크롬웰의 상관성 고찰." Ph.D. 총신대, 2010.

최현빈. "막스베버가 본 자본주의 발전과 노동윤리." Ph.D. 숭실대, 2011.

인물/신학

강성일. "Nathanniel Hawthorne의 작품에 나타난 원죄의식과 그 유형에 관한 연구." Ph.D. 명지대, 1998.

강현선. "존 오웬의 정서 이해." Ph.D. 백석대, 2012.

강희권. "조나단 에드워즈의 구속사 설교를 통한 역사 해석 연구." Ph.D. 웨스트민스터대학원대학교, 2016.

곽인섭. "기도에 대한 윌리엄 퍼킨스의 이해." Ph.D. 백석대, 2016.

김경빈. "슬라보예 지젝의 무신론 신학에 대한 기독교 신학 관점에서의 응답: 성 아우구스티누스, 마틴 루터, 조나단 에드워즈의 주제 이해를 중심으로." Ph.D. ACTS, 2018.

김선기. "천로역정에 나타난 존 번연의 성서적 메시지." Ph.D. 숭실대, 1987.

김성광. "조나단 에드워즈의 도덕정치론." Ph.D. 한국외대, 2011.

김성광. "조나단 에드워즈의 영성신학." Ph.D. 연세대, 2001.

김성기. "조나단 에드워즈의 성화론." Ph.D. 계명대, 2014.

김영수. "로버트 볼톤의 영혼치유 신학과 상담연구." Ph.D. 국제신대, 2014.

김유준. "조나단 에드워즈의 삼위일체론 연구." Ph.D. 연세대, 2008.

김윤희. "중생의 경험에 근거한 성화: 존 오웬의 신학과 교리문답을 중심으로." Ph.D. 계명대, 2017.

김종탁. "개혁주의 신학에 있어서 구원순서에 대한 연구." Ph.D. 계명대, 2011.

김재수. "주홍글씨에 나타난 청교주의를 통해 본 죄의 연구." Ph.D. 숭실대, 1981.

김찬. "칭의와 성화의 관계에 대한 성령론적 연구." Ph.D. 한세대, 2019.

김창우. "존 오웬의 성도의 견인 교리 연구." Ph.D. 계명대, 2019.

노병기. "조나단 에드워즈의 중생론." Ph.D. 연세대, 2003.

류연석. "그리스도인 성화의 지침으로서 십계명 이해: 윌리엄 에임스, 사무엘 러더포드, 토마스 왓슨." Ph.D. 백석대, 2016.

문정식. "존 칼빈과 윌리암 퍼킨스의 언약사상." Ph.D. ACTS, 2014.

문형진. "존 오웬 신학에 나타난 '영적 정체성' 사상." Ph.D. 숭실대, 2020.

박광서. "존 번연의 성화론 연구." Ph.D. 백석대, 2012.

박균상. "개혁주의 신학에서의 칭의교리 연구: 마르틴 부처와 조나단 에드워즈를 중심으로." Ph.D. ACTS, 2017.

박단열. "리차드 백스터의 청교도 생활관과 초기 한국교회의 생활관 비교연구." Ph.D. 총신대, 2016.

박대남. "존 오웬의 성령론 연구." Ph.D. 총신대, 2005.

박홍규. "John Bunyan의 생애와 신학사상에 나타난 침례교적 특성." Ph.D. 침신대, 1993.

변길용. "청교도신조를 통하여 본 초기 회중교회주의: 1582년부터 1648년까지." Ph.D. ACTS, 2000.

손성지. "조나단 에드워즈의 구속사역의 역사 이해." Ph.D. 백석대, 2019.

송희준. "조나단 에드워즈의 종교적 양심에 관한 연구." Ph.D. 평택대피어선신학전문대학원, 2015.

신원균. "스코틀랜드 신앙고백서와 웨스트민스터신앙고백서의 교회론적 구조와 언약신학적 특징에 관한연구." Ph.D. 칼빈대, 2010.

신현규. "리처드 백스터의 경건훈련에 관한 연구." Ph.D. 한영신대, 2005.

안영혁. "개혁교회 영성신학으로서 코매니우스 영성 사상의 실천적 해석." Ph.D. 총신대, 2004.

안재홍. "조나단 에드워즈에게 나타난 청교도 실천적 경건 전통의 수용과 발전." Ph.D. 장신대, 2015.

안주봉. "존 번연의 생애와 사상." Ph.D. 고려대, 2009.

오동균. "리차드 후커의 신학사상에서 교회의 공공성 문제." Ph.D. 성공회대, 2008.

이상웅. "조나단 에드워즈의 성령론." Ph.D. 총신대, 2009.

이운석. "그리스도와의 연합 관점으로 본 조나단 에드워즈의 성화론." Ph.D. 총신대, 2017.

이중삼. "한국교회의 목회자에 관한 기독교 윤리학적 연구: J. Edwards의 덕 윤리를 중심으로." Ph.D. 장신대, 2008.

이진락. "조나단 에드워즈의 신앙적 정서 연구." Ph.D. 총신대, 2009.

이진행. "조셉 얼라인과 로잔 언약 회심론 비교연구." Ph.D. 총신대, 2015.

이현승. "헤르만 비치우스의 신론 연구." Ph.D. 백석대, 2016.

장현민. "약속과 보존: 존 오웬의 모세 언약론 연구." Ph.D. ACTS, 2014.

정도열. "언약의 통일성과 다양성: 개혁주의 언약신학과 웨스트민스터 신앙고백서 언약사상 연구." Ph.D. 국제신대, 2014.

정미선. "구원의 확신론의 변천: 칼빈, 퍼킨스, 웨슬리의 비교 연구." Ph.D. ACTS, 2019.

정요석. "삼위일체 관점에서 본 조나단 에드워즈의 언약론." Ph.D. 백석대, 2011.

조주희. "어거스틴, 칼빈과의 비교를 통한 조나단 에드워즈의 구속사적 성경해석에 관한 연구." Ph.D. ACTS, 2015.

조한덕. "조나단 에드워즈의 '하나님의 영광'의 관한 설교 연구." Ph.D. 서울기독대, 2011.

조한상. "이냐시오 로욜라와 조나단 에드워즈의 영적 식별 비교 연구." Ph.D. 서강대, 2019.

최쌍형. "나다니엘 호손의 소설에 나타난 구원관과 청교도주의." Ph.D. 경상대, 2006.

하진상. "요한 칼빈과 조나단 에드워즈의 칭의론 비교연구." Ph.D. 백석대, 2012.

한유진. "웨스트민스터 표준서 이전의 청교도 교리문답신학 연구." Ph.D. 백석대, 2016.

홍봉근. "조나단 에드워즈의 찾고 구하는 설교연구를 통한 현대적 적용." Ph.D. 총신대, 2015.

홍성달. "청교도 신학에 나타난 성령의 사역과 북한선교." Ph.D. 국제신대, 2015.

황기식. "청교도의 거룩한 삶의 실천." Ph.D. 평택대, 2005.

박희문. "한국 재림교인들의 청교도적 유산에 대한 인식도 조사연구."
　　　Ph.D. 삼육대, 2016.

유갑준. "한국교회 설교자들의 영성 모델 개발을 위한 연구:
　　　청교도 · 한국교회 설교자 · 토착 영성가들의 영성을 중심으로."
　　　Ph.D. 한일장신대, 2012.

이양호. "청교도 문학작품의 선교활용 가능성: 존 밀턴, 존 번연, 존
　　　엘리엇." Ph.D. 국제신대, 2014.